JN067794

対立の炎にとどまる

自他のあらゆる側面と向き合い、未来を共に変えるエルダーシップ

アーノルド・ミンデル

翻訳……松村憲／西田徹
監訳……バランスト・グロース・コンサルティング株式会社

Arnold Mindell
Sitting in the Fire
Large Group Transformation Using Conflict and Diversity

英治出版

SITTING IN THE FIRE

Large Group Transformation Using Conflict and Diversity

by Arnold Mindell

訳者まえがき

本書の原題であるSitting in the fireとは、「炎の中に座す」という意味です。

私たちが暮らす現代社会では、日常的な行き違いから国家どうしの争いにいたるまで、さまざまな問題や対立が生じています。大小かかわらず対立が生じると、その炎を消したくなるのが人間の本能的な反応です。

しかし、著者アーノルド・ミンデルはこの対立の炎こそ、問題を解決するために生じているエネルギーだと考えました。ミンデルが注目したのは、そのエネルギーとどう向き合い、扱うかという点です。従来のような、炎を消そうとしたりあおったりするアプローチとは異なり、彼が提唱したのは「炎の中に座す」、つまり対立の渦中に自ら飛び込んでとどまることでした。

なぜなら、炎の中にとどまることで、新たな「アウェアネス＝気づき」を得られるからです。気づきこそが対立に意味をもたらし、人々の関係性が変容し、新しい可能性を共に創造する出発点となる——これは世界中の実践と研究から育まれた知恵であり、その結晶が、本書で紹介されるワールドワークなのです。

ワールドワークのベースとなったのは、ミンデルが提唱したプロセスワークという心理学です。プロセスワークは対人関係だけでなく、個人の内面の探求にも用いられる考え方です。ミンデルはユング心理学をもとに、身体感覚や無意識を扱うプロセスワークを体系化していきました。それを集団どうしの関係性に応用したアプローチがワールドワークです。本書は紛争解決の専門家やファシリテーターのバイブルとして広く読まれてきており、世界中の政治・ビジネス・社会的リーダーがミンデルやプロセスワーカーのもとを訪れて学んでいます。

世界の問題も身近な問題もつながっている

日本語訳の旧版『紛争の心理学』★が抄訳版として出版されたのは、二〇〇一年九月のことでした。九・一一のアメリカ同時多発テロ事件とその後の対テロ戦争によって、世界的な「分断と対立」が日本でも関心を集めたときでした。

それから二十年あまり、私たちを取り巻く問題は依然として残されたままです。経済格差をどう埋めるか、ジェンダー平等やマイノリティのインクルージョン（包摂）をどう実現するか、環境危機をどう食い止めるか。そして本書の出版直前には新型コロナウイルスの感染拡大やロシア・ウクライナ問題の勃発など、世界規模で複雑な問題が次々と生まれています。

本書で扱われる事例には、旧ソ連崩壊後の東欧諸国の対立や、アメリカに根深く残る人種差別、日本企業におけるジェンダー問題など、現代に引き継がれてしまった問題がいくつも取り上げられています。

一方でワールドワークは、上記のような大きな問題だけでなく、家庭内の不和、職場のギスギ

★『紛争の心理学』アーノルド・ミンデル著、青木聡訳、永沢哲監修、講談社、2001年

スした人間関係、コミュニティ内のグループどうしの意見の相違といった、身近なテーマも扱っています。

とくに翻訳者である私たちは、日々のビジネスの現場においてプロセスワーク／ワールドワークへの関心がかつてないほど高まっていることを実感しています。

私たちは組織開発という分野にプロセスワークを応用し、経営層・ミドル層・現場といった階層間で生じる激しい対立のファシリテーションや、エグゼクティブコーチングを通じたリーダーシップ開発、それにともなう関係性改善やチーム開発などを実践し、大きな変化を遂げた組織に出合ってきました。

例えば、ある会社の事業部門では、ハラスメント傾向のあったトップが、自身の痛みに深く降りていくことで大きな変容を遂げ、チームへの向き合い方が変わって、組織が活性化されていきました。また別の会社では、ある事業部のトップが全身全霊をかけた変革プロジェクトに対して、現場の理解を得られずに深い対立構造に陥っていましたが、多様な階層からの参加者を集めたワールドワークを行った結果、事業部全体が再生していく素晴らしい物語に立ち会うことができました。

ミンデルが常に強調しているのは、「世界の問題と目の前の問題はつながっている」ということです。私たちが抱える個人的で身近な問題の中には、世界の大きな問題が含まれていると説いています。例えば、臓器などの身体の一部が悪くなれば全体にも影響します。私たちの生きる世界を一つの生きたネットワークと見るならば、個人の小さなアクションも世界に何らかのインパクトを残すのです。

一人ひとりが対立を解決する力を持っている

そうした問題を解決していくために、今まさに「新しいリーダーシップのあり方」が求められているのではないでしょうか。これまでリーダーと言えば、本書でいう「パワー」を持っている人、つまり社会的・対人的・心理的に強い影響力を持っている人のことを指していました。しかしプロセスワークでは、パワーを持つとは単に「強い」ことではないと捉えます。

例えば「人々の先頭に立ってビジョンを示す」「決断する」「論理的に考える」男性的なリーダーシップも、「他者の感情に配慮する」「人々やコミュニティをつなぐ」「優しさをもって接する」女性的リーダーシップも、どちらも同じようにすばらしい価値があると考えます。

つまり、私たち一人ひとりが独自のパワーを持っており、その存在を自分も周囲も認知し、自覚的に使われるときにこそ、豊かな世界が現れると考えているのです。

この点について、ミンデルはプロセスワークでは「自然に対する慈愛（benevolence）」こそ最も重要だと語っています。ここでの「自然」とは、「パワーの多様性が肯定されること」を意味しています。

つまり、集団の先頭に立つ人だけでなく、一人ひとりにはどんなパワーが眠っているだろうか、またそれぞれが自分のパワーを発揮するリーダーになるためにはどうすればいいだろうか、という眼差しが求められているのです。

しかし、集団の上に立つリーダーが必然的にパワーを持つことから逃れられないのも、厳然たる事実です。

個人にパワーがあるように、集団・組織・国家もそれぞれ独自の集合的なパワーを持っています。その上に立つリーダーは、自らが属している集合体のパワーを同時に手にしていることになるのです。世界の問題にはそうしたパワーが関わっており、そのダイナミクスを理解することにもプロセスワークが役立ちます。

世界中の紛争に関わってきたミンデルは、世界のリーダーが自らのパワーを自覚的に使えるようになれば九〇％以上の問題は自然と解消すると言い切っています。しかし、歴史を振り返っても、人類はまだまだパワーを十分に使いこなせているとは言えないでしょう。パワーの使い方は、今後の最も重要な成長領域と言えるのではないかと考えています。

パワーの使い方

具体的な事例で、パワーの影響力について考えてみましょう。

例えば、上司が部下に対してハラスメントを起こしている企業があるとしましょう。たいてい「加害者」の側は、自分のパワーが他者に与えるインパクトに「気づいていない」ことがほとんどです。問題が生じて初めて、自分のパワーが他者に与えるネガティブな影響に気づき始めます。

一方で周囲の人は上司のパワーが理不尽に使われていることに、最初から気づいています。それに対して我慢の限界に達すると、被害を受けた人が「ＮＯ」の声をあげて問題が表面化します。もちろん、自分は上司と比べてパワーを持っておらず弱い立場にあるため、いつまでも声をあげられないという人もいます。ワールドワークでは、パワーの大きい立場にあるほうを「ランクが高い」、小さい立場を「ランクが低い」と表現します。集団の対話において、ランクが低い人に「ＮＯ」と言えるように促すこともファシリテーターの重要な仕事の一つです。

ランクの低い人から声があがった瞬間は、ランクの高い人にとっては、そのパワーの使い方に気づく機会になると捉えることもできます。自分のパワーを自覚して改めることで、問題を解決できるかもしれません。

一方で、過剰な糾弾が逆効果になることもあります。ランクの低い人たちが結託して、ランクの高い人を必要以上に責め立てて、無自覚にも相手を傷つけてしまう状況になってしまうのです。エスカレートすると、それをメディアが取り上げて、ＳＮＳによる無関係の他者からの誹謗中傷が殺到し、悲惨な結末を招いてしまう事件も現実に起こっています。

そうした状況下において、責められた人は自分を守るために頑なになったり、反論したりするかもしれません。そうして怒りの炎が燃え上がっていくのです。

問題は、私たちが自分たちの言動が暴力になる可能性に「気づいていない」ことです。パワーへのアウェアネスを持つことで初めて、パワーの使い方を考えられるようになるのです。それは例えば、「ランクの高い人であってもパワーが弱まる状況に追い込まれうる」という気づきかもしれません。

想像してみてください。パワーが平等にではなく、パワーがアウェアネスをともなって自覚的に扱われる世界を。それはどのような世界でしょうか？

私は、限りなく強くて優しい社会や世界が実現されるのではないか、と想像します。その世界でパワーは否定されたり批判されたりする対象ではなく、弱さや不均衡の是正のために積極的に使われるものです。そして、他者を理不尽に追い込むパワーに対しては、自覚と内省が促されるでしょう。その結果、安心して弱さを見せることができる、助け合える社会が実現するのではないか、と思うのです。

エルダーシップを育む

一人ひとりがパワーへのアウェアネスを促す存在、いわば新しいリーダーシップモデルとして本書で描かれるのが「エルダーシップ」というあり方です。

エルダーとは直訳すれば「長老」ですが、本書では対立の炎を避けることも炎に燃え尽くされることもなく、ただ炎の中に座して自分と人々の気づきを探求するあり方のことを指しています。

極度に張り詰めている状況でも、冷静かつ慈愛を持って、あるいはユーモアを持って場にいてくれる人、そしてその人の存在が他の人たちに安心感や希望を与えてくれるような人を想像してみてください。

そんなエルダーになるためには、何が必要なのでしょうか?

ミンデルは「世界のために仕事をしようとするときは、まず自分のために涙を流す必要がある」と語っています。エルダーとは、他者の痛みを知る人のことです。しかし他者の痛みを感じるためには、まずは自らの抱える傷を癒やすことから始めよと説いているのです。

自分の傷を癒やせないと、多様な立場の人を理解することも困難になります。相手を攻撃者と認識したり、傷んでいる自分の一部を見たくないがゆえに、弱さを露呈する人に辛辣に対応したりしてしまうかもしれません。

自分の痛みや弱さに向き合って乗り越えられた人は、大きく変容し成長できるでしょう。本書では、自分の痛みや怒りと向き合うワークがいくつか紹介されているので、エルダーシップを探求する手がかりになるでしょう。

対立が人間性とコミュニティを育み、平和を創る

対立と向き合い、エルダーシップを育むことを探求していくと、「対立」そのものの捉え方も変わってきます。ここで、ミンデル夫妻が書いているタオイストの物語を紹介したいと思います。

昔々、互いに出会ったことのない四人のタオイストがいました。

それぞれに突然の閃き(タオの導き)が訪れ、

「そうだ！　寺院を建てよう！」と思い立って行動を始めました。
そのうちの一人の女性がゴミで溢れかえるストリートを歩いていると、
「ここは寺院を建てるに素晴らしい場所だ！」と閃きました。
その周囲に喧嘩をしている人たちがいてゴミが飛んできましたが、
彼女はそのゴミを喜んで受け入れるばかりでした。
やがて気づいたときには寺院が完成していました。
実は、喧嘩をしてゴミを投げ合っている人たちも、
寺院を建てようという閃きが訪れた三人のタオイストたちでした。
こうして四人のタオイストによって寺院が建てられたのでした。
三人が対立し、一人がそれを喜んで受け入れたのです。（要約★）

ミンデルの考えるタオに従う態度、自然を敬う態度の根幹がここには表現されています。自分たちが知らないところでは、憎み合い対立し合う背景にすら、大いなる物語が育まれているということ。そこにまで思いを馳せるという思想がここには現れています。物語を参考にすれば、下記のミンデルの言葉もよく響いてくると思います。

「トラブルに価値を認めよう。自然を受け入れよう。争いで平和を築こう。そうすれば、傷つく人は少なくなるだろう。晴れの日も雨の日も享受しよう。残った仕事は、自然がやってくれる」

★ *The Journal of Process Oriented Psychology*, 2001, Vol8. "How to build a Taoist temple" Arnold and Amy Mindell

プロセスワークでは「ヒューマニティ（人間愛）」という言葉もよく使われます。私たちは時に戦争をするほどに他者と傷つけ合うこともありますが、その根底にはいつも人間であることへの問いが隠れています。

たとえ相手を打ち負かしたいという行動であっても、潜在意識の奥深くには「他者に理解されたい」という叫びが隠されていることがあります。私たちがなぜ「対立」するかと言えば、それは「つながりたい」という激しい衝動があるからではないか、と思うこともあります。

対立に対して表面的に向き合ってしまうと、この深い思いを感じることはできません。ワールドワークを通じて、激しい怒りを扱うとき、その背後にある深い悲しみや、人間の尊厳に触れるように感じられることがあります。

そうした想いは不思議とその場にいる全員の人たちに響くものがあります。そこにいる誰もが、「自分たちは同じ人間である」というヒューマニティの根幹を体験するのです。ある意味では、対立が私たちを、人間性の根源に引き戻してくれると言えるかもしれません。

ヒューマニティが共有されるとき、私たちは一つの共同体であることを発見します。この普段は意識されていない感覚こそが、プロセスワークやワールドワークが常に目指している、「コミュニティ」なのです。世界が共同体であることを誰もが思い出すことができれば、私たちの住む世界はもっと活力に満ちて面白く、限りなく優しいものになることでしょう。

最後に、本書の構成について概観をお伝えします。プロセスワークがそうであるように、本書はステップ・バイ・ステップで整理されているハウツー本ではなく、ときに行き来しながらエッセンスをちりばめている本なので、一つの見取り図として参考にしていただければと思います。

第1部は、対立のメカニズムを解き明かし、解決のためのヒントを探るパートです。

第1〜3章では、「プロセスワークとワールドワークの基本」が説明されます。重要な用語や考え方が紹介されるので、途中でわかりづらくなったときはここに戻って読み返すと理解を深められるでしょう。

第4〜6章は「個人の被害者性と加害者性」について語られています。パワーやランクがどのように集団のダイナミクスと関わっているかが描かれます。

第7〜10章は「社会がいかに対立を生み出すか」に焦点が当てられます。社会にある制度や文化がどのような問題を生み出しているのか、またそこで暮らす私たちはどう向き合えるのかを論じています。

第2部は、エルダーシップをどう育むかに焦点が当たっています。おおまかに、第11〜13章がエルダーシップの基本編、第14〜16章が実践編となっており、老荘思想とのつながりも語られます。

巻末には、より理解を深めるための補足情報や実践のヒントを記した解説を記載していますので、そちらもぜひご参照ください。

本書は深層心理学のモデルなど意識の深い側面について書かれている内容もあるため、理解しづらい部分もあるでしょう。そのときは感覚にしたがって、ご自身に響く箇所から読んでいただくことをおすすめします。翻訳者である私たちもそうですが、プロセスワークを学んでいる人ですら、理解が追いつくには年数を要する内容もあるためです。

また、国際情勢や人種差別など身近に感じづらい内容もあるかと思います。しかし、人が集まる組織や社会の問題は、その規模の大小にかかわらず通底するものがあるはずです。家族の問題や、職場の人間関係などご自身の経験に照らし合わせながら読み進めてみてください。

読者の皆さんが直面する問題や対立において本書の知恵が活かされることで、対立の「炎」のエネルギーが創造的な方向に転換され、新たな解決策が生まれ、よりよい世界につながっていくことを切に願っています。

対立の炎にとどまる

目次

第3章 ランク——ダブルシグナル

第6章　テロリストを抱きしめる　143

第7章　ファシリテーター自身が抱える虐待の問題　167

第2部　変化を起こすエルダーシップ

第16章　アウェアネスの革命

【凡例】

- 本書は2001年に発行された『紛争の心理学』（講談社）の復刊・完訳版である。
- 本書で新たに訳出したのは第9～12、14、15章である。
- 旧版から一部の訳語・表現を変更している。主要な用語に対しては下記参照。

エルダー（elder）……旧版「長老（エルダー）」。年齢や性別を問わずどんな人にもエルダーシップを発揮できるという意図からカナのみとした。

アウェアネス（awareness）……旧版「自覚」。本文でも文脈によっては「自覚」など訳出しているが、用語として用いる場合は自分、他者、場全体に意識を向ける意図も込めてカナとした。

対立（conflict）……旧版「紛争」。より一般的な緊張関係も感じられる用語を選択した。

パワー（power）……旧版「力／権力」。パワーにはさまざまな種類の影響力が含まれるため、用語としてカナとした。

序文

世界の難問の背景にあるのは、私たち人間だ。良い関係を築けない人たちの集まりが、問題を起こしている。問題の原因は、犯罪、戦争、麻薬、欲、貧困、資本主義、集合的な無自覚などのせいだ、ということもできる。しかし結局は、私たちの問題を引き起こしているのは、人なのだ。私はこれまで、大きな集団を避けるように教えられてきた。大きな集団は手に負えないし、危険だからだ。それに、法や秩序が守られている小さな集団でしか問題解決の仕事はできない、と言い聞かせられてきた。しかし、世界は聞き分けのいい小さな集団からできているわけではない。法や秩序を強いることがたった一つの解決策であるはずはないのだ。

暴力を前に、多くの人が萎縮する。そして、「ここに一列に並んでください」「〈会議の進行法である〉ロバート議事規則に従いましょう」「順番に一人ずつ話しましょう」「一つの議題を終えてから次に進みましょう」と、平和的な振る舞いを主張したくなる。

しかしながら、秩序を強いても暴動は止められず、戦争は避けられず、世界の問題は減らせない。かえって集団の混沌をあおるかもしれない。敵意に適切な出口を与えなければ、その敵意は必ず不適切な道をたどるだろう。

本書が示すのは、こういうことだ――燃え上がる対立から逃げるのではなく、あえて対立に深く関わることは、個人どうしの関係性から、ビジネス、世界の問題まで、社会のあらゆるレベルで蔓延する分断を解決する最も良い方法の一つである。

本書では、対立への怖れを克服するためのインナーワークが紹介されている。それを通じて、多様な文化が衝突する状況で起こる暴力の根底にある、文化的、個人的、歴史的問題への理解が得られるだろう。そして、大きな集団とワークするために必要なスキルのいくつかを身につけられるはずだ。

対立の炎は、人間の社会的、心理的、スピリチュアルな次元で燃えているが、その炎は世界を壊しかねないものだ。一方でこの炎には、困難な状況をコミュニティ（共同体感覚）へと変容させる可能性もある。それは私たち次第だ。争いを避けることもできるし、怖れずに炎の中にとどまり、史上最大級の苦痛をもたらすような状況が繰り返されないように介入することもできる。プロセスワークについては第1章で説明するが、このように対立を創造的に活用する手法を「ワールドワーク」と呼んでいる。

私がこの本の第一稿を書き終えたあと、もうすぐ西暦二〇〇〇年という場面の夢を見た。★電話会議で多くの都市のリーダーたちが言葉を交わしていた。ウラジオストク、アンカレッジ、シアトル、シカゴ、モントリオール、ニューヨーク、ロンドン、ベルリン、ヘルシンキ、ストックホルム、ワルシャワ、モスクワのリーダーたちはこう言っていた。「私たちはあらゆることを試みてきたが、何一つ成功しなかった。この新しいワールドワークという手法を試してみよう。コミュニティで起きていることにオープンに向き合おう。もしかしたら、新しい世界秩序を生み出

★ 原書が執筆されたのは 1995 年。

せるかもしれない」。私の夢では、人々は実際に協働することを学んでいたのだ。

今日の現実世界において、北半球の国々は地球全体をつなぐ最先端の通信システムを開発したが、人々は未だに、問題が起こっても効果的にコミュニケーションをとることができていない。南半球においては、抑圧に対するノイズのような声が見えないところで高まり、そのことが人々の関係性を複雑化させ、革命を引き起こしている。このノイズは、先進国の文化の主流派から無視された人々が、復讐を求めるうなり声だ。この声に込められたエネルギーがあふれ出すと、「暴動」や「少数派による犯罪」と呼ばれる事態に至ってしまう。少数派の意見を支持する人も、パワーを持つ人たちから姿勢を改めるように警告されている。それは、対立や潜在的な暴力をなくすためには私たちが無視さえすればよいとでも言うかのようだ。しかし抑圧は、反乱とさらなる不幸を招くだろう。

これが古い多文化パラダイムの本質だ。つまり、「問題は無視しよう、そうすれば消えてなくなるだろう」「事を荒立てる人々を、避けたり罰したりしよう」という態度だ。

私の夢は、主流派の意識に割り込み始めている新しいパラダイムの出現を予見していた。本書がきっかけになって、皆さんがこの夢の実現に参加してくれることを祈っている。

第1部 人間の内側から見る対立の歴史

World History From Inside Out

第1章　炎――自由の代価

自由やコミュニティ、そして発展可能な人間関係を築くには、代価を払わなければならない。多様性によって生まれる炎にとどまる方法を学ぶための、時間や勇気が必要なのである。対立の炎にとどまるとは、激しいトラブルが起こっても自分を保ちつづける、という意味だ。そのためには、大小さまざまな組織や、誰でも参加できる市民フォーラム、不安定な街の状況がどういうものかを学ぶことが大切である。その学習なしにリーダーやファシリテーターになっても、歴史の過ちを繰り返して時間を無駄に費やすだけだろう。

ワールドワークという今までとは異なる新しいパラダイムには、次のような多くの新鮮な視点が用意されている。

混乱……ワールドワークでは、グループで起こる対立や混乱に価値があると考えている。なぜなら、その直後にはコミュニティ（共同体）の感覚が生まれ、持続可能な組織が築かれていくからだ。

学ぶ姿勢……………ワールドワークでは、対立こそが最も刺激的な教師であると捉えている。

開かれた心…………ワールドワークでは、対立の炎にとどまりながらも燃え尽きないようにするために、開かれた心を大切にしている。その炎の熱を、コミュニティ創造のために活用していく。

自己認識……………ワールドワークでは、「自分自身は、身の周りで起こるあらゆる対立の一部である」と認識することが強く求められている。自己認識を活用する技術は、紛争解決の一部である。

未知なるもの……ワールドワークでは、未知なるものを尊重する姿勢が、コミュニティを持続させる土壌になると考えている。

持続可能な組織やコミュニティを望むなら、私のアドバイスは「まずは謙虚になること」だ。学校に戻ろう。アウェアネス★について学ぼう。ランク★について学ぼう。そうすれば、あなた自身とあなたのコミュニティから多くの痛みを取り去ることができるだろう。

このことに、アメリカの大統領であったトーマス・ジェファーソンも同意したかもしれない。彼によれば、自由の代価は警戒である。しかし彼の考える警戒には、多様性を見守るという意味

★ アウェアネス：通常は意識されない部分も含めて、個人の内面・行動・人間関係・集団の場で起きている事象に対する気づき全般に使われる。プロセスワークでは、まずはアウェアネスがあるかどうかが重要で、その後は自然の流れにそっていけば変化が起こると考えられている。

★ ランク：個人がさまざまな面で持つパワー（影響力）の違いを指している。第３章で詳しく論じられる。

は含まれていなかった。私の定義では、警戒とは、あなた自身とあなたの周囲の世界にあるさまざまなアイデアと感覚へのアウェアネスを意味する。このアウェアネスは、民主主義と平和を手にするために必要な代価の一部だ。その他に、個人的、民族的、国際的な争いを扱うスキルを学ぶことも求められる。

炎にとどまることが求められる対立において民主主義を実現するためには、アウェアネスと勇気以外にも多くのものが必要だ。しかし多くの人は、この最小限の代価さえ支払おうとはしない。怒りや脅威に関わりたい人などいないだろう。しかし、ますます激しくなる変化の中で生き残りたいなら、あなたの組織は混沌と複雑さの扱い方を学ばなければならない。もし一〇〇人に一人でもこの代価を支払うなら、地域社会や世界は、私たちの想像よりも早く進歩するだろう。そして、暴動や戦争の必要性は減少するだろう。

私たちの多くは世界の変化を望んでいるが、そのために自ら努力しようとはしない。なぜなら、「コミュニティや公民権を取り戻そう」「軍事費や警察権力を増やすべきだ／減らすべきだ」「景気を回復して人々の生活を向上させよう」などを訴える、カリスマ的な演説を行う素晴らしいリーダーを夢見ることのほうがたやすいからだ。共産主義は、階級による差別や経済的な搾取をなくすことを夢見ている。民主主義は、平等や人権が守られることを夢見ている。古くからのスピリチュアルな教えは、互いが愛し合うことを説いている。いつかこの社会が権力構造や階級構造から脱却することを期待する人もいる。また別の人は、人々が悪よりも善になるべきだ、だから欲を捨てて与えるようになるべきだと考えている。

概して、私たちは人類に対して不信を抱き、もっと違うあり方を望んでいる。企業も個々人も、「自分たちの利益が優先で他者は二の次だし、他者の味方をするとしても自分たちの目標を支持してくれる人だけだ」と考えている。組織や国家は、あたかも時計の歯車のごとく強い力を持つリーダー、管理職、労働者などの部品の単なる集合体で成り立っているかのように振る舞っている。

ワールドワークはそういった部品とだけ関わろうとするものではない。また、人々がいかに振る舞う「べき」かを処方するものでもない。そのような処方は常に、少数派や力を持たない人々の意見を抑えつける。紛争解決や組織開発において、「人々が現実の中でどのように関わり合っているか」に基づく新しいパラダイムこそが、政治面でも人々の心理面でも迅速な変化をもたらすことができるだろう。

この新しいパラダイムでは、集団としての人間は必ずしも危険でも悪でもないという前提に立つ。集団は素晴らしい知恵やアウェアネスをもたらしうる。ワールドワークは、集団をコントロールするのではなく、人々がお互いやその場の雰囲気に自分を開くことを促すものだ。

場（フィールド）に取り組む

ワールドワークは、集団の雰囲気――湿り、乾き、緊張、激情――を直接扱う。この雰囲気、あるいは「場（フィールド）」は、私たち個人個人の中に浸透し、グループ、組織、街、環境の全体にまで及んでいる。この場というものを、私たちは感じとることができる。それは敵意や好意、抑圧感や解放感であったりする。場は、会議の議題、政党の綱領、合理的な議論といった、明白で、目に見える、実体のある構造だけで構成されているわけではない。嫉妬、偏見、傷つき、怒りといった、潜在的で、目に見えず、実体のない感情的なプロセスもまた、場を構成する要素だ。

どのような集団であっても、ある問題を、構造的、直線的、合理的な方法で解決することはできるはずだ。しかし、このような解決が可能となるのは、その前に感情の乱れが扱われた場合だけである。

例えば、ワールドワーカー★は、地域社会の問題、民族紛争、財政的な危機、崩壊しかかっている企業の組織的な問題を解決するために招かれることがある。そのような場には、自暴自棄な空気や絶望感が充満していることが多い。もし、ワールドワーカーがその状況への対処法として、法的な手続きや財政対策をするだけであれば、それは死にたいと思うほど落ち込んでいる人に対して健康食品を与えるようなものだろう。感情が癒やされなければ、制度的な対応も単なる絆創膏にしかならないのだ。

ときには、場の全体がひどく張り詰めていたり落ち込んでいたりする雰囲気に包まれて、人々がすぐに問題に取り組めないこともある。ある破綻しそうな企業に関わるワールドワーカーは、従業員全員を集めて、この雰囲気について尋ねるだろう。どんな感じがしますか？　誰かそれを表現してもらえませんか？　自分の感情を述べることができる人はいますか？　従業員たちは、自分が権限を持つのを否定されたことについて絶望し、上司への怒りに満ちているかもしれない。

★ ワールドワーカー：ワールドワークのファシリテーター。

一方で上司はそのことを怖れている。しかし、ある人がその怒りを表現すると、上司の感情は変化し、お互いがリラックスするのだ。最終的には、みんなが前向きになる。そして彼らは力を合わせて一緒に働き始めるのである。ワールドワーカーが構造的な問題について言及しなくても、ひとたび感情の問題が扱われると、従業員と上司は共に、ほんの数時間のうちにゼロから彼らの組織を立て直すことができるのだ。

隠れたメッセージを浮上させる

破綻しそうな企業によく見られる従業員の絶望感は、場に隠れたメッセージの典型例だ。従業員はそれについて語らない。もしかしたら彼ら自身も、それにまったく気づいていないのかもしれない。しかし、その絶望感は場に充満し、前向きな振る舞いを妨げるのだ。

隠れたメッセージは、グループ・ダイナミクス（集団のエネルギーの流れ）を衰弱させる強力な要因だ。このような微細で表に出ない態度や憶測や気持ちは、主導権争い、階級的な特権、人種間の関係、性別や世代間の問題、環境破壊、スピリチュアルな問題、あるいはグループの目的と折り合わない個人としての考え方などの問題と関係するかもしれない。実際、隠れたメッセージはあらゆる種類の多様性の周辺で生じる。組織の目的が洗濯洗剤を売ることであろうと、世界の飢餓を軽減させることであろうと、多様性の問題はすべての組織に影響を与えるのだ。

多くの場合、意見の違いやコミュニケーションの多様なあり方を受け入れる能力と比べれば、組織のビジョンや構造やモデルはほとんど重要ではない。多様性への対応に成功すれば、その集団はうまくいき、コミュニティとして機能するだろう。多様性に対応できなければ、コミュニティは最も深いスピリチュアルなレベルで衰退し、自力で維持することができなくなり、周囲にも良い影響を与えないだろう。

民主主義――ワールドワークの原初的な形式

穏やかな状況でのワールドワークは簡単だ。しかし、危機的な状況におけるワークを民主的に進めようとするときには、場が燃えるように荒れることを覚悟しなければならない。ファシリテーターは、パワーを持つ人々や主流派の見解を引き出して尊重しながら、同時に、不公平な体験を生み出している、偏見や、隠れた社会的、心理的、歴史的な要因を扱うことになる。

民主主義は、ワールドワークの非常に基本的だが未発展な形式だと言える。民主主義とワールドワークは、手こぎ船と帆船に例えることができる。手こぎ船（民主主義）が人間の力を必要とするのに対して、帆船（ワールドワーク）は風によって進む。民主主義の語源であるデモクラチア（demokratia）というギリシア語は、文字通り「人々の力（people power）」を意味するのだ。

民主主義は、権力の分配や均衡を通じて機能する。しかしパワーは、ルールによって均衡が保たれるようなものではない。民主主義にはアウェアネスが必要なのだ。隠れたシグナルに対するアウェアネスがなければ、どれだけの個人や小さなグループが周縁化され、パワーを剥奪されているか、気づかれないままだろう。法律は、個人や集団の権利を守るためのものだが、目立たない偏見や、パワーを持つ人々が他者を抑圧することへの対処にはほとんど役立たない。

ワールドワークは、パワーの乱用を律するだけではなく、それを浮かび上がらせてはっきりと見えるようにする。それによって、人々は自らのパワーを自覚して、他者とのコミュニケーションを通じて流動的なパワーのバランスをつくり出せるようになるのだ。社会における中心的なパワーは、経済的な階級、人種、宗教、ジェンダー、年齢などだが、それ以外にも、ひとたび場に出されれば均衡を生み出すのに役立つパワーは数多くある。例えば、語り部、エルダー★、賢者、自分の軸や慈愛心などを持つ人々は、個人でもその存在感を通じて歴史を変える力を持つ。また私は、反乱者や革命家やテロリストにも同様の力があると考えている。

善いものであれ悪いものであれ、もし自覚されなければいかなるパワーも、抑圧的で有害なものになりうる。例えば、抑圧感を抱く人は穏やかに話したいとは思わないものだが、それにもかかわらず、「問題を解決するには礼儀正しく対話しなければならない」という空気がある。そのような、通常は表現されることのない暗黙の前提の背後には、「主流派」の隠れたパワーが存在するのだ。主流派のパワーは、しばしば潜在的かつ無意識的である。それは集団全体に抑圧的な影響を与え、結局、暴動のような他の力によって均衡がとられることになるのである。

★ エルダー：通常のリーダーと比較して使われる用語。場に開かれた心を持ち、対立する意見の双方に心を開き、集団を一つにする者のことで、先住民族の長老になぞらえて使われる。詳しくは本文の第13章や、訳者によるまえがきと解説を参照。

ワールドワークの成り立ち

過去二十年以上にわたって、ワールドワークは、プロセス指向心理学を三人から千人以上まで大小の集団で実践することで発展してきた。私がもともとユング派の分析家で物理学者だったこともあり、「プロセスワーク」（プロセス指向心理学の実践のこと）は、ユング心理学、物理学、そして老荘思想にルーツを持っている。老荘思想の人生観には、物事が展開する様子そのものに、人間が抱える問題を解決するために必要な基本的要素が含まれている、という前提がある。

プロセスワークは、夢と身体を扱うワークから始まり、家族や大集団を扱うワークへと発展した。ワールドワークの手法は、政治的な問題を扱う市民フォーラム[1]、国際紛争[2]、市場での生き残りをかけて競争する企業[3]、教育団体やスピリチュアルな組織[4]などで実践されてきた。これまで三十を超える国々で試され、修正を加えられながら教えられている。そのなかには、軍隊、対立している多民族の集団、政治や先住民の権利に関する国際的な集団などでの実践がある。また、五歳未満の幼児から、精神病の人々、昏睡状態の人々とのワークにおいてまで、驚くべき成果をあげてきた。

私はワールドワークの手法を、スイス、南アフリカ、アメリカで実践しながら、一九七〇年代末頃から開発していった。少人数のグループでしかワークをできず、国際的な変化のペースが遅いことに私は不満を感じていた。まもなく、多様な人種の人々による国際的な学び合いのグループがいくつか組織された。また他方では、集団をファシリテートする人々も現れ始めた。はじめ私たちは、ヨーロッパやアメリカの少人数の組織とワークを行っていた。しかしその後経験を積み重ねるにつれて、大規模で多様性に富んだ多国籍なコミュニティと、公開フォーラムにおいて経済や人種差別をテーマにワークするようになっていった。

今日、ワールドワークのトレーニングは、世界中の大都市で行われている。トレーニング・グループには、四十にも及ぶ国々からあらゆる社会階層の人々が五百人近く集まり、彼らは何週間も共に学ぶ。このようなグループは、それ自体がコミュニティであり、常に実践事例が提供される。そのため未来のファシリテーターたちは、対立の炎にとどまるために必要なスキルを学び、個人としても成長していく。そこではしばしば、暴動や戦争に近い激烈な状況が発生する。こうしたトレーニングは困難をともなうが、また楽しいものにもなりうる。そうして得られる結果は、ファシリテーターの支援がない本物の戦場での出来事とは異なり、前向きなものになる可能性が高い。

現在に至るまで、心理学、物理学、社会変革、政治学といった専門領域は分断されていた。しかし、ワールドワークが発展するにつれて、心理学は個人ワークを超えて、社会的な意識や社会変革の領域にまで拡がりつつある。さらに、政治学は世俗的な問題への対処を超えて、コミュニティの創造という、人類にとって最も神聖かつ永遠の関心領域として扱われることになるだろう。ワールドワークは、環境に関心を置く生態学と、個人に焦点を当てる心理学と、歴史的な変化を理解する社会理論とを融合させるのだ。

ワールドワークと夢の関係

ワールドワークは、集団の身体感覚の中にある、無意識の夢のようなプロセスも扱う。プロセスワークでは、個人の身体が発するシグナルや集団の動静を夢のようなものだと見なしている。なぜなら、それらは夢にも現れるからだ。例えば、あなたは自分の姿勢に気づいていないかもしれないが、身のこなし方の背後に潜むあなたの感情は、あなたが夢で見る映像にも現れている。言い換えれば、身体は夢を見ているのだ。

集団もまた、夢を見ている。集団の微細なシグナル、表現されていない気持ち、動静や傾向を、先住民ならば「霊（スピリット）」と呼ぶだろう。この霊（スピリット）という考え方は「esprit de corps」というフランス語にも見られ、文字通りの意味は「身体の霊（spirit of the body）」、あるいは集団の精神だ。

今日、こうした霊（スピリット）を扱うことはシャーマンだけの責務ではない。その時々に現れる霊（スピリット）を結びつけ、それぞれの力の間に生じる緊張を、家庭はもちろん、商店街や街角においても有益なものに変えることは、すべての人の仕事だ。人々が何を言っているかに注目することは必要だが、それだけに注目し、集団の霊（スピリット）――愛、嫉妬、敵意、あるいは希望の霊（スピリット）――にアプローチしなければ、これまでの世界の歴史を繰り返して行き詰まるだけだろう。持続的な平和を実現するために、私たちは新しいレベルのコミュニケーションを必要としているのだ。

ワールドワークの原型は、よりよいコミュニティを創造したり、他者の人権を守ろうとするところならどこにでも見出すことができる。部族の集まり、町の集会、近所の寄り合い、地域の居酒屋での議論、討論サークル、社交界、カルチャーセンター、社会人大学など、互いに交流し、熟考し、自分の意見を述べる権利が守られているところならどこにでも見出せるのだ。そのような場が人々を集め、そこでは誰もが語り、学び、関わり合う。

世界のすべての問題を同時に扱う

グループ間の交渉が失敗に終わる最も一般的な理由の一つは、あまりにも多くの人々が怒りを怖れていることだ。私たちは、怒りを喚起する隠れたメッセージや議題を扱うことができないか、扱おうとしないのである。すると、感情は覆い隠されてしまう。

抑圧された感情、満たされない要求、人生の意味の探求といった人間が抱く問題はすべて、どのような目的やビジョンを持っている組織においても、中心的な役割を担っている。

すでに述べたように、多様性から生じる社会問題には階級的な特権の行使や乱用、権力争い、人種間の関係、性別や世代間の関係、環境破壊、スピリチュアルな問題などがある。多様性が存在することを認めないと、そこから生じる炎をあおってしまうことになる。

さまざまなレベルの問題は互いに織り重なっており、ある問題を一つ解決したと思っても、同時に他の問題にアプローチしなければ、その解決は長く続かない。

あなたの内的な体験や人間関係や運命は、経済、犯罪、麻薬、人種差別、性差別などの社会問題と関連している。それは、あなたの民族集団や住む地域の中だけの話ではなく、他の地域に住む他の民族集団とも関連している。極論すれば、一つの問題に取り組むときはいつでも、人類の全歴史に取り組んでいることになるのだ。ワールドワークは、個人や組織におけるその人の役割だけでなく、その周囲にある場や雰囲気とも関わる。そのため、問題に対して直線的に、一つずつ取り組むことはしない。そうではなく、世界のすべての問題を同時に扱うのだ。

解決がさらなる問題を生み出す事例

ワールドワークの事例として、ベルファスト、モスクワ、テルアビブ、ケープタウン、ボンベイ、東京、オデッサなどでの取り組みを紹介できるが、中でも真っ先に思い浮かぶのは、ロサンゼルスの低所得層が居住する地域であり、ラテン系ギャングと黒人ギャングの暴力的な対立で傷んだコンプトンという町で開かれた、ある緊張した集会だ。コンプトンは当時、マスコミによって問題がセンセーショナルに取りあげられ、暗くなると住民が外出を怖れるような場所だった。

その集会は「多様性、人種差別、コミュニティ」をテーマに掲げてロサンゼルスのプロセスワーカーによって主催されたもので、実に多様な参加者が集まった。[5] 経済状況から言えばアッパーミドル層（上位中産階級）から路上生活者まで、約百五十人が参加していた。そこには、コンプトンの住民や、他の町の住民、高齢者、ギャングのメンバー、自治体の職員、牧師、前科者までいた。ワークが行われた場所は、市内にあるショッピングセンターの一角だった。すぐ外にはバスの中央停車場があった。

会場の雰囲気は緊張していた。コンプトンの外から来た人々は怖がり、集会が始まるとすぐに空気が怒りであふれた。集会では、人種差別に関するたくさんの熱い意見や主張が交わされた。そのなかの一つのやり取りは、まさにその集会での議論を象徴するものだった。会議の二日目、四十代後半の白人男性が、穏やかに、しかし自信たっぷりに、いかに自分は多文化のグループでの経験が豊富か、いかに怒りというものを嫌うかを語った。彼は、話している間ずっと微笑んでいた。

それに対して二十代のある黒人男性は、「彼は自分が何を語っているのかわからないのだと思う」と静かに言った。しかし、その白人男性は彼を無視したのだ。黒人男性は立ち上がり、白人男性に顔が触れんばかりに詰めよって、聞いてもらえなかったことを激しく抗議した。その白人は、そのような「怒れる人」と話すことを拒絶した。その黒人男性が次第に声を荒らげるにつれて、白人男性はそっぽを向き、身体も別の方向に向けながら、自分は誰に対しても開かれていると言い続けた。

私たちは四人の多人種ファシリテーターチーム（二人は黒人で、二人は白人）だった。そのうち一人の白人メンバーが、身体の向きを変えるという無関心な態度は、「人々は話し合うときに穏やかでなければならない」という前提に基づいているのではないかと指摘すると、この論争は一時的な決着を迎えた。しかしその後、いかにこのささいな暗黙の前提が、排他性や特権から生まれた主流派の期待を反映しているかについての議論がわき起こった。穏やかであることは、間近にある問題が厄介なものでないときにのみ可能なのだ。

しかし、主流派に属する参加者の中には、それを理解できない人もいた。

黒人のファシリテーターが、穏やかさを求める白人男性の要求には、「私が決めた通りに行動し、私と関係のない問題で私の心を乱さないでくれ」という隠れたメッセージがあることを説明した。

そして、このような隠れたメッセージが、非主流派が抱える問題を周縁化してしまうことも付け加えた。これで論争は一時的に解決したように見えたが、ワークはさらに続いた。

一つの問題を他の問題と切り離して扱うことはできない。この事例においても、部分的な問題解決が、他の問題を引きずり出した。ラテン系の人々が、黒人と白人が争っている時間は自分たちが待たされ、「二番手」にされていることへの不快感を示し、新しい論争が始まったのだ。

ラテン系の人々は、「私たちは黒人と白人の両方との間に問題を抱えているのに、彼らどうしの問題ばかりが取りあげられている」と指摘した。この指摘を受けて、ラテン系の人々に焦点を当て、彼らに中央に出てその問題について語ってもらってはどうかという提案が出され、全体の合意を得たうえでこの二つ目の対立が扱われていくことになった。

思いがけない人がリーダーになる

その日の遅くのことである。白人、黒人、ラテン系の人々の間にある多くの問題が議論されたあとで、ある黒人女性が「まだ自分の声を聞いてもらっていない」と語り始めた。彼女は、コンプトンの白人、黒人、ラテン系の子どもたちの世話をする仕事の中で向き合わざるをえない問題について話したかったのだ。彼女が子どもたちについて情熱的に話し始めると、大きな会場の中にいる人々は静まりかえって耳を傾けた。しかし突然、彼女は感情が高ぶり、話すことができなくなってしまった。

人々は彼女に話すよう勧めたが、彼女はただ絶望と沈黙の中で涙を流すだけだった。みんなはどうしたらよいかとざわめきはじめ、混乱に陥った。そのとき、あるファシリテーターが、たとえ今はまだ彼女が話せなくても、私たちがその女性に耳を傾けることが大切だと気づかせてくれた。そうしなければ、彼女が訴えていた「まだ自分の声を聞いてもらっていない」という問題が繰り返されてしまうことになるからだ。

このファシリテーターの提案にみんなが同意した。その場は深い沈黙に包まれた。私たちは待ち、しばらくすると、その女性はすすり泣きながら、彼女が行っている素晴らしい仕事についてゆっくりと話し始めた。すると雰囲気が和らぎ、みんなは一つになって彼女の物語を聞いた。彼女は自分が世話をしている、見捨てられ放置された黒人、ラテン系、白人の子どもたちについて話した。その瞬間、私たちはコミュニティになったように感じた。

まだ扱われていない多くの社会的、歴史的、心理的な問題があるにもかかわらず、なぜ突然集団が一つになったように感じたのだろうか？　何が起こったのかについての解釈は、その場にいた人の数だけあるだろう。ある見方からすれば、その女性自身が素晴らしいリーダーだったと言えるかもしれない。あるいは別の見方からすれば、私たちはみんな、見捨てられた子どものように自分が行っている仕事に対する支持や認知を求めていて、彼女はそんな人々の気持ちを代弁してくれたのかもしれない。

ワールドワークの観点から見れば、彼女が訴えを叫び、やがて沈黙したときに、ホットスポット（極限の瞬間）が生じ、そしてそれが一度は見過ごされたと捉えることができる。ファシリテーターはそのホットスポットに焦点を当てた。ホットスポットをやり過ごすことが、その場の怒りと混乱を助長してしまうことを知っており、見落とさないようにしたのだ。ファシリテーターは、女性がきちんと語り切れるように支援するためには、場におけるさまざまな要素を考慮する必要があると気づいていた。例えば、「黒人の彼女が話す直前にはラテン系の人々が話したばかりであったこと」「そのときコンプトンではラテン系と黒人の住民が暴力的な衝突の渦中にあったこと」「彼女が話す前に黒人男性が集団の注目を引いていた一方、彼女は黒人女性であったこと」などだ。

経済、人種、ジェンダー、年齢の問題は、彼女の怒りの一翼を担っていた。さらに、彼女が話そうとしていたのは、対立しているすべての集団に属する子どもたちについてであることを、ファシリテーターは認識していた。彼女が話すまでは、会場に集まる大きな集団の中で子どもたちについて直接語られたことはなかった。この集まりにおける最も若い参加者は、高校生だった。

バスの中央停車場が設置されたその土地の歴史も、問題の要因だった。その土地は、元来アメリカ先住民が居住していた地域だが、ヨーロッパ人によって植民地化され、後にアメリカの一部となった。一九六〇年代には、ロサンゼルス郊外の比較的平和な黒人居住地域だったが、今では黒人とラテン系の人々が縄張りと権威を求めて対立する、貧困に苦しむギャング街になっていた。

ファシリテーターは、会議で発言した黒人女性が仕事の価値と重要性に見合う給料をもらっておらず、経済的な問題も絡んでいるのではないかと考えた。さらに、彼女が過去に経験してきた個人や社会からの虐待が、彼女の語りを妨げているようにも思われた。もしかしたら彼女の怒りは、過去や現在における虐待に対する復讐心によるものかもしれない。このようなあらゆる要素を考慮したうえで、状況をどのようにファシリテートするか、判断が下された。そのときに鍵となったのは、それらのあらゆる要素に関するアウェアネスだった。私がときどきワールドワークを「アウェアネスの政治学」と呼ぶのはそのためだ。

ワールドワークの重要な目的は、どんな集団からであれ、あの黒人女性のような、世界を変える力やエルダーシップを持つ人を見出すことだ。ワークの最終的な結果は、その人物のリーダーシップが何を生み出すかにかかっている。緊張した状況を解決するリーダーシップが、「少数派」や周縁化されたグループの一員から現れるのは珍しいことではない。私は、未来の問題を解決するためには、そのようなリーダーや集団に目を向けなければならないと信じている。

違いや特権を認識する

多様な文化が入り交じる状況において生じる問題は、ランクと関連している。ランクとは、個人が持つさまざまな特権が集約されたものだ。ワールドワーカーは、その場のすべての人に共有されているわけではない心理的あるいは法律上の特権に気づいていなければならない。

コンプトンの集会では、少人数のグループに分かれてそれぞれ特定のテーマ（例えば「子ども」など）に焦点を当てた話し合いが進められることになった。次に紹介するのは、「ギャングの問題」について話し合ったグループで起きた対立のあらましを、ファシリテーターが記したものだ。ここでは、違いや特権を認めることがいかに解決をもたらすかが示されている。[6]

そのグループでの対話は、高校の教師たちが生徒に、この集会で学びがあったかを尋ねることから始まった。教師たちの質問には、集会で話し合われている内容が高校生活とは無関係だという意味が暗に込められていた。しかし生徒たちは肯定的で、集会で起こったことに好感を抱いていた。彼らは多くを学んだと述べ、特に、違いを認め、単純にすべての人が同じであると思い込まないことがいかに大切かを知ったと語った。私と同僚は、このワークがいかに学校の場面にも適用できるかを語り、それにまつわる自分たちの経験を伝えた。しかし他方で、教師たちが彼ら自身の仕事への称賛を求めていることにも気づいた。なぜなら彼らは、私たちが彼らの意図を十分に理解していないと言わんばかりだったし、私たちのことを軽視しているように感じられたからだ。

ある教師が不意に、ラテン系ギャングのメンバーである自分の生徒に、学校で行われている活動について話すよう求めた。その生徒は答える前に一瞬ためらい、それからあたかかも試験問題に答えるかのように報告を始めた。私はそのためらいに焦点を当て、その瞬間について尋ねた。するとその生徒は、教師が自分を懲らしめようとしているように感じたと言った。教師は私の問いかけについて、何もないところにわざわざ対立を生み出したと責めた。それに対してその生徒は、これは権威の問題だと思うと語った。状況は重苦しくなり、白人の教師とラテン系ギャングの生徒との間に緊迫した対話が交わされた。最終的には論争は解決し、教師は生徒を抱きしめ、彼に好意を表し、隠すことなく泣いた。

厳しい態度を見せていたその男子生徒は、深く感動して泣き始めた。すると別の女子生徒が、この若者が泣くのを見て心を動かされ、彼への好感を表した。それに対して彼は、ギャングであるとはどういうことなのかや、敵のギャングに発砲するのがどれだけつらいことかを話し始めた。彼はまた、自分が感じている怖れについても語った。前年に兄がギャングの争いで亡くなっていたのだ。

別の十五歳くらいのラテン系の女子生徒は、明らかに何かを訴えようとしていた。はじめ彼女は話そうとしなかったが、私たちは彼女に「あなたは賢い女性で、言うべきことがたくさんあるはずだよ」と励ました。そうしてとうとう、彼女は話し始めた。彼女は先ほどの男子生徒とは別のギャングのメンバーで、妊娠しており、ギャングを抜けたがっていた。彼女は彼に、危険や死について語り、暴力的な生活をやめるよう懇願した。この若者たちは深く語り合った。教師や生徒は共に泣いた。それは緊張感が愛に置き換わった美しい光景だった。

コミュニケーションのスタイルと対立の許容範囲を把握する

このケースにおけるファシリテーターの振る舞いは、ファシリテーターというランクや、生徒／教師、ラテン系／白人、女性／男性の相互関係に存在する多様なパワーへのアウェアネスに、しっかり支えられていた。

この種の集まりでは、どのようなスタイルのコミュニケーションが用いられるかが、最も重要になる。ワールドワークでは、ファシリテーターやグループが用いるコミュニケーションのスタイルは、その場にある文化に左右される。法的な手続きをはじめ、多くのコミュニケーション手法は、一度に一人だけが話すというディベート形式を重んじており、政治やビジネスにおいてもこのやり方を採用している。しかしながら、黒人や地中海地方の集団の多くは、同時に数人が話すことを歓迎している。またアジアでよく見られるコミュニケーションのスタイルでは、一般的に、話すことが許されるのは年長者が先だ。[7] また、どの国の外交官も、対話より講義のスタイルを好む傾向がある。私のスタイルもまた、自分の経歴、受けてきた教育、生きている時代に基づいている。

コミュニケーションのスタイルだけでなく、どれくらい対立が起こりうるかということも、集団の考え方によって異なる。その度合いがわかれば、安全な範囲内で対立を許容できるようになる――そして、「安全」が何を意味するかは議論を巻き起こすものだが。ファシリテーターは、怒りや絶望に対して開かれていなければならず、同時に、怒りを怖れる人や、怒りから自分を守ることができないと感じている人にも耳を傾けなければならない。怒り、虐待、怖れ、対立を扱うことはいつでも難しい。それらは混乱を招くものだと考える人もいれば、それらに慣れている人もいるからである。

暴力の脅威が生じるとき、ファシリテーターには他にもさまざまな技術が要求される。これらの困難を考慮すれば、政治学、心理学、社会学の融合であるワールドワークがおそらく、体系的に発展した最新の社会科学であることは理解できるだろう。

とはいえ、ワールドワークの技術を学ぶために必要な労力は、自由のための代価としては非常に小さなものだ。学び始めるための最良の場所は、自分から一番近い場所にある対立だ。集団の抱える問題の渦中にとどまり、そこで生まれる結果の全責任を負ってほしい。

コンプトンでの集会や破綻の危機に陥った会社の例は、対立の炎にとどまることを学ぼうとする人々に手がかりを与えてくれる。ひとたび従業員が怒りを表現すると、上司の感情は変化し、再び希望が芽生え、驚くような速さで構造的な変化が必要だという両者の意見が一致した。同様に、コンプトンの女性が絶望感から脱して本音を語ったとき、グループ全体が希望を抱き、すべての人々が彼女と同じように深く語ることができるようになった。

対立にうまく対処できると、互いの違いを認め合うような、以前よりも平和な状況がもたらされる可能性が高くなる。このようなワークは、コミュニティの変容は可能だと信じさせてくれる。世界中の先住民の人々は、コミュニティやその変容が神聖なものであることを昔から知っていた。

この神聖なコミュニティ変容の過程をファシリテートすることは、あらゆる人の仕事である。これに挑戦できるだけでも特権だ。それは恐いものかもしれないが、深い喜びをもたらすものでもあるだろう。

第2章　集団――きわめて困難な試練を与える教師

多くの人は、前に進み出て集団をファシリテートすることを怖れる。たしかに、集団に怖れを抱くのももっともだ。集団には途方もない力が秘められているからだ。ファシリテーターは、集団によって支配されている、品定めされている、辱められているといった感覚を抱くことがあるのだ。

政府が意見の不一致、怒り、反乱に対してほとんど寛容さを見せないのは、対立を怖れているからでもある。人々が暴動や市民的不服従★や革命という手段にやむなく訴えるのは、自分たちの声に耳を傾けてもらい、社会に変化を起こすためだ。政治指導者は攻撃されることを怖れ、怒っている人々や騒乱を無意識に抑圧する。

対立するコミュニティを変容させられるようになるためには、まず自らが対立の中で生き残る力を持つ必要がある。対立の炎にとどまることができるエルダーに自分を変容させるためには、特別なインナーワーク★が必要だ。自己を変容しないかぎり、私たちは集団の緊張に関するアウェアネスを抑圧し続け、世界の問題を永続させてしまうだろう。

★ 市民的不服従：特定の政治的命令や法律に対して非暴力的手段で公然と違反する行為。

★ インナーワーク：瞑想のように一人で行う、プロセスワークの内省手法のこと。ここでは、対立の渦中で自分に起きる反応を内省し、処理する能力が必要なことが話されている。

最近、私とパートナーのエイミーは、アメリカで開かれたある集会をファシリテートした。その集会では、黒人と白人のレズビアンの間で人種差別の問題が持ち上がった。女性たちのやり合いは壮絶なものだったが、彼女たちの柔軟性によって、感動的な解決へと至った。ほとんどすべての人がその結末に安堵した。

ところが驚いたことに、ある白人男性が立ち上がり、そもそも女性たちどうしの対立を許した私の行為に対して怒っている、と述べた。彼は、対立を解決するうえであれほどの壮絶なやり合いは許されるべきではなかったと言うのだ。「なぜ、このような公の場で対立が起こらなければならないんだ?」と彼は問いかけた。

彼は頭のてっぺんからつま先まで震わせながら意を決したように、自分と妻はこれまで「アメリカとヨーロッパで最良の集団」の一員として過ごしてきたと語った。彼らは偉大な指導者(グル)や国際的なリーダーに学んできたが、集団の中でこのような対立を経験したことがなかったのだ。

私は、緊張したやりとりに対する女性たちのオープンさが、彼の世界を傷つけたことを理解した。その怒りは、私たちが彼の世界観や文化的な規範をこの集会の中で再現できなかったが故のものだった。また彼は、そもそも同性愛というテーマが取りあげられることに動揺していた。さらに悪いことに、女性たちはその話題をとてもあけすけに語り合っていた。その結果、彼は自分とは無関係だと考えていた同性愛の問題について考えることを迫られたのだ。

私は、自分を弁護しようとしたり、この問題に対する彼の鈍感さを責めたりする代わりに、批判をじっくり聞いて、彼のことを理解できているかどうかを確認しようと試みた。もし私自身が彼を理解できないなら、どうして彼に他者を理解するよう求めることができるだろう？

彼が話し終えたあと、私は彼の見方に同意できないことを伝えた。同時に、意見を共有してくれたことに感謝した。話してくれたことは本当に嬉しかった、私たちは彼の視点を必要としていたとも伝えた。私はまた、彼が語ってくれた考え方を、今後はもっと念頭に置くようにすると言った。すると彼は尊重されたことを喜び、満足そうに「他の人と同じように自分の声も聞いてもらえた」と述べた。

しかし参加者の中には、彼に同意せず、白人男性の典型だと非難した人もいた。一方で他の参加者は、私が主流派的な価値観に対してもオープンであることに関心を持ち、多様な意見が飛び交うことを喜んでいた。それからは誰もが熱のこもった話し合いに没頭するようになり、その日の終わりには、白熱する議論には珍しいほどオープンな場になっていた。

だが、私は幸せな気持ちではなかった。傷つき、落ち込んだ気分で家に戻り、頭をうなだれて椅子に座り込んだ。集団の中でこのような非難を浴びたことは何度もあったが、自分でもわからない何かが私を悲しませていた。そこで、この気持ちを整理するのを手伝ってくれるようエイミーに頼んだ。私は、女性に対して辛辣だった彼への怒りを抑圧していたのだろうか？　彼の意見が自分を動揺させたことには気づいていたが、まだ何かありそうだった。エイミーは次のようなインナーワークを勧めてくれた。

気持ちを整理するインナーワーク

「困難な状況を想像して。苦痛の感情を引き起こすどんな状況でも構わないわ。その状況にある自分を詳しく見て」とエイミーは言った。

私は、あの男性が私を非難した午後の状況をイメージした。

「そうしたら今度は、あなたの身体の中で気になる部分を見て」と彼女は続けた。

私は心の目で、自分が座って落ち込んでいるところを見た。そして、とても低くうなだれている自分の頭に注目した。

「辛抱強く、身体のその領域に、これまで見たこともない新しい何かを探してみて。数分かかるかもしれないけれど」

すると驚いたことに、人々の首を切り落とすために何世紀も前のヨーロッパで使われていたようなギロチンが、私の上にぶら下がっているのを見たのだ。

「この新しい何かにまつわる物語を展開しましょう」とエイミーは言った。

私は凍りついた。その光景は直視に耐えないものだったが、そのとき、ギロチンの刃が落ちたのだ。想像の中で、君主制に抵抗して民主主義を求める社会活動を行ったことを責められて、私は打ち首にされた。

それにしても、何が私の首を切り落としたのだろうか？　それは王ではなく、偉大な霊（スピリット）だった。話の筋書きは非常に奇妙なものになっていき、物語はさらに展開した。私は自分が新しい身体に生まれ変わるのを見た。空想の中で、舞台は近世ヨーロッパからアメリカ独立革命の時代に移っていた。そこでは、私は新しい人格を持っていた。相変わらず社会活動家ではあったが、以前より年をとっていたのだ。この年をとった私は、抑圧されている人々のためだけに活動するのではなく、抑圧している人々も抑圧されている人々も、全員を同じように自分の子どもたちとして見ることができるようになっていた。

突然、私は自分の気持ちを理解した。あの午後に私を非難した男性は、一面的になることを不愉快に思う私自身の感覚に気づかせてくれたのだ。私の最も深い部分は、自分の頭を切り落としたかった、いわば頭を切り換えたかったのだろう。言い換えれば、抑圧されている人々の問題だけに密かに肩入れして、それ以外の人に共感できなくなってしまっている自分自身に対して、無意識に怒っていたのだ。この問題は、社会的に抑圧されていた私自身の個人的な生い立ちにまでさかのぼることができた。このことを理解した私は、もはや主流派の人々に対して敵対する必要がないように成長したいと思った。自分を攻撃した男性を含め、すべての人々を自分の子どもとして見ることができるようになりたかった。

この洞察によって私は泣くほど喜び、エイミーと抱き合った。気持ちはすぐに変化した。私の空想で打ち首を行ったのは、私自身の支配的な部分を象徴すると思われる過去の時代の王ではなかった。それはもっと意味のあるもの、私に変化を求める霊（スピリット）によって行われたのだ。

私は成長できたことに興奮した。午後の困難なグループ・プロセスは、驚くべき学びの体験へと変容した。私は一刻も早く、あのグループとワークを再開したかった。

次の朝にワークを開始したときには、私はどんなことにでも心構えができていた。ところが私が話し出す前に、私を非難した男性が立ち上がり、どれだけ気分がよく、昨日どれほど多くのことを学んだかについてみんなに語ったのだ。私は驚き、嬉しさで涙を流した。私も自分の学びについてグループに語ったのだった。

ワールドワークは「体験」から始まる

多文化間の緊張が生じる場を扱った経験がある人は、トレーニングなしでファシリテートしようとするのは、梯子なしで屋根に登るようなものだと知っている。

ワールドワーカーには、インナーワークや人間関係を扱う技術が必要であり、階級、経済、国際政治について理解していなければならない。内的な問題、地域の問題、国際的な問題は、あらゆるグループ・プロセスの中に織り込まれているからだ。

近い将来、有能なリーダーの条件とは、高学歴や高いランクやお金を持つことではなくなるだろう。代わりに、自分が生まれながらに受けてきた抑圧を生き抜いた者がリーダーになるだろう。多数派の文化で暮らしていながらも、社会から認められない集団の一員であるという、二つの世界で同時に生きる人々もいる。彼らは、犠牲者になるか、多文化をつなぐリーダーとして生き残るか、そのどちらかを強いられてきた。私たちは、強運、知性、アウェアネス、あるいは愛を持って生き抜いてきたリーダーたちの助けを必要としている。他のどこに、人権を守ろうとする意欲と意識を持ったエルダーを見出すことができるだろうか？

今日、紛争解決を目的とするさまざまな分野は、社会問題を学術的には扱うが、激しい怒りを扱おうとはしない。主流派はどこの国でも、抑圧されている階級の怒りを避ける傾向にある。政治学や心理学は、よそ者に同化や統合を迫る。西洋思想は、平和や調和に偏っている。多くの非主流派の集団が、「紛争解決」という考え方そのものが主流派に合わせてつくられたと捉えているのはそのためだ。

皮肉にも、暗黙的であれ公然とであれ、怒りを禁止する紛争解決の手続きは、結局のところ対立をあおってしまう。その手続き自体が、社会的な争いを避けることができる地域に住める、特権的な人々にとって都合が良いものだからだ。

一方で、社会階級の周縁部や最下級に存在する人たちは、社会からは触れたくない存在のように扱われている。彼らこそが平静になるべきだという決めつけによって、彼らの主張はさらに抑圧される。第1章で見た、怒れる黒人男性との会話を拒否した白人男性のエピソードが一つの例だ。主流派が持てる自由や力から除外された人々には、二つの選択肢が残される。暴動や革命という手段に訴えるか、犯罪や麻薬に走るかだ。

私たちは、紛争解決のシステムに見られる主流派寄りの偏向を自覚しなければならない。それらは、政府の方針に偏っていたり、権利を奪われた非主流派の感情的な側面を無視している。一方、私のギロチンの空想が示唆するように、ファシリテーターは少数派の立場だけを一面的に支持すべきでもない。でなければ、今度は主流派がコミュニティ創造のプロセスから疎外されていると感じてしまうのだ。

ファシリテーターの仕事は、ランクやパワーを排除することではなく、それらに注意を向け、それらのダイナミクスを浮かび上がらせてグループ全体が見えるようにすることなのだ。

内面化された抑圧

文化は階級制度を築くことで、数多くの主観的あるいは客観的な問題を生み出す。高いランクを持つ人々は、パワーを持たない人々を周縁化するような緊張に耐える必要がない。例えば、白人文化の一つの特徴として「ガラスの天井」という表現がある。それは、女性や有色人種のような低いランクを持つ人は、企業の出世コースで一定の役職以上に昇進できない状況を指している。

すべての人は、文化のランクシステムを内面化している。外の世界の抑圧を拡張して、個人の人生の内側にある自分自身の圧力として認識してしまっているのだ。少数派の多くの人々は、自己疑念、自己嫌悪、あるいは絶望感に苦悩しながら、そういった感情は単に自分たちの問題だと思い込んでいる。彼らは、自分たちが「病にかかっている」、あるいは所属する身近なコミュニティから害を受けていると考えてしまう。苦悩の原因は主流派の文化であることに気づいていない場合があるのだ。

主流派の人々もまた、内面化された抑圧によって傷つくことがある。彼らが抱える慢性的な自己批判のほとんどは、主流派の考え方を内面化してしまうことによって起こる。例えば、地域の政治、宗教、学校、社会階級が持つ規範などに適応できない人は、自身を蔑むようになりやすい。そのような自己批判的な人がインナーワークをすると、文化的な規範と照らし合わせれば私には何の価値もないのだ、と自分を蔑む自分に出会うことが多い。容姿、肌の色、髪、健康、人種、宗教、年齢、ジェンダー、職業、学歴、経済的な地位がふさわしくないのだと。このように外側の世界やその価値観は、彼らの内面をも支配しているのだ。

政治学と心理学は、善かれ悪しかれ、いわば結婚したパートナーのようなものだ。主流派による政治的な動きはどんなものも、私たち一人ひとりがどのように自分自身と関わるかに影響を与える。例えば、権利を奪われている人々は、他の人々よりも憂鬱に苦しみやすい。なぜなら、自分は価値が低いと思うからだ。

内面化された抑圧の感覚から自由になるためのワークをするときは、必ず、自分が住んでいる文化の変容を試みることになる。私は、ある東ヨーロッパの国から来た女性とワークをしたことがある。その国では、女性なら自分が話すのは控えて男性に譲るべきである、という考え方が根強かった。あるときこの女性は、自分が遠慮なく話せるようになっている夢を見た。その夢を友人や家族に話すと、彼らは彼女を戒めた。本人にとっても自分たちのためにも、彼女がこれまで通り控えめであることを望んだのだ。次に彼女は、家族が自分を牢獄に監禁したが、そこを抜け出したという夢を見た。彼女は遠慮なく話すリスクを冒すことに決めたのだ。結果は劇的なものだった。彼女は、国家の独裁制に反対する初めての女性だけのデモ行進のリーダーになったのだ。

主流派の価値観による支配から解放されるにつれて、その人の新しい行動は、家族や所属意識を持つ集団との対立を引き起こすかもしれない。その行動の中には、どのような集団にも適合しないものもあるだろう。その人は、女性、男性、有色人種や、さまざまな年齢、職業、学歴を持つ人々、または宗教やスピリチュアリティを信じる人々が、どのように振る舞うべきかという信念体系とぶつかり合う可能性もある。

世界中で起こるこのような緊張は、個人の成長と深く結びついている。これらの緊張によって、何度も自分自身と向き合うように引きずり戻される。そこでワールドワークは、自分が自身や他者をいかに励ましたり抑圧したりしているかについての気づきを促すことによって、自己変容の支えとなるのだ。

抑圧は静かに広がる

抑圧は、自分の身体や友人たちや環境の中に、とてもありふれたものとして蔓延している。そのため、自分も周囲の人々も、この不愉快な心の状態が普通だと考えてしまっているかもしれない。あるいは、抑圧から生まれる緊張を和らげるために、精神安定剤や麻薬や酒に頼らざるをえないと感じるかもしれない。こうした行動は、抑圧を生んでいる世界の現状維持に意図せず加担することになる。

すべての文化において、多くの個人が抑圧によって消耗し切っている。明らかに抑圧されているグループに属しているなら、自らの苦痛と向き合うことや、主流派だけでなく抑圧の影響に気づいていない自集団の人たちとも戦わなければならないことに、疲弊するだろう。内的あるいは外的な緊張を無視しようとした場合、過食や仕事中毒、セックス中毒になったり、潰瘍を発症したり、ストレスによって免疫を弱めてしまうこともある。

非主流派の人間であれば、非主流派の文化集団と主流派の双方から、こちらに従うようにと多くの圧力を受けるため、静かで平均的な市民として隠れる決断をするだろう。

主流派の人間であれば、所属する文化によって自己の大部分を強く抑圧されるため、自分は目に見えない存在であると感じ、他者を支援するエネルギーはほとんど持てなくなってしまう。

日々のあらゆる場面に学びは見出せる

民主主義は、社会的な緊張から生まれた崇高な理想である。しかし人々が、差し迫った抑圧、内的な抑圧、直接的な抑圧に対する意識を抑えつけるなら、民主主義は単なる法的な手続きに成り下がってしまうだろう。民主主義とは平等を夢見ることであるが、その夢は現実とはかけ離れているのだ。

ワールドワークは、より深い民主主義を促すものだ。より深い民主主義とは、個人に対していかに力が行使されているかや、その力をいかにして変容できるかに関するアウェアネスのことである。ワールドワークは、法律、軍隊、警察、テロリストがとる戦術が、内的および外的世界に与える影響を探求する。そして、それらの戦術がどれだけ人々を虐げているか、また同時にいかにあらゆるコミュニティにおけるプロセスの一部となっているかを見出そうとする。このような情報は、ワールドワーカーが新しい草の根の調停手法を編み出すのに役立つだろう。

しかし、私たちは手法以上のものを持たなければならない。自覚を促す予防外交的な交渉術が必要なのだ。

状況の背後にある問題が扱われなければ、個人的あるいは国際的な対立が繰り返されることは当然ではないか、それなのになぜ私がわざわざこの点を指摘するのか、あなたは疑問に思うかもしれない。しかし、自分自身や家族や友人、あるいは昔の友人や前のパートナーのことを考えてみてほしい。これまでの人生において、あなたは対立の解決にどれだけ失敗してきただろう？なぜそれらは未解決のままなのだろう？　あなたは責任を引き受けただろうか？　ランクやパワーの影響について、あるいはジェンダー、教育、人種、世代、経済的な階級といった政治的な問題について考えたことがあるだろうか？　抑圧の感覚に起因する、パワーの違いについて考えたことがあるだろうか？　自分の家族の問題をどれだけ解決しただろうか？

ワールドワークという観点から見ると、あなたの日常はどうだろう？　集団や組織において葛藤を表現したのは、最近ではいつのことだろうか？　それをどのように行っただろうか？　対立の根底にあるものを理解しようとする代わりに、その場しのぎの解決策を求めなかっただろうか？　お金や効率のことをまず考えただろうか？　それとも、根底にある深い問題に入っていっただろうか？

家庭や職場、商店街や街角で起こっている問題に関わろうとしているだろうか？　社会的な責任についてどのように考えているだろうか？　その責任の中には、映画館やレストランなど、あらゆるところで起こっている社会的な緊張の仲裁行為も含まれているだろうか？

単なる対立の調停者や組織開発の専門家以上の存在になり、真の変化をもたらそうとするなら、これらの問いに答え、自分自身の最も深い目標を明らかにしなければならない。

あらゆる対立に重要な意味がある

ワールドワーカーは、個人的、集団的、社会的な問題に対する人々の意識を高める。ワールドワーカーは、いつでもどこでも、民主主義の守り手だ。エルダーは、年齢にかかわらず、常にためらいなく問題を浮かび上がらせなければならない。エルダーは、すべての側の立場に立つ。人々が主流派の価値観に対して反乱を起こすと脅しているときでも、主流派と反乱者のどちらにも敵対しない。民主国家では、重要な変化は市民的不服従から引き起こされるのだ。

ある意味では、どんなものでも対立は最も重要な要素と言える。それは世界の変化の始まりとなりうるのだ。例えば、一九六〇年代に、アメリカ市民の多くはベトナム戦争に反対した。彼らは命の危険を冒してデモを行い、結局刑務所に入れられたが、武力行使を容認することについてのアメリカ人の考え方を変えたのだ。

アメリカのような民主国家であっても、急激な社会変化に対応するための法的基盤をまだ持っていない。さらに言えば、法律だけでは決して十分ではないだろう。法律は重要だが、法律では抑圧や人種差別や性差別を根絶することはできない。現実では、法律は偏見を見えない場所へと追いやり、そこで偏見は生き続けているのだ。

ワールドワーカーは社会的な問題を、いわば出会いへの道として理解している。多文化主義や反差別主義は、どちらも人種差別、性差別、同性愛嫌悪、偏見に対する初期の反応として生まれるものだ。しかし、身近にある問題に取り組むことから始め、そこで相互関係や持続的な対話を探求することで、多文化主義も反差別主義も超えるものが自然と現れるのだ。

ワールドワークはアウェアネスの政治学である。それは問題を解決することだけでなく、とりわけコミュニティのアウェアネスを高めるものなのだ。

ワールドワークの用語

私はできるだけ専門用語を使わないようにしている。それは、「内部の者（インサイダー）と外部の者（アウトサイダー）」という不必要な区別を設けてしまうからだ。しかしそれでも、いくつかの新しい用語は重要だ。なぜならこれらの用語があることで、ワールドワークとは、集団を部分の総体としてしか見ないパラダイムではなく、場のパラダイムに基づいていることを思い出せるからだ。

以下の用語について詳しくは、『ワールドワーク』★、『対立を歓迎するリーダーシップ』★、『シャー

★『ワールドワーク』アーノルド・ミンデル著、青木聡訳、富士見ユキオ監訳、誠信書房、2013 年

★『対立を歓迎するリーダーシップ』アーノルド・ミンデル著、松村憲、西田徹訳、バランスト・グロース・コンサルティング株式会社監訳、日本能率協会マネジメントセンター、2021 年

マンズボディ』★などの拙著を参照してみてほしい。

◆コンセンサス

一定の期間、あるテーマに焦点を当てたり、ある方向性に従うことへの合意。

◆エッジ

現れ出ようとしている何かを怖れの感情ゆえに抑圧するときに起こる、個人や集団におけるコミュニケーションの行き詰まり。例えば、本章の冒頭で紹介した集会では、人種差別や同性愛嫌悪の問題は、午後になるまで浮上しなかった。このグループは、そのようなテーマに対して「エッジ」を持っていたのである。グループのエッジが、そのようなテーマや、そこから引き起こされそうな怒りを抑圧していたために、女性たちは午前中にそれらのテーマを浮上させることはできないと感じていたのだ。同様に、主流派の考え方を主張した男性は、対話の前半において私を非難する自由を感じていなかった。人種差別や同性愛嫌悪のテーマに触れることが集団によって許容されて初めて、主流派である彼の新しいエッジが明らかになったのだ。彼のエッジは、リーダーシップを非難することだけでなく、人種差別や同性愛差別というテーマや、それらについて話し合う人々を嫌うことであった。

★『シャーマンズボディ』アーノルド・ミンデル著、青木聡訳、藤見幸雄監訳・解説、コスモス・ライブラリー、2001年

◆**場**(フィールド)

身体的、環境的、感情的な状態を含む、コミュニティの雰囲気。

◆**ホットスポット**

集団における、攻撃と防御、闘争と逃走、感情の高ぶり、無気力、落ち込みなどの瞬間。

◆**メタスキル**

理論、情報、手法が適用されるときにともなう感情（この概念の詳細な分析については、『メタスキル』★参照）。

◆**プロセス**

個人、家族、集団、文化、環境における、明示的あるいは暗示的なコミュニケーションの流れ。プロセスには、言い表せない感情、夢、スピリチュアルな体験などがある。

◆**一次プロセス**

あなたや所属する集団が、自身を表す際に使っている自己表現、手段、文化。一次プロセスにおける「プロセス」とは、いかにアイデンティティが時とともに変化するかを表す。

★『メタスキル』エイミー・ミンデル著、佐藤和子訳、諸富祥彦監訳・解説、コスモス・ライブラリー、2001年

◆ランク

文化、コミュニティによるサポート、個人の資質、あるいはスピリチュアルな力によってもたらされる能力やパワー。ランクには、意識されているものと意識されていないもの、社会的なものと個人的なものがある。ランクは、自分で身につけたか、受け継いだかにかかわらず、コミュニケーションにおける振る舞いの多くに影響を与え、それは特にエッジやホットスポットにおいて顕著である。

◆ロールあるいはタイムスピリット

時や場所の影響を受ける文化的なランク、立場、観点。ロールやタイムスピリットは、ある瞬間やある場所に限られた働きのため、すぐに変化しやすい。集団におけるロールは、固定的なものではなく、流動的なものだ。ロールやタイムスピリットは、時間の流れとともにそれを担う個人や集団が変わっていき、常に流動的な状態で維持される。

◆二次プロセス

個人や集団が、同一化することを好まない自らの側面。これらの側面は、その人が「敵」と捉える人々に投影されることが多い。その側面を排除すれば相手のグループに「自分より劣った性質」を投影し、称賛すれば「自分より優れた性質」を投影している。

何を行うかではなく、どのように行うか

これから、これらの概念を、少人数ないし大人数の典型的なグループ・プロセスと関連づけながら掘り下げていこう。ワールドワーカーには、ファシリテートする集団の情報が必要だ。また、場におけるコミュニケーションの**エッジ**や**ホットスポット**に気づくための**アウェアネス**の技術も必要だ。例えば、従業員が上司に関する不平を訴えたにもかかわらず無視されると、ホットスポットが生じる。もし、上司が批判に対して何も言わず、従業員が上司の沈黙について何も言わなければ、ホットスポットの感情が悪化していく。やがてそれはひどくなり、暴力に至る。そうして革命が起こり、歴史が繰り返される。

ワールドワーカーにとって、情報やアウェアネスよりも重要なのが**メタスキル**だ。これは決定的なものだ。ワークが成功を収めるかどうかは、自分の知識や行動ではなく、どのようにそれを行うかにかかっている。ワールドワークは他人への関心や愛から生み出されたものだ。そのため、相手が誰なのかや、彼らに起きていることに気を配る必要がある。**エルダーシップ**は感じるという重要なスキルなのだ。

もし自分の内なるエルダーとつながりを持つことができれば、緊張の解決にうまく取り組むことができるだろう。エルダーは、人々の言葉やボディシグナルに意識を向けながら、自分の内的なプロセスにも気を配っている。エルダーは、集団の**一次プロセス**と**二次プロセス**をよく観察し、

また自分の中に生じるプロセスが場の一部であることを知っている。

場（フィールド）へのアウェアネスは、システムの「部分」を知ることとは異なる。場へのアウェアネスは、そこにある総体を夢見るようなものであり、その夢には身体を取り囲んだり身体に浸透したりするあらゆるものが含まれている。場の性質を左右するのは、安定かつ固定された「部分」ではなく、システムの内側と外側の境界を行ったり来たり流れるように変化する、一時的な**ロール**や**タイムスピリット**だ。既存の役割や階級を尊重することは大事だが、集団のより深いダイナミクスには、場、すなわち私たちを結びつけたり隔てたりする「感覚」を通してしか触れることはできない。

あなたの家庭や組織、住んでいる地域や国は、どのような場だろうか？　あなたの地域にある具体的な問題はなんだろうか？　それらの問題を解決するために、その場に対するあなたの捉え方をどのように生かせるだろうか？

ワールドワークと先住民の文化

先住民の人々は、雰囲気や場について多くのことを教えてくれる。彼らの伝承によれば、雰囲気とは、東西南北の「霊（スピリット）」によって支配されている神聖な空間のことだ。

私は、そのような霊（スピリット）をタイムスピリットと呼んでいる。タイムスピリットの要素である両極性やロールは、場を形成し、それらは時とともに変化する。どこの街角にも問題が満ちており、ジェンダー、年齢、性的指向、人種、金銭など、繊細なテーマについて両極化が起きている。このような問題やテーマには、さまざまな側面が存在するが、それは本質的にそれぞれ異なる方向性を持つと言える。異なる極へと向かうこうした方向性、すなわち両極性をファシリテートするには、エルダーの存在が必要だ。ある意味では、ワールドワークは先住民の文化のような側面を持つのである。

文化的、心理的な偏見、あるいはランクから生まれる偏見の周辺にある両極化の緊張関係を、どのように扱ったらよいのだろうか？「場のワーク」では、これらの緊張関係に焦点を当て、それぞれの立場の人が自分を表現できるようにサポートすることで、全体の雰囲気を改善しようとする。そうすると、直接的な問題の多くは消えるか、解決されやすくなるのだ。

雰囲気を扱うワークは、個人を扱うことでもあり、個人を超える取り組みでもある。人々を一つにするのだ。それにはしばしば、対話、討論、困惑の瞬間、あるいは混沌でさえも必要とされる。やがて空気が澄むと、新たなコミュニティの雰囲気がつくりあげられる。

対立に耐えることを学ばなければならないのは、ワールドワーカーだけではない。グループワークは、問題が解決するまで緊張に耐えられるように集団全体の能力を高める。これにより、コミュニティ全体が対立の炎にとどまることが可能になる。難題に直面したときに、硬直や分裂をするのではなく、集団がより柔軟な方向に変化するのだ。

アメリカ先住民と同じく、私は集団の雰囲気を神聖なものと考えている。たとえ、それが乱れていようと、素晴らしいものであろうと。私たちにはエルダーが必要だ。エルダーとは、すべての人々を招き入れ、タイムスピリットのプロセスに関する自覚を保ちながら、コミュニティをつくりあげることができる人のことだ。ワールドワークのエルダーは人々に対して、自分の信念のために立ち上がり、タイムスピリットの「チャンネル」あるいは声となり、場の空気にあるものを表現するよう促す。例えば、あるテーマにおいて自分のアイデンティティはどちらか一方の立場に近いと感じる人は、そのことを語る。別の人がそれに対して言い返す。人々は、立場を切り替えてもよい。もし、その場の文化が身振りやダンスを使う表現にオープンなら、それらも意見や感情や考えを表すために活用される。

概念は相対的である

内と外、政治学と心理学、善と悪のような用語は、互いに相対的なものだ。今日の社会で内的だと思われているものは、明日には外的なものになるかもしれない。私たちが心理学と呼んでいるものは、別の人にとっては政治学であるかもしれない。あるグループにとって悪なるものを、他のグループは善と定義するかもしれない。プロセスワークにおいて用語には意味があると考えるのは、それが絶対的な真実であるからではなく、変化しうる体験を記述するものだからだ。

アルバート・アインシュタインは『相対論の意味』★という著作において、「われわれの概念、および概念の体系が妥当であるという唯一の理由は、それらがわれわれの経験の集成を表現するのに役立つという点にある。これ以上には、概念や概念の体系は何らの妥当性を持ちえない」と

★『相対論の意味』アインシュタイン著、矢野健太郎訳、岩波書店、2015年

書いている。[1]

もし、ワールドワークの概念では体験を適切に表現できない状況に遭遇したら、その概念は間違っており、作り直される必要がある。例えば、以前私は文化における「影（シャドウ）★」について話すことがあったが、今ではこの用語を避けるようにしている。ヨーロッパ中心的な用語だからだ。「影」と言えば、暗さよりも明るさに価値を置き、肌の色に対する言及を思わせる。

文化の概念は――正常と異常、健康と病気、人種、ジェンダー、年齢といったものでさえ――ただの概念にすぎない。こうした用語は、支配的な社会のパラダイムを象徴するもので、用語を使うこと自体が、既存の問題を長引かせることがある。これらの概念は、心理学、社会学、政治学をつくりあげるために用いられてきたが、相対的なものでしかない。これらの概念が規範的なものとして使われると、それに合致しないと感じる人々は虐げられることになる。そのような体験や周縁化された人たちを包摂するために、私はエッジ、タイムスピリット、ホットスポットなどの新しい概念を提案してきた。

社会的な相対性からいって、もしすべての虐待的な専制者が彼らの権力を放棄し、自由のために戦う人々すべてが権力の座についたとしても、変化はほとんど起こらないだろう。抑圧されている人々が前に出て、抑圧している人々が後ろに下がっても、おそらく世界は持続的な方法では変わらないだろう。なぜか？　それは、あるパワーが盲目的に他のパワーに置き換えられただけだからだ。コミュニティのすべてのメンバーが自分たちのパワーに関する自覚を高めたときにのみ、本当の変化が訪れるだろう。

★ 影（シャドウ）：ユング心理学の用語。生きられていない自らの側面をさす。

世界は数え切れないほどの革命を経験してきた。民主主義と資本主義は冷戦に勝利した。しかし、この変化によって、個人の自由が守られるようになったわけではないし、人々の政治参加への意欲を十分に刺激したわけでもない。私たちはまだ、パワーがそのときどきにおいて相対的なものであることや、それがいかに用いられているかを認識できていないのだ。

精神的な危機は何度でも訪れる

対立を扱うトレーニングに臨む人は、基本的な人権が日常的に侵害されているのを目撃することで、精神的な危機を経験するだろう。私自身、扱いにくい対立や、少数派に対する表現しがたい抑圧に直面したとき、それを指摘することへの怖れと、抑圧者への怒りと、自分が何をしたらよいかわからないこととの間を揺れ動いた経験がある。また、抑圧されている集団がさらに自分自身や他者を抑圧するのを見て、絶望を感じたこともある。人類が共に生きる未来や環境を実現したいという大いなる夢があるから、私は積極的にリスクをとろうと意気込んでいたが、自分を落胆させる問題に直面してやめたくなることもあった。公開の市民フォーラムにおいて大勢の集団を扱うことは不可能だと何度も思ったことがある。

大勢の集団の対立を扱うと、子ども時代のあらゆる傷が再び現れる。はじめは自分が、巨大で、強力で、危険な世界の中にいる子どもに戻ったようだと感じるだろう。その場で起こる社会的な緊張を扱うためにあなたのインナーワークが求められるのと同じように、あなた自身の内面がどう成長するかどうかが公的な問題となる。プライバシーが侵害されたように感じて、隠れることはできない。外的世界が内面を支配する形で侵入してくる。あなたのインナーワークはワールドワークと切り離すことができなくなるのだ。

振り返ると、私はインナーワークから学ぶのと同じくらい、公衆の面前でのワークから自分自身について多くを学んだように思われる。まず、自分を駆り立ててくれる大いなる夢を持てたことは幸運だった。私の個人的な成長にはいくつもの段階があった。アッパーミドル層の人々が少数派に対して公正に接するのを拒否するときには、彼らに対する私の攻撃的な感情を受け入れなければならなかった。また、私とは反する人々に対する愛を学ばなければならなかった。それは難しいことだったが、自分の怒りを認められるようになってはじめて、私は過去と現在の自身の傷や挫折を通して、本当は誰にも罪がなく、みんなが一緒に目覚める必要があると気づくことができた。

今では、何らかの対立に巻き込まれている人々は、誰もが弱い人だと思えるようになった。明らかに社会的な力を持つ人々でも、同等の力を持たない人が抱える決定的な問題に対して無自覚であることによって、弱い立場に置かれることもある。ときどき私は、主流派というものはないとさえ考えるようになった。主流派の考え方は社会に浸透しており、強力で、しばしばいい意味を持つとされているが、痛ましいゴーストでもある。いわゆる主流派の人々は、ある観点からすれば強く見えるものの、パワーの適切な使い方が問題になると弱くなるのだ。

扱いにくい対立やグローバルな緊張に取り組む人なら誰でも、自分たちの最も深い信念や人生の意味について問うことを迫られている。グローバルな問題への答えを探求しようとすれば、私たちは何度でも精神的な危機に追い込まれるだろう。私はいつも、このような危機には価値があると思っている。それらの危機は私たちを不安な気持ちにして脆弱（ぜいじゃく）な存在にするだけではなく、むしろ日常的な相互関係の中に永遠なる何かを探求できるように私たちを開放してくれるからだ。

　他者と仲良くやっていく術（すべ）を学ぼうというのは、安直な理想論だ。市民フォーラム、ギャング、コミュニティ、企業、大学などの問題に取り組むと、さまざまな立場から圧力を受けることになる。とても驚くべき状況や、自分とはまったく違う人々と直面しなければならないので、はじめはただ驚き、絶望し、ショックを受けるだけで終わってしまうかもしれない。

　けれども、このワークに没頭し、自分自身が引き裂かれることに身を委ねると、何かが起こることがある。そのとき、きわめて困難な状況そのものが、素晴らしい教師になりうるのだと認識し始めるだろう。

　その瞬間こそが、重要なのだ。西洋の伝統では、特定の個人、何らかの対象、土地の一部などは、潜在的に神聖なものと捉えられてきた。しかし、集団はどうだろうか？　そのようには捉えられていない。プロセスはどうだろうか？　まだである。だが、とても反抗的で、とても耳障りで、とても頑なな集団そのものが、精神的な助言者になる場合がある。集団は、あなたをバラバラに引き裂くかもしれないし、事実や理論を教えてくれることもない。だが、困難な問題に対するアウェアネスや開かれた心を教えてくれる。あなたは集団と共に変容する。そのとき、もはや自分をファシリテーターではなく、学ぶ者、さらには起こっている出来事への献身者と考えるようにさえなるだろう。

そうなること自体が、とても大切なレッスンが完了したことを示している。あなたにとってコミュニティは最悪の問題であるだけではなく、最も神聖な教師でもあるのだ。

第3章　ランク——ダブルシグナル

ランクは麻薬である。自分のランクが高くなればなるほど、それがいかに他者へ負の影響を及ぼすかに気づきにくくなる。

子どもの頃に怖がっていた教師のことを思い出してほしい。自身が持つランクを自覚し、子どもに対してそのパワーをうまく使う教師もいる。しかし、そのランクを自覚していない人もいる。そういう教師は、子どもをしつけるときに怖がらせるばかりで何も教えられない。そのようなランクの使い方をすれば、教師の魅力は失われ、近づきがたい存在になってしまう。

私たちは誰もが何らかのランクを持っており、それをどれくらい自覚しているかが言動に表れる。ランクに注意が払われないとき、コミュニケーションは混乱し、人間関係の慢性的な問題がさらに悪化する。

会社組織において、部下がなぜ不平を言うのかを理解しているトップの人間はほとんどいない。経営者は、自分が持つパワーを忘れ、会社の問題の責任は階級の低い人たちにあると思い込んでいるのだ。

高学歴の人は、学歴の低い人や経験の少ない人を、愚かで未熟だと思っている。心理学やスピリチュアリティの世界では、ベテランが新人のことを、成熟しておらず、無知で、愚かで、価値が低いと考えている。このように、ランクは他の人々への評価を曇らせるのだ。

国家は自らのパワーが、自国よりも小さくて開発が進んでいない国々に与える影響のことを忘れている。以前、ソビエト連邦が崩壊したあとに、ブラチスラバで開催された大きな国際会議のファシリテーションを手伝ったときのことだ。ポーランド、チェコ共和国、スロバキア、ルーマニア、モルドバ、クロアチアの参加者が部屋の一方に集まり、ロシアからの参加者が行ったスピーチに対して一丸となって反対の声をあげていた。彼らは、そのロシア人が自分たちを脅かしていると主張したのだ。そのロシア人が語った「階級のない、偉大な新しい国」というビジョンから他の参加者が思い描いたのは、それほど遠くない過去にロシアによって行使されたパワーだったのである。

そのロシア人は自分を弁護するように、なぜ単に理想を語ったにすぎないのに、過去のことを思い出してしまうのかと尋ねた。ソビエト連邦はすでに崩壊しているし、自分はそこに集まったすべての国々のよりよい関係のためにビジョンを語ったという。彼は、それを聞いた人がなぜ悪の力を自分に投影するのか、理解できなかったのだ。逆に他の国の参加者たちは、彼がそれほど無自覚であることが信じられなかった。熱い議論が続いた。

かつて他者より上位のグループに属していた人々は、その力が失われると、一個人として待遇されることを求めるようになる。そのロシア人は、ソビエトのイメージを払拭したいと願っていた。一方、東ヨーロッパの人々は、抑圧されてきた多くの人々と同じように、自分たちが理解されていないと感じていたのだ。

パワーの戦い――弱さvs弱さ

政治的なプロセスはそれぞれの国によって異なる面もあるだろう。しかし、主流派のグループと、主流派から疎外されているグループとの間で起こるプロセスの構造は、どんな場所でも似ているのだ。社会的なパワーを持つ、あるいは持ったことのある主流派の人々は、明らかに強力だ。しかし、はっきりとは見えないが、彼らにはハンディキャップもある。自分よりランクが低いか、以前低かった人々よりも、自分の高いランクに気づきにくいのだ。このランクの見えづらさによって、他者を理解できなくなる。これが、私たちがいつも新聞で目にする行き詰まり――世界に常に遍在する、膠着（こうちゃく）し、停滞しながらも進行している対立――を引き起こす。

ブラチスラバのケースでは、ロシア人の男性は、なぜ他の東欧諸国の人々が自分たちにあれほど怒っているか、想像できなかった。このような対立に取り組むファシリテーターにとっての問題は、ランクの高い人（あるいは他者の目から見ればランクの高い人）に気づいてもらおうとしても、当の本人はまったく理解できない、という状況に直面しやすいことだ。高いランクを持つ人々の自覚が低ければ低いほど、自分たちは無力だと感じているグループから攻撃的な行動が起きやすくなる。

ランクに無自覚な人に対して、周りの人はイライラして、怒鳴りたくなるものだ。しかし、ランクの高い人に、自分たちの無自覚に気づくように期待するのは、彼らに他の参加者以上の高い精神性や知的な度量を求めることを意味する。このような要求は、一見正当なように見えるが、普通は抵抗を受けることになる。なぜなら、ランクの高い人々は、まず彼らを批判する参加者によって、続いてファシリテーターによって、自分が抑圧されていると感じるからだ。

高いランクに反発する人々は、その攻撃的な振る舞いの瞬間は、ただ犠牲者であるだけでなく、ある種のスピリチュアルなパワーを持っている。彼らは、「公正」を求める行動によって力を与えられているように感じる。しかし彼らもまた、彼らを怒らせる高いランクを持つ人々のように、自分たちのそうしたパワーに気づいていないことが多い。犠牲者側にいるからと言って、一方的に庇護を受けられるわけではないのだ。

ファシリテーターは普通、パワーを持たない人を守りたがるものだ。しかし、対立が噴出した際には、パワーを持つ側もまた傷つきやすい状態にある。パワーを持つ人は、何が起こっているかを理解する手がかりを持っていないし、困惑している。彼らもまた、ファシリテーターからの保護や支えを必要としているのだ。

メンバーが社会的に抑圧されてきたために傷つき、弱体化しているグループの反対側には、自分たちの社会的立場について盲目であるがゆえに、心理的に弱いグループがいる。行き詰まりを打開するには、パワーと弱さの間、社会的立場と心理的な勢いとの間にある相互関係について理解する必要がある。あなたの中のエルダーは、そのような理解をいかに深めるだろうか。

エルダーシップとは、問題を自分自身で体験し、自己の内部にある「犠牲者」と「抑圧者」の両面を知ることによって育まれる。それは抑圧者が持つ弱さを見ることからはじまる。自己の内側で復讐を求める炎を沈静化することは、場にいる全員を安心させる冷却材にもなる。これは生やさしいことではない。意識して対立を洞察に変えることができた人のみが持てる心なのだ。エルダーとは、どちらかの側だけに加担してしまう心を慈愛の心に変容させてきた人なのである。

ランクはさまざまな形で現れる

先ほど述べた、ランクに端を発する旧ソビエト連邦の対立について、「それは自分とは関係ない」と考えた読者もいるだろう。

それは間違いだ。ありとあらゆる対立は、みんなのものだ。ランクの問題は、ある一つの場所だけで解決できない。全世界規模で取り組まなければならないものなのだ。結局、階級は文化がつくり出す社会的な構造によって生まれるのである。そして文化とは、私たちの無意識の背後に存在しているものだ。

西洋社会の白人について考えてほしい。彼らが有色人種の人々のことを忘れるのは、人種差別からだけではなく、教育システムが完全に西洋中心的だからだ。男性について考えてほしい。世界のどんな国でも異性愛者はゲイなどいないかのように振る舞うが、それと同様に男性は女性を否定していることに無自覚だ。健康な人は、健康ではない人の痛みを理解できない。親は子どもの成長には「段階」があると思っている。文化がこのような態度を教え込み、強固にしているのだ。

ランクは鏡に映らない。ランクは心のわずかな動きに表出する。自分が属する文化において最も優遇される集団の一員であれば、自分は普通だと考え、自分のようではない人を軽視してしまう。そして自分の階級に属する役割を無視し、過去の悪を否定する。「えっ私のこと？ 私の祖先はポーランド人の農夫で、南部の金持ちではなかったんです。それに、あなたの祖先が奴隷として売られたときに、私はそこにいなかったから……」

ランクは、例えば自信などの感情として、さまざまな形で現れる。ランクの潜在的な影響によって、私たちが自分や他者をどのように感じるかが決定づけられる。自己評価が高いか低いかは、教師や家族、サブカルチャーによってのみ決められるのではない。そうした要素はどれもが主流派の文化とつながっているため、自己や他者の価値に関する感覚の究極的な源泉は、世界全体であると言える。主流派の文化は知らない間に影響を与えている。それは私たちの思考や感情、そして夢にさえ入り込んでいるのだ。

自分は安全で守られているという感覚は、心理的ランクが表出したものだ。「劣等感に満ちたこの人たちは、なぜこんなに不安がっているのだろう？」と驚くかもしれない。親、教師、パートナー、友人、さらには神々の誰ひとりとして自分に気を配ってくれない——そんな恐ろしい瞬間のことを、私たちは忘れてしまっているのだ。

心理的ランクは、他者の苦しみに気づきにくくし、他者は単なる「犠牲者」にすぎないと見下しやすくさせる麻薬である。それによって私たちは、自分たちは他者の問題を乗り越えることができたと思い込んでしまう。つまり、自分はすっかり問題を乗り越えているので、不利な立場の人々が抱える問題とは無縁なのだ、と。エゴは私たちに分断をもたらす。過去に抑圧されて苦しんだ経験があったとしても、現在誰かに起きている抑圧を解消するために手助けしようとしない。抑圧されている人々がどんな環境にいるのかを知ろうと全力を尽くす代わりに、自分たちがいる場所に彼らこそが来るべきだと主張するのだ。

すでに述べたように、ランクは私たちを気持ち良くさせる麻薬である。自分がランクの恩恵を受けていることは忘れてしまう。ヘロインと同じで、気持ち良くなるためにますます多く必要とするようになる。そうした習慣を支えるために、他者や周囲の幸福を盗むようになる。最終的には、他者はそれ以上耐えられなくなり、暴力に訴えるのだ。

自覚的にランクを活用すること

ランクは本質的に悪いものではないし、その乱用を避けられないわけでもない。自分のランクを自覚すれば、自分だけでなく、他者のためにも活用できるようになる。自分の過去を思い出してみよう。路上で生活する子どもがいる一方で、私たちの中には家で育った人もいることを、忘れないでほしい。暴力と中毒が存在する場所で日々を過ごすティーンエイジャーがいる一方で、あなたは安全に学校へ通っていたかもしれない。あなたの語彙力は、他者が受けることのできなかった教育を反映している。次々と人生の各段階を思い起こすと、あなたは特権を持っていたことがわかるだろう。あなたより特権を持っていなかった人もいるのだ。

ランクを自覚している人は、自分が持つパワーの多くが受け継がれたもので、誰もが持てるものではないことを知っている。そのような人は、多くの物や能力を持たない非力な人を見下すようなことはしない。彼らは謙虚でありながら、自己肯定感を持っている。ランクは病いにも薬にもなりうるのだ。

パワーをめぐる苦悩はどこにでも存在している。パワーを持たない人は、他者がランクを自覚していないと嫉妬し、傷つき、激怒する。そしてどんな場所でも、ランクを自覚することでそのような苦悩は減っていく。

子どもの頃や死が迫っている時期の人は、ランクを超越している。ときには、超個的（トランスパーソナル）な、あるいは超越的な体験をすることもある。それによってスピリチュアルなランクを得て、文化、家族、世界から独立したパワーがもたらされる。このパワーを無自覚に使えば、他者の苦しみを無視したり、周縁化することになってしまう。超越的な体験をしやすい人は、エリート意識を持つことがある。宗教やスピリチュアルな領域では、ランクについて忘れられることが多い。自分たちは愛の道を実践していると考えがちだからだ。多くの宗教では平和が非常に重視されているため、その信仰者は、「他者は信仰心が低い」という考え方から引き起こされる対立も無視してしまうことがあるのだ。

ワールドワークの目的は、ランクを超越することではなく、ランクを自覚して建設的に活用することである。

複雑なシグナルを送る

メッセージやシグナルには、意図されているものと無意識的なものがある。私は、意図されているメッセージを「一次シグナル」、意図されていないメッセージを「ダブルシグナル」と呼んでいる。

例えば、元気でないときに元気そうに振る舞おうとすると、ダブルシグナルを送ることになる。意図されたメッセージは笑顔やちょっとした笑いだろうが、首をうなだれていたり、低い声で話していたりといったダブルシグナルが認められるだろう。

自分のダブルシグナルに気づいていない場合、それらに対する人々の反応によって驚くことになる。自分のシグナルを自覚していれば、相手の反応に驚くことはないだろう。

オレゴン州の小さな町で行われた集会で私が出会った、アッパーミドル層の白人男性を例としてあげよう。その当時オレゴン州では、ゲイの人権について激しく議論されていた。彼は立ち上がり、同性愛についての自分の考えを述べた。彼は六十代前半であった。参加者の多くはカジュアルな服装だったが、彼は白いシャツにネクタイをしめていた。

彼は自信ありげに微笑みながら、「私は謙虚な人間です。聖書を信じています。ゲイは神とのつながりを失い、迷っているのです。彼らは救われる必要があるのです」と言った。

彼の一次的なメッセージは、自分は謙虚な人間で、ゲイは錯乱していて精神的な問題を抱えているはずだ、というものだった。それが、彼が私たちに聞かせようとしたことだった。そのメッセージを強めるために、手には聖書を持っていた。彼は微笑みというダブルシグナルを送っており、それは他の人から見ると、優越感を表しているように感じられた。また聖書は、多数派の支配感を表すダブルシグナルだった。彼の微笑みと聖書は、「親愛なる人々よ、他の人のことを聞く必要はない。私が真実である」と、他者を見下していると解釈されたのだ。

彼のダブルシグナルは、複雑な感情、困惑、最終的には苛立ちを引き起こした。ゲイとレズビアンの活動家は、彼に言い返したくて身悶えしていた。他の人々も、彼の気取った態度に否定的な反応を示した。

ダブルシグナルは、二次プロセスを表現している。二次プロセスとは、もし自分が相手に何かを伝えてしまっていると気づいたら、その内容は自分とは違うと思いたいもののことだ。この男性は自分が見下す態度を取っていることに気づいていなかった。自分はみんなに対してオープンであると思い込んでいたのだ。

ほとんどのダブルシグナルは、私が『人間関係にあらわれる未知なるもの』★で説明したように、夢のようなものである。[1] 二重のメッセージは、人の最も深い感情や、スピリチュアルな体験や、無自覚に持っているパワーやランクを伝える。先ほどの男性のダブルシグナルは「私のほうが優れており、あなたは私の言うことを聞かなければならない。なぜなら、私の言っていることには議論の余地がないからだ」と語っていたのだ。

★『人間関係にあらわれる未知なるもの』アーノルド・ミンデル著、藤崎亜矢子訳、富士見幸雄監訳、日本教文社、2008年

ダブルシグナルに隠されている力

同じ集まりで、ある白人女性が、同性愛に対する中傷によって傷つけられたことについて語る場面があった。彼女は話しながら、うなだれて床を見ていた。同時に、こぶしを固く握っていた。彼女は無力感や傷ついている感覚について話した。パーティーから家に戻り、夜明けまで泣いたことがあると語ったのだ。再び傷つけられるのがとても怖くて、三日間家を出なかったこともあるという。

このとき、傷つけられた経験について話すことやうなだれて床を見ることは一次シグナルであり、固く握られたこぶしがダブルシグナルだった。彼女が話し終えたとき、私は彼女に、自分のこぶしに注目してできるだけ固く握ってみませんかと勧めた。

最初、彼女は自分がこぶしを握っていることに気づいていなかった。こぶしについて考えると、それまでとは別人のようになり、「私は自分や他人の意見を大切にしたいんです！　同意できないけど、あの男性の意見も大切にしたいです。でも、自分の意見も大切にしたいんです」と力強く述べた。

彼女のダブルシグナルには強い力があった。その力は、彼女の内から外へ出たがっていた。彼女はそのことに気づいていなかったので、その力を引き出す方法はダブルシグナルの中にしかなかったのだ。ダブルシグナルはしばしば、人間関係の複雑さや深層を開く鍵となる。

ダブルシグナルの害

国家から個人まで、どんなレベルのコミュニケーションにおいても、ダブルシグナルについての自覚が求められる。無意識のメッセージは、無意識の反応を引き起こすことが多いからだ。

先述の男性は、レズビアンの女性に微笑みながら答えた。「なぜあなたは私に対していらついているのですか？　あなたはとても感情的になっている！」

彼はまだ、自分が述べた一次的なメッセージ（「彼女を救いたい」）を自分が体現していると思っていた。そして自分が微笑んでいることや、それが彼女に与える影響に気づいていなかった。そのため彼女のいらつきを理解できなかったのだ。はじめは、彼女もそれを理解できなかった。男性の言葉は彼女を落ち込ませたが、やがてその微笑みは彼女の怒りを引き起こし、力を解放した。

誤解の多くはダブルシグナルから生じている。ダブルシグナルは、しばしば夢と同じくらい解明が困難なものだ。例えば、小さな傷つきやすい子どもの夢を見た、屈強でたくましい男性を思い浮かべてほしい。彼は自分の中の子どものような傷つきやすさに気づいていない。しかし、その子どもはダブルシグナルに現れ、他の人たちに彼の隠れたメッセージを伝えている。その男性は知らず知らずのうちに、自分には母親のように接してほしいと他者に求めているのだ。彼は強い人のように見えるし、実際そのように振る舞っているが、彼の中の子どもは「僕の世話をして」と求めるダブルシグナルを送っているのである。

別の男性は、自分のことを無力だと思っているが、ボクサーの夢を見る。この男性は、なぜ他者がいつも自分に戦いを挑んでくるのか不思議に思っている。彼は自分がボクシング、つまり戦いを求めるダブルシグナルを送っていることに気づいていないのだ。

組織もダブルシグナルを送る。あなたが、自分たちは思いやりがあり、人々や環境の役に立とうという目的を掲げるグループに属しているとしよう。その一次的なアイデンティティや大いなるビジョンに賛同して、多くの人々がグループに参加するだろう。しかし何らかの理由で、突然他のグループがあなたのグループによって脅かされていると感じ、あなたたちと対立し始める。これは他のグループが卑しい精神を持つからだろうか？　そうかもしれない。しかし、もしかしたら、彼らはあなたのグループのダブルシグナルに反応しているのかもしれないのだ。あなたのグループの一次シグナルは、社会貢献の精神や思いやり、つまり、崇高でありたいという意志や新しい文化を実現しようという意図を示している。しかし同時に、ダブルシグナルが「気をつけろ、私たちはここにとどまるつもりだ。誰よりも多くの資金を調達したい。他のグループからメンバーを引き抜きたい」と言っているのかもしれないのだ。ダブルシグナルが自覚されない限り、人間関係に弊害や混乱が生まれるのである。

国際的なランクとダブルシグナル

聖書を手に持っていた男性の微笑みは、ランク（この場合は、アッパーミドル層の白人男性で、大学教育を受けており、主流派の宗教の信者であるというランク）を示すダブルシグナルだった。彼のランクは、彼が救おうとしている人々を遠ざけていた。

国際関係においても似たようなことが起こる。アメリカは、自らを民主国家とし、平等や善良さを一次シグナルとしている。しかし、二次シグナルは別の物語を語っている。アメリカを独裁的で支配的な国家と感じている国々もあるのだ。それらの国々は、アメリカがなぜ先住民やアフリカ系アメリカ人の大量殺戮を支持したのか、そしてなぜ世界中の抑圧的な政権を支持しているのか理解できない。しかし、アメリカの白人の多くは、自国の抑圧的で支配的な政策に気づいていないのだ。海外を旅行して初めて、アメリカ人は敵意を向けられて驚くことになる。他の国々の人々が、自分たちのことを厚かましく、鈍感で、傲慢であると考えているのを知るのだ。

例えば、先進国の歴史学者が著した次の一節にあるダブルシグナルに注目してほしい。「第三世界の国々の政府は、国家を貧困から抜け出させるために、たいていは愚かに奮闘している。わずかに前進する国家もあるが、多くの国は成果をあげることができず、後退する国さえある」[2]。さらにこの著者たちは、そのような国家が返済することのできない巨額の対外債務を抱え、その負債によって、裕福な北側の国々の安定性が脅かされていると述べている。

著者たちの一次シグナルは、先進国への関心と同様に、第三世界の状況にも関心を持っているということを示そうとしている。しかし彼らのランクは、彼らが北側の視点（財政的な安定性が南側によって脅かされている）に立ち、「たいていは愚かに奮闘して」おり、そして「わずかな前進」しかしない南側を見下すという形で姿を現している。著者たちのダブルシグナルは、第三世界は愚かに奮闘する敗者であり、北側の先進国はグローバルな経済問題に責任を持たなくてよいことを暗示している。距離や客観性を保ったつもりの著者たちの論調には、恩着せがましいダブルシグナルが含まれている。彼らは第三世界の国々を標本のように分析しているのだ。

ダブルシグナルとしてのランク

アメリカでは、有色人種は白人よりも社会的ランクが低い。ほとんどの白人は、自分の文化的なランクや、それが自分たちの行動にどのような影響を与えているかを自覚していない。ファシリテーターは、暴力的な対立を防ぎたいなら、ダブルシグナルをすばやく読み取らなければならない。

ランクに無自覚な人は、自分たちが何を行っているかに気づかない。そして他の人は、なぜ自分たちがランクに無自覚な人を嫌っているかがわからない。両者とも自分たちが何について議論しているかわからず、状況は争いへとあっという間に発展していく。

第1章で、ロサンゼルスの集会で黒人男性の怒りに耳を傾けることを拒絶した白人男性の例を述べた。表面的なレベルでは、白人男性は「話し合いましょう」と言っているように見えるが、隠れたシグナルは「おまえは良くない」と言っている。その白人男性には、黒人男性が募らせる怒りしか見えておらず、怒りの一因である白人の特権という自らのダブルシグナルには気づいていなかったのだ。

その白人男性は「私は怒ることを好まない」という別の一次シグナルも送っていた。しかし同時に、白人の特権というダブルシグナルが、黒人男性の方を向かない白人男性の姿勢に表れていた。それは、黒人男性の行動に耐えたくないなら、自分はそうする必要はないという意味を含んでいた。このようにして黒人男性のほうが、白人男性の行動に耐えなければならないという社会的な圧力を受けることになったのだ。

一次シグナルでは、白人男性は自分自身のことをリベラルだと言っている。しかしダブルシグナルでは、黒人男性は怒りを自分の内に収めるべきという白人多数派の主張によって自分は支持されているのだ、と伝えているのだ。その黒人男性は、白人男性のダブルシグナルから簡単には自分を守ることはできない。なぜならダブルシグナルは水面下にあり、不明瞭で、微細で、間接的だからだ。

ランクはほとんどの場合、目には見えない力であり、知らず知らず他者を虐待してしまうダブルシグナルになるのだ。

独裁的なパワーの乱用――人間関係におけるゴースト

民主主義やパワーを共有するためには、政治においてだけでなく、日常での一対一の関係においてもランクを自覚することが必要だ。ランクには、パワーの違いが表れる。誰もが、他の人より高いランクと低いランクの両方を持っている。ランクは民主主義においては、あらゆる人の問題なのだ。

　問題なのは、私たちのほとんどが、自分の持っていないランクやパワーにしか気づいていないことだ。私たちは自分が持っているランクやパワーに意識を向け忘れてしまう。世界の変革のために闘っているときでさえも、他者を見下しながら、自分たちは真実を伝えているだけなのだと考えてしまうかもしれない。社会活動家たちが抑圧と闘っているとき、パワーやランクの問題をめぐって自分たちのコミュニティでしばしば内紛の泥沼にはまりこむのは、そのためだ。

　私たちはとても若い頃から、ランクについて学び始める。私がニューヨーク近郊で育ったときに出会ったギャングの間では、リーダーが最も高いランクを持ち、若いギャングメンバーやよそ者のランクは最も低かった。高いランクを得るためには、自分の実力を証明しなければならなかった。しかし、ひとたびある程度のランクを得ると、「仲間」に入ることができ、みんなに認められたのだ。

　ギャングの世界ではランクが明らかなため、ランクが隠れている主流派の世界よりも、実際には交渉がしやすい。今日、私がランクについて話すと、高いランクの人々は、私が話していることを理解できないか怒るかの反応をする。民主国家では平等の概念が一次シグナルとして大変重んじられている。そのため、主流派のリベラルは、自分たちが階級のない社会に生きていると思い込んでいるのだ。彼らは自分たちがしばしば他者よりも上位にいることに気づいていない。彼らは、保守的な人々や非民主国家だけが抑圧的だと考えているのだ。

　独裁的なパワーの乱用は、民主国家におけるゴーストであり、それが他の国々に投影されている。アメリカの貧困層の多くが有色人種なのも、女性や有色人種が社会のトップになることを妨げるガラスの天井を生み出しているのも、このゴーストなのだ。

ガラスの天井――ダブルシグナルは作動している

中部カリフォルニアで行われた公開フォーラムで、このガラスの天井について勇気を持って発言した路上生活をしているラテン系女性のことを、よく覚えている。この集まりには、ラテン系、黒人、白人、アジア系など、約三百人が参加していた。職業は、農業従事者から大学教授までさまざまだった。その女性が、ガラスの天井は誰にも見えないと述べたとき、ただでさえピリピリしていた会場の緊張が、さらに高まった。誰も彼女のことを理解しているようには見えなかった。彼女の発言は核心をついていた。ガラスの天井は、それを生み出した側にとっては無意識的なダブルシグナルだ。そのうえ、犠牲者にとっては見ることができず、感じることしかできない。

突然、ある人が路上生活者や労働者階級の人々の怒りを批判しはじめた。私は、この批判そのものがガラスの天井ではないか、と伝えた。そうした批判の目的は、低いランクの人々の声がガラスの天井を突破して、その上に届くのを妨げることだった。彼らの声はそこまで届いたとしても、それ以上の発言は許されないのだ。

その後、激しい議論が起こった。ついにある黒人男性が、現状ですら自分で自分の炎を抑えつけすぎて、種火で生きているような状態になっている、これ以上その炎を小さくすると死んでしまう、と述べた。そのとき、みんなが理解した。社会的ランクが抑圧という明確なシグナルとして現れ、見えないガラスの天井を生み出していたことを。

心理的ランクとスピリチュアルなランク

社会的、経済的、国家的な特権について話すだけでは、ランクという概念の表面をなぞっているにすぎない。世の中には大きな心理的パワーを持つ人もいて、そのパワーは社会的ランクとは異なる種類のものだ。例えば、あらゆる苦しみを乗り越えることによって、人はパワーを得る。周縁化されている集団の人々が社会的な虐待を生き延びると、社会的な特権を持つ人とは異なるパワーを得ることがある。黒人の公民権運動のリーダーであるマルコムXやマーティン・ルーサー・キングのことを考えれば、十分理解できるだろう。

周縁化された人々は、生き残るためにスピリチュアリティに目覚めることが多い。スピリチュアリティによって、心の軸を保てるようになるし、自分自身の痛みと向き合って乗り越えるためのパワーが与えられるからだ。

人生の困難によって破滅する人は多くいる。しかし困難によって、洞察力、パワー、心の輝きを得る人もいる。それらはダブルシグナルを通じて他者に伝わり、主流派を怖がらせたり気づきを促したりする。

人種差別、性差別、同性愛嫌悪、宗教迫害、幼児虐待、病気は、多くの人々を破壊する。それらは私たちみんなを傷つけるものだ。それらは被害者の心を、絶望、抑うつ、憎しみ、復讐心、自己嫌悪で満たす。しかし、そうした害ある人格が変容し、慈愛に満ちた人間となる人も少数ながら存在する。私は苦しみが人生にとって前向きなものだと述べたいわけではない。しかし、苦難に押しつぶされるのではなく、それを糧に意識を高め、他者を理解するパワーを得ることもできる。意識的に活用すれば、このパワーはコンパッション、すなわち人生を豊かにする素晴らしい優しさに変えられるのだ。

第4章　人間関係におけるパワーと偏見

対立の主な原因は、パワーの不均衡である。そのため、対立のファシリテーションに臨むワールドワーカーの最初の仕事は、対立する双方のパワーや抑圧が生み出す感情を見て、聞いて、それに共感して自分で感じられるように努力することだ。それによって、対立の当事者たちが自分のパワーを発見し、それを持続可能な平和のために自覚的に活用できるようになるだろう。

どんな対立であっても、ファシリテーターは、当事者たちが互いに感じているあらゆる種類のランクの違いに気づかなければならない。例えば、世の中の同性愛者や自分に異議を唱えるレズビアン女性の魂を救いたいと述べた聖書を抱える男性のエピソードでは、そもそもの対立は性的指向についてだったが、当事者たちの間では、ジェンダー、宗教、主流派の支持が得られる度合いといった観点でも分断が起こっていた。

以下のようなランクは、多くの文化で対立の要因となっている。

肌の色……………西洋では普通、白い肌が良いとされる。

経済階級……金持ちのほうが良く、路上生活者の人々は最もランクが低いとされる。

ジェンダー……男性は一般的に女性よりも社会的ランクが高いとされる。

性的指向……主流派の多くは、異性愛者は信頼に値し、同性愛者はそうではないと考えている。

教育……高い教育を受けたものが優れているとされる。

宗教……どの国でも、宗教や宗派の序列がある。

年齢……アメリカでは、若さに価値が置かれ、中高年が一番リーダーシップをとる。子どもや老人は無視されやすい。

専門知識……西洋では、高齢であることは知恵や専門知識を持つことを意味しない。ある分野において重要な地位にある人が、専門知識を持つとされる。

職業……高い教育や頭脳を必要とする仕事には、一般的に高い地位が与えられる。

健康……………………障害がなく強壮な肉体を持つ人のランクが最も高い。

心理状態………………西洋文化の多くでは、感情的でない人、つまり「バランスのとれた」「度を越さない」人が最も好まれる。「安全」に興味を持たない「狂信的」な人は好まれない。心理学の教授であると一目おかれるが、長期にわたって心理学者や精神科医にかかっている人は怪しまれる。「精神科」の施設で入院経験のある人や薬を処方されている人は、他の人よりも文化的地位が低い。

スピリチュアリティ……一般的に、客観的で落ち着いた人は、一時の激情に流されやすい人を見下すことが許容されているように思われる。

ランクの詳細は、人々が属している団体、グループ、文化、国家、時代によって異なる。ワールドワーカーの観点で大切なのは、ランクがどのように用いられているかだ。

スピリチュアルなランクのサイン

スピリチュアルなランクは、神、女神、または精霊といった、聖なるもの、あるいは超越的存在との関係からもたらされる。スピリチュアルなパワーを持つ人は、この世界にいながらにして、ここにいないかのような存在だ。彼らは生と死、社会の秩序や歴史とは一線を画しており、そのことが彼らにある種の大胆さを与えるのだ。

牧師、司祭、ラビ（ユダヤ教指導者）、僧侶、尼などといった宗教家が、必ずしもそのようなランクを持っているとは限らない。それは、言いようのない何かとの接触からもたらされるものである。スピリチュアルなランクを持つ人は、他の人々が悩むような心配事から自由になるのだ。

他のあらゆるパワーと同じように、スピリチュアルなランクに無自覚でいると、人間関係に問題が生じやすくなる。スピリチュアルなランクによって冷静さを保っているとき、そのことを自覚していなければ、相手は自分の問題を本当に共感してもらえているのだろうか、と疑うだろう。スピリチュアルなランクから生じるダブルシグナルが、他の人々のようには苦しんでいないという印象を与えるため、あなたは冷ややかな人だと思われてしまうかもしれないのだ。

数年前に、困難な状況に陥っているある夫婦とワークしたことがある。女性のほうは、夫が他の女性と浮気していると静かに訴えた。彼はすぐに、妻が自分を愛していなかったからだと非難した。彼女は泣き、一息つき、深呼吸をして、平静を装って「どうしてそんなことが言えるの？」と尋ねた。

「ただそう感じるんだ。俺のことを構ってくれないじゃないか」と彼は答えた。

私は、彼女が一息ついたのをダブルシグナルだと見て、彼女にもう一度一息ついてもらい、今回は自分の中に深く入っていくよう求め、「そうしているとどんな感じですか？」と尋ねた。

彼女は困惑していたが、「とても落ち着いていて、私が経験すべきことを人生が運んできてくれると受け入れているように感じます」と答えた。

夫は「ほら、彼女は俺のことなんてどうでもいいんだ！　彼女はいつも偉そうにしている」と叫んだ。

「そうじゃないわ」と彼女は静かな確信を持って答えた。

はじめ私は、彼女が単に「冷静」を装っているだけだと考えていた。しかし後に、彼女はスピリチュアルなパワーを持っているが、それを自覚しないで用いていることがわかった。それが夫に、構ってくれないと思わせたのである。そこで、彼女が意識してこのパワーに触れられるように、再び静けさの中に入ってもらい、今度は神を感じるように促し、自分の中で起こったことを語ってもらった。

彼女はしばらく瞑想した。すると「神が、『私はあらゆる人間の中に現れる。あなたの夫の中にも現れる』と言いました。そして私に『愛をもっと表現しなさい』と言ったんです！」と報告した。彼女は自分の言葉に驚いていた。彼女は感動して涙を流し、愛情のこもった目で夫を見つめた。これが彼の心に触れた。彼は彼女に近寄り、二人は抱き合った。

ランクは振り払うことができない

この話のポイントは、もしランクを自覚的に活用すれば、薬になるということだろう。逆に活用できなければ、ランクは毒になる。ランクは振り払うことができないので、うまく活用することが大切なのだ。

ワールドワーカーとして自覚すべきことの一つが、自分のスピリチュアルなランクや心理的ランクが、人間関係においてどのような役割を果たしているかを理解することだ。人は他者のために自分のランクを自覚的に活用することもできれば、周りの人は自分より劣っていると考え、知らず知らずのうちに彼らを戸惑わせたり傷つけたりすることもある。

ランクの無自覚な乱用は、他者の問題に対する無関心として現れる傾向がある。先述の例では、妻のスピリチュアルなランクによって、夫が体験していることが周縁化されていた。つらい剝奪や迫害を乗り越えることで心理的ランクを得た人は、他人の苦難に対して、「それはたいしたことないよ。私なんて……」というように反応してしまいがちだ。自分の経験をひけらかすことで、他者を脅かしてしまう可能性があるのだ。

あるいは、「不平を言うのは止めて、さっさと着替えて仕事に行きなさい」という態度で他者を脅かすこともある。このようにして、「困難を乗り越えた」非主流派の人は、ときどき自分と同じグループに属する他者の困難を真剣に受け取らず、その意欲をくじき、落胆させ、グループ全体の力を弱めてしまう。同じようにして、あるグループが他のグループを弱めることもありうる。例えば、ある少数派のグループが経済的に成功した場合、そのメンバーは他の少数派のメンバーに、自分たちと同じ行動をとらないからうまくいかないのだと押しつけるかもしれない。社会的に成功しているグループで、その成功にともなうランクを自覚していない人は、グループ内の新人や自分たちがサービスを提供している顧客は深く感謝すべきだ、という意味のダブルシグナルを送ってしまう可能性がある。

個人と同じく、グループも自己認識を高めることが大切だ。ときに、グループの隠れた自己イメージに自己満足するあまり、「新しいメンバーは誰も参加するに値しない」、さらには「現在のメンバーですら心からの所属意識は持っていないはずだ」というダブルシグナルを送ることがある。そのようなグループは、ナルシシズムの重さによって崩壊するだろう。

それに対して、個人や組織、地域社会や国家でも、自覚できていれば、そのランクを否認したり、無視したりしない。その代わりに、その力を顕在化させ、賢明に活用するのだ。

犠牲者と加害者――すべての人はその両面を持つ

人々を周縁化し、少数派の立場に追いやっているものとまさに同じ抑圧の力によって、いわゆる「主流派」に属する人々も抑圧されている。主流派の人々は、絶対と言っていいほど自分のランクに気づいていない。このことは他者を傷つけるだけでなく、自分たちの人生をも破壊してしまうのだ。

例えば、女性たちの苦悩をうっかり大したことではないと扱う男性がいたら、彼は自分の感情も抑圧していることになる。そのことに長い間気づかずにいれば、自分を機械のように扱うことで寿命を縮めてしまうかもしれない。

西洋社会では、白人女性は他人種の女性よりも高いランクを持つ。しかし、白人女性に社会的なパワーを与えているまさに同じ社会システムが、女性を男性より劣る存在にしているのだ。この社会的に受け入れられている性差別は、女性が無意識的に主流派の価値観を受け入れ、劣等感を感じたときに、彼女の内面に反映されてしまう。

女性がインナーワークを行うと、父親や、そして母親でさえもが、彼女を抑圧してきたことがしばしば明らかになる。兄弟とは異なる育て方をされたり、異なる期待をかけられたり、あるいは自分の感情、意見、身体や内的体験は無価値だとさりげなく伝えられたりすることで、その抑圧が生まれている。家族の考え方の発端は社会的なものだ。もしあなたが女性で、母親や父親があなたに否定的な意見をもっているなら、彼らの意見は主流派の社会的価値観を反映している。それは、女性の個性を無視し、一般化することで女性を貶めるような考え方だ。あなたが家族の問題だと考えたことは、実際は文化の問題なのだ。

個人的な問題に取り組むときはいつでも、政治的な問題にも取り組むことになる。私たちが住んでいるこの世界には、あらゆるレベルにおいて両極性が存在する。力を持つ人と力を持たない人、犠牲者と加害者で構成されているのだ。ある意味では、私たちは誰もが両方の集団に属している。

非主流派の人々を無意識に迫害することによって、主流派の人々は自分自身を心理的に迫害することになる。すると、自分のパワーやランクをうまく活用できなくなってしまう。そうこうしているうちに、今度は犠牲者が加害者になって復讐してくる。こうして主流派の人々は、自己の内面と外面の両方で起こっていることに困惑してしまうのだ。

ワールドワークが力を注いでいるのは、新しいあり方を体現する人々、つまりエルダーを育むことだ。エルダーとは、パワーを持つ集団の中でも、パワーに対する自覚を持つ集団の中でも、効果的に振る舞える人のことだ。エルダーは、アウェアネスをもたらすプロセスを支える。それは対話よりも大切なことなのだ。

世界と切り離せない内的な自己

社会科学では、「内的な自己」と「人間関係」と「集団」が、あたかも別個の現象であるかのように見られている。本書の前提として私は、内的な自己、人間関係、そして世界はどれも、コミュニティをつくりあげるという同じプロセスの一側面であると考えている。

インナーワークは、人間関係や政治的な行動と網の目のように絡んでいる。男性や女性といった概念は、心理学的というよりは政治学的なものなのだ。

あなたのパートナーが自己批判によって落ち込んでいるとしよう。その問題についてあなたが悩まないなら、あなたは自分は大丈夫という自尊心を持っていて、それがある種の心理的なランクになっている。そのランクを自覚的に活用しなければ、パートナーが抱える問題に対して忍耐を持てず、その問題を周縁化してしまう。あるいは、「これはこのような男性／女性には典型的な問題だ。自分にできることは何もない」と考えるかもしれない。このように、パートナーが社会通念の影響から自由になれないという前提に立ち、パートナーが抱える問題を一般化して軽視することで、その社会通念を支えてしまうのだ。

逆に、パートナーが自己批判をするのは、社会があらゆる人に対して、容姿が優れ、高い教育を受け、経済的に成功するように圧力をかけているからではないか、と指摘することもできる。西洋では、野蛮であるよりも順応的であること、感情的であるよりも論理的であること、繊細であるよりも強くあること、太っているよりもやせていること、褐色の肌よりも明るい肌のほうが良いとされている。多くの場合、自身の中にいる批判者は、自分が属する文化を支持している。あなたのパートナーに、自分の内なる批判者は、人種差別的、性差別的、同性愛嫌悪的、反ユダヤ主義的ではないか、あるいはその他の主流派的な偏見を内面化していないか、尋ねてみてほしい。これらの問題を検討することで、あなたとパートナーは、インナーワーク、人間関係のワーク、政治的なワークをすべて同時に行うことができる。そして、お互いを文化的な規範から解き放ち、相手が感情的になったり、繊細になったり、あるいは子どもっぽくなったり、ふざけたり、想像にふけったり、常識はずれの行動をとったりしても、好きなように振る舞えばいいと許容できるようになるのだ。

違いを浮上させる

人はしばしば、社会的な虐待を避けるために、自身の民族性などのバックグラウンドの情報を隠そうとする。それらは個人的な人間関係におけるゴースト、つまり見ることのできない第三者になる。人間関係は、愛や相互作用や共通の関心のうえに成り立っている。しかしまた、人間関係は、政治的でグローバルな必要性からもつくりあげられている。世界は私たちに、それぞれが違った存在であることを認め、身近にある多様性の問題を解決することを求めているのだ。民族、階級、国籍、年齢が異なるパートナー間のすべての人間関係には重要な情報が満ちており、それらはダブルシグナルに隠されている。

二人がもし異なる経済階級に属しているなら、あるいはもし異なる宗教のもとで育ったなら、もし一人がイタリア系でもう一人がスウェーデン系なら、もし混血人種のパートナーなら、そのような違いを浮上させてみてほしい。それについて食事時にでも話し合ってみてほしい。双方が褐色の肌をしているなら、アメリカ先住民居住地域、アフリカ、ラテンアメリカ、フィリピンなどが自分たちとどうつながっているかについて話し合ってみてほしい。自分たちがラテン系やアジア系の血筋を持つなら、パートナーとそのルーツを探ってみてほしい。このような民族性に関するゴーストを浮上させることで、人生はより興味深いものになるし、人間関係の政治的な次元がより意識されるようになる。

数年前、私はあるカップルとワークした。一人はユダヤ教徒で、もう一人はキリスト教徒だった。彼らは長い間一緒に暮らしていた。彼らは互いに愛し合っていたが、ときどき退屈になると訴えた。何か社会的な問題があるかと尋ねると、ないと答えた。

それから私は民族的な違いについて尋ねた。二人ともはじめは不意をつかれたように見えた。

何かを怖れていた。実は、キリスト教徒のほうが、ユダヤ教徒の家族が裕福であることに苛立ち、嫉妬していることが明らかになった。ユダヤ教徒の男性は立ち上がって歩き出し、自分自身は金持ちではないと主張した。彼は傷つき、激怒していた。彼はしばらく沈黙したあと、キリスト教徒のパートナーに対して、感情を抑えすぎると批判した。

私はキリスト教徒の男性に、ユダヤ教徒にはない特権をキリスト教徒に与えている、あなたの社会的ランクは何かと尋ねた。彼はそのようなランクは持っていないと叫んだ。問題はユダヤ教徒の自己主張が強いことで、自分は恋人のそうした性格が好きじゃないと言った。

この時点で、両方の男性は向き合って立っていた。腰に手を当て、彼らは激しく言い合い始めた。ゴーストが現れたのだ。彼らは、「金持ちのユダヤ教徒」と「感情を抑制したキリスト教徒」について数分間わめいた。

突然、キリスト教徒が泣き始め、すべてが止まった。彼らは見つめ合った。そしてユダヤ教徒の男性も泣き始めた。彼らは抱き合った。両者とも、互いに語り合うことのなかった偏見にとても動揺していたのだ。

最初に訪れた悲しみが静まったあと、彼らは互いに謝りながらも、各自の思い込みを相手のバックグラウンドに対して投影したこと、嫉妬したこと、怖れたことを認め合った。二人はこのプロセス全体に驚いたようだった。偏見や、意見や、投影を隠さずに浮上させることで、互いの情熱に触れ合えたのだ。

二人は、差別的な意見を隠すのをやめ、自分たちを分け隔てもするが結びつけもする社会的な問題について話し合った。それにより、隠され、凍りついていた多くの意見が現れただけでなく、二人の関係に流れるようなコミュニケーションや素晴らしいプロセスが生まれたのだ。誰もが傷つくのを怖れて型にはまった偏見を扱おうとはしない。しかし、人を分け隔てるまさにそのような偏見が、人を結びつけもするのだ。

反差別主義（人種差別、性差別、反ユダヤ主義、同性愛嫌悪などを無くすべきとする考え方）は、そもそも偏見が存在しなければそれを禁止する必要はないという点を見落としている。反差別主義は偏見を強制的に隠してしまうのだ。社会を支配しているものが覆い隠されて、扱いづらいものになってしまっているため、政治的な少数派や周縁化されたグループの人々は猜疑心（さいぎしん）を抱くことになる。偏見をオープンに語ることができる人々は、私たちの最良の協力者となりうるのだ。

感情のフタを外す

ワールドワークでは、反差別主義は称賛されない。代わりに、感情のフタが外される。誰もが、自分にとって真実だと感じることをなんでも言ってよいのだ。そのため、ワークはどんどん激しくなっていく。この熱に意識が向けられると、変容が促されるのである。

ワールドワークの目的は、偏見を明らかにしたり、批判したり、それと闘ったりすることではない。アウェアネスを高め、パワーを活用して、コミュニティを創造することである。ある意味では、プロセスワークは文化を超越するものだ。主流派と非主流派の両方のダブルシグナルを追うことで、両者の文化に刷り込まれたものを乗り越えられるのだ。

あなたが自分の民族性や文化的背景を認めているかどうかは別にして、他者はあなたをそれらと同一視する。そこで、自分の考え方やランクを明確にするといいだろう。ランクに基づく独善的な部分や、優越感や、自信を浮上させてほしい。自分が持つパワーが明確になったら、それを賢明に活用したり、わきへよけたり、そのパワーについて相手と話し合ったりすることができる。

あなたのランクが低い場合でも、その原因にかかわらず、同じようにランクを明確にするといいだろう。もしかしたらあなたは、子どものころに傷ついたり、主流派から社会的に周縁化されていたり、精神的に疲弊しているかもしれない。もし自分が軽視されていることに対して怖れや不幸感や絶望を抱いていると示せれば、自分の欠点のせいだと考えるのをやめ、打ち明ける行為自体がみんなのために大切なことなのだと気づくだろう。

ゴーストを浮上させる

主流派の異性愛カップルであれば、多くのパワーを持っている。もしあなたが独身なら、このことに気づくだろう。たとえ本人が独身を楽しんでいても、他の人は恋人を持たない人について、何か問題があると考えがちだ。なぜなら、世界中の社会が異性愛のカップルにランクを与え、独身者にはランクを与えていないからだ。

レズビアン、ゲイ、そして両性愛（バイセクシュアル）の人々は、莫大な社会的非難に耐えなければならない。異性愛者にとっては、同性愛関係を持つことにともなう苦しみを想像することは難しい。ゲイの男性は、頻繁に「ゲイたたき」の標的になり、友人や恋人をエイズで亡くすことに直面するという苦悩を経験しなければならない。あるいは、エイズに関する誤解にも苦しむだろう。主流派の人々の中には、エイズが悪しき行為の罰だと考える者もいるからだ。レズビアンは、同性愛嫌悪と性差別という二重の負荷を堪え忍ばなければならない。彼女たちは、子どもを産み、伝統的な家族の価値観に従うよう圧力を受ける。

同性愛カップルは、嫌がらせや宗教的、政治的、社会的な抑圧を受けている。さらに、多くのコミュニティの中では自分たちのセクシュアリティを隠すほうが暮らしやすい。同性愛者はどこかが悪く、病的で、ゆがんでいて、異常で、社会に順応しておらず、不吉で、未発達だと世界のほとんどが信じている状況自体が、当事者にとって抗(あらが)いがたい抑圧だ。彼ら自身が、それを信じてしまいそうになることもある。

多くの性的マイノリティの人々は、主流派から押しつけられ、内面化したさまざまな抑圧にも苦しむ。同性愛カップルは、異性愛カップルを悩ませるのと同じような問題を負わされるのだ。例えば、一人がより「男性的」で、もう一人が伝統的な意味でより「女性的」である場合、パートナー間にランクの差が存在するだろう。経験や知識が少ないほうは、それらが多いほうよりも劣等感を抱きやすいだろう。年齢、階級、学歴、人種といった要素は、すべての人間関係の中に存在する。

あなたが直接関わる相手との間に隠れているものを浮上させるとき、世界の問題に取り組むことになる。ダブルシグナルにはそれらすべての問題が含まれているのだ。

例えば、あなたが異性愛の関係にあるならば、それが最も高い社会的ランクを持っていることを自覚したうえで、その性的指向を活用しよう。自分の特権を自覚していないと、他者の問題を無視し、他者への抑圧に加担してしまうことになる。異性愛者のランクをあなた自身のために活用しよう。そしてそれを享受しよう！　愛情を公に表現しよう。路上でそれを表現して、パートナーにキスしよう。誰もが愛情をオープンに表現できるべきであり、同性愛者にはそれができないことについて語ろう。自分が持つ同性愛嫌悪とどう向き合ったか話そう。もし自分がゲイのカップルで、公共の場でキスしたら驚きますか、と人々に尋ねてみよう。そこから議論を始めるのだ。

異性愛者であることは、それ自体がパワーとなるだけでなく、しばしば弱さにもなる。異性愛者であるがゆえに、同性の人と表面的にしか関係を築けないこともあるのだ。同性愛的な性質を解放することは、すべての人に関心を寄せて愛する力を高めることを意味するかもしれない。

人種的に同質なコミュニティにいる人は、多人種のコミュニティにいる人よりも生きやすいだろう。自分の社会的な特権を享受しよう。人種が違うカップルにとって愛情表現が簡単ではないことを念頭に置きながら、あなた自身の愛情を表現しよう。

子どもを持つにせよ持たないにせよ、あなたが抱く家庭への関心は、子どもを愛するゲイやレズビアンも同じだということを忘れないでほしい。子どもを持つことの特権を活用し、子どもを持つことを楽しみ、そのうえで他の親たちに、こんな問いを投げかけてみよう。「同性愛者として苦しんだ経験のある人は、自分は最も小さく弱い存在だと感じる人への共感力が高いはずなのに、同性愛者のカップルが良い親になれないというのは本当なのだろうか」と。

ゴーストを浮上させよう。コミュニティを創造しよう。私は、白人で異性愛者の中年男性という自分の社会的ランクを、問題をかき混ぜることにも使うし、すべての立場の個人を大切にすることにも活用している。私は自分のランクが相対的であることを知っている。私は自分が社会的な意識を持つことができたのは、よりランクの低い人々のおかげであるということを認識している。私のアウェアネスは、彼らからの刺激やアドバイスや愛がなければ、鈍感なままだっただろう。

プロセスは神秘的なものである

人間関係や集団におけるパワーの問題を探究しながら、ファシリテーターは未知なるものに従う。プロセスがどこへ導くかは決して予測できない。しかし、未知なるものに従うことが、持続するコミュニティを育むのだ。

プロセスは、良いものでも悪いものでもなく、成功でも失敗でもなく、保守的でもリベラルでもなく、男性的でも女性的でもない。プロセスはそれらすべてであり、そのいずれでもない。なぜならそれは予期できず、未知だからだ。そもそも人生の行く末は誰にもわからない。本質的なものが発する瞬間瞬間のシグナルだけは理解できるが、その本質が持つより大きな意図は理解できない。

私自身は、誰もが経済的に保証され、迫害や差別から自由になることを望んでいる。しかし同時に、いかなることが起ころうと、プロセス全体も信頼している。なぜなら、プロセスに従えば、アウェアネスがもたらす平等性に基づいたコミュニティが創造されるからだ。

プロセスに従うためには、自分のさまざまなランクを自覚するだけでなく、多くの強さや力を必要とする。そうして初めて、未知の領域であるコミュニティの核心に常に潜む、神秘を感じることができるのだ。コミュニティをつくりあげるプロセスは、世界そのものと同じように、未知にあふれた素晴らしい体験である。それは、国際的でありながら個人的な場であり、文化が混ざる場であり、文化的でありながら文化を超越する場である。コミュニケーションの流れに従うと、自分たちの内面、人と人の間、集団の中にある神秘へより深く入っていくことになる。

文化を超越する真の人間関係は、異性愛的でも、同性愛的でも、両性愛的でもない。それは良くも悪くもなく、男性的でも女性的でもない。コミュニティを支持することも否定することもない。文化を超越する人間関係は、常に内容や形を変化させている。解決不可能な問題と思われるもの――投影、偏見、人種差別、性差別、同性愛嫌悪――の背後には、理解を超えた形で、最終的に私たち全員を導く道がある。

あらゆるものに宿る「霊（スピリット）」に気づき、そのアウェアネスに従うことは、はじめはさまざまな問題を生じさせ、偏見の中に私たちを閉じ込めるようにすら思われることもある。しかしある瞬間に、それが私たちを解放することもある。霊（スピリット）はときに私たちを分断するが、最終的には、そして突然、事前には想像できない形で私たちを結びつけるのだ。

恐怖や混乱の瞬間を耐えよう。すべてのゴーストを迎え入れよう。このことを、ぜひ試してみてほしい。インナーワークで見出したことを行動に移し、自分が持つパワーについて語り、それらを偏見に光を当てるために活用し、自然な流れが次に何を起こすのかを見出そう。

自分の特権を知る

以下の問いは、特にランクや特権といったテーマに馴染みのない人向けに用意したものだ。

Exercise

①　**あなたはどの民族グループに属しているだろうか？**

他の人はあなたがどの民族グループに属していると思っているだろうか？　あなたの国籍は？　ジェンダーは？　職業は？　宗教は？　学歴は？　経済階級は？　婚姻関係は？　年齢は？　健康状態は？

②　**あなたは自分のアイデンティティによって、どんな法的特権や利益を奪われていると感じるだろう？**

自分のアイデンティティのせいだと感じる経済的な問題は何か？　社会的特権の欠如に関連すると感じる心理的な問題は何か？

③ **どんな特権があなたのアイデンティティと結びついているだろう？**

時間をかけて、それを特定しよう。もし自分でわからなければ、他のグループに属する誰かに、あなたの特権について語ってもらおう。

あなたは旅行をしたり、移住する特権を持っているか？　少数派のコミュニティに属している感覚を好むか？　それとも多数派であることを好むか？　知的、社会的、経済的なパワーを持っているか？　健常者であることや健康であることには、どんな特権がつながっているだろう？　あなたのジェンダーの特権は何だろう？　自尊心、稼ぐ能力、学歴、年齢、家族の社会的地位について話そう。他の人は、あなたの経験に敬意を払うだろうか？

他の人が欲しいもので、あなたが所有しているものはなんだろう？　あなたのパートナー選びや、第一言語や、学歴には、どのような特権が関連しているか？　公の場で話すのが得意だろうか？　あなたは自信のあるリーダーだろうか？

④ **あなたの特権を、心の中で、あるいは友人と祝福しよう。**

あなたが恵まれた幸運に、自分の特権によってどんな苦しみを免除されているかに、それらによってあなたの人生がいかに豊かになっているかに、感謝しよう。そしてそれらを喜ぼう。あなたにこれらの特権を与えている神聖な存在を想像してみてもいい。なぜそのような天分を与えてくれたのか、その神聖な存在に尋ねてみよう。

自分の特権を祝福できなければ、人種、ジェンダー、性的指向などに関する世間の意見を内面化することで、自分自身に偏見を持つようになっていないかについて考えてみよう。あるいはあなたが特権を祝福できない理由は、他者にはない特権を持つことに罪悪感を抱くからなのかもしれない。

⑤ **あなたの心理的な特権について思い起こそう。**

子ども時代に起因する問題を抱えていないなら、あなたは他の人にはないランクを持っている。朝起きたとき、今日一日のことを前向きに考えることができるだろうか？　もしそうであるなら、他の人が享受していないランクを持っている。どれくらい安定を感じ、将来について心配することなくいられるだろう？　もしいつもそうなら、あなたは多くの心理的ランクを持っている。緊張や問題を解決するためのあなたなりの方法には、どんなものがあるだろう？　もしそれに成功したら、非常に多くの心理的ランクを得ることになる。

⑥ **スピリチュアルな特権はあるか？**

現世や来世に対する信仰とのつながりを感じるだろうか？　神を信じているか？　神とのつながりは日常生活にどのような影響を与えているだろう？　こうしたつながりや特権に感謝しよう。それらをもっと活用し、意識を高めよう。それらについて話そう。それらを祝福しよう。それらをどのように共有したらいいか、他の人に尋ねてみよう。

⑦あなたは自分の最も強力な特権をどのように活用しているだろう?

特権を一つ選び、家庭、街角、買い物、仕事、交友関係の中で、それをどのように活用しているかを考えてみよう。その特権を持っていない個人やグループを思い起こしてみよう。あなたは、彼らが自身の特権を誇れるように、あなたの特権を共有したり活用したりできるだろうか? 同様に、自身の特権を問題や偏見を浮上させるために活用できるだろうか?

⑧あなたが属するグループでは、どのような緊張や問題が浮上しているだろう?

それらの緊張は、あなたが自分の特権に無自覚であることと、どのように関連しているだろう?

⑨あなたのランクや特権を、あなたの人間関係やコミュニティ、そして私たちの世界を変えるために活用するとどうなるかを想像してみよう。

第５章　復讐と文化の変容

一九九二年にベルファストを訪れたとき、私はランクについて、また、いかにそれが復讐とテロリズムを引き起こすかについて、多くのことを学んだ。テロリストたちは、何を言っても動じない頑固者ではなかったのだ。彼らはむしろ非常に繊細なのかもしれない。そして私は、彼らが「どこか別の場所」にいるのではなく、あらゆる集団の中に存在することを学んだ。テロリストとは、主流派によって傷つけられ、あらゆる人の自由のために戦っている人々のことなのだ。

北アイルランドでは、カトリックとプロテスタントとの間で紛争が起こっている。カトリック系住民が支持しているアイルランド共和軍（ＩＲＡ）の政治部門だったのが、政治組織シン・フェイン党（「われわれ自身」を意味する）だ。ＩＲＡとシン・フェイン党は、英国の支配から自由になる統一アイルランドを目指して戦っている。それに対してプロテスタントの人々は、スコットランドやイングランドといった祖先の土地と同じ国に所属し続けることを望んでいる。文化的なアイデンティティを失うことを怖れているのだ。

エイミーと私がベルファストを訪れているときは、停戦合意期間中だった。それにもかかわらず、ＩＲＡは平和的な手段だけに活動を限定していなかった。私たちがベルファストにいたとき、北アイルランドは完全な紛争状態にあったのだ。しかし現地の住民は、そのように認識していない。

世界のどこであっても、紛争地域に住む人々は、特別なことは何も起こっていないと言う。爆撃や殺人が日常的に行われても気が狂わないように、怖れに対して無感覚になる術を身につけている。ベルファストは世界中の紛争地域の象徴だった。何十年にもわたる紛争によって引き裂かれてきたのだ。

紛争地域に初めて足を踏み入れるのは恐ろしいものだ。ベルファストであれベイルートであれ、人々は普段通りに過ごそうと努力し、どこでも、いつでも、誰に対しても起こりうる、狙撃、爆撃、テロリストの襲撃といった脅威に対して無感覚になっている。そこに住む誰もが、平時であれば心的外傷後ストレス障害（ＰＴＳＤ）と呼ばれる症例の一つである、戦争神経症になっている。

私たちは、テロリストを警戒している警察の検問で何度も呼び止められた。一九八〇年代にイスラエルを訪れたとき以来、これほど頻繁に銃を突きつけられたことはなかった。

エイミーと私は、紛争状態にある双方の人々で構成されるグループに招待され、ベルファストでの集会に参加していた。「テロリスト」（自由のための戦士と自称している人々に対するメディア用語）と話し合うこの集まりは、密かに行われた。参加者たちは、もし集会に出席していることがばれたら、仲間に殺されてしまうかもしれないと覚悟していた。彼らは、紛争解決に取り組む新しい方法を模索するために、自らの命を懸けていたのだ。もちろんこの時期は、実際のところすべてのことが生死に関わる問題だったのだが。

復讐があなたの目を覚ます

会議は波乱の幕開けとなった。エイミーが始まりの言葉を述べ始めると、参加者の一人が喧嘩腰に「おい、お嬢さん。早くしろよ！　教えてくれよ。どうやってこの血みどろの戦争を解決したらいいか知ってるんだろ。そんなに時間をかけないでくれ！」と叫んだのだ。

エイミーは彼に答えた。「静かにして。六〇秒だけ私に話させて」

その男性と仲間たちは、彼女をさえぎり続けた。「俺は何年もテロリストをやってるんだ」と一人が自慢した。それはあたかも、俺を変化させてみろと私たちに挑戦するような言い方だった。私たちは最初、自分たちはその攻撃の犠牲者だと感じていた。しかし、少し内省するとあることに気づいた。参加者たちの怒りの原因の一部は、この地域に住む彼らのほうが紛争に関して明らかに熟知しているという事実を、私たちがすぐに認めなかったことだったのだ。

また私たちは、自らの特権についてのアウェアネスの欠如が、彼らの怒りを引き起こしていたことにも気づかされた。私たちはベルファストよりも安全な地域での生活に戻れるが、彼らは紛争地域にとどまり、そこで暮らさなければならなかった。私たちのダブルシグナル、すなわち、対立には良い面もあるという楽観的な見方を示していたことや、よりよい世界になってほしいという夢を語ったことや、激励のメッセージなどが、彼らを失敗者のように感じさせていた。私たちの心ない行為が、彼らの絶望感を悪化させ、激怒させていたのだ。

「目には目を、歯には歯を」とある男性が言った。彼らは私たちを目覚めさせるために復讐しなければならなかった。彼らがいつも耐えている対立や苦悩を、私たちにも体験させなければならなかった。それなくして、私たちは本当の意味で彼らと話し合えるようにはならないからだ。彼らの戦略は成功し、私たちの熱意は一時的に消失した。

この争いは一瞬のうちに始まったが、解決するのに二時間かかった。はじめは意味のない争いに思われた。男性とその仲間たちは、憎しみに満ちており、激怒していた。そのことが私たちを怒らせた。リーダーは特に口汚かった。彼は集会の企画者の一人だったが、私たちから学ぶことは何もないと言ったのだ。

私も同様に意地悪くなり、他の人たちのように復讐しようとした。私は、彼がすべてを知っている人のように振る舞うことを非難した。そして、彼が北アイルランドの平和を見出すことを妨げている絶望的な障害なのだと言った。それに対して彼は、私が彼やその友人に対して不公平な態度で接していると叫んだ。

次から次へと言い争いが続くなか、ある女性が仲裁に入った。最も挑戦的に振る舞っている男性は、ただ自分の使命に忠実なだけであると彼女は説明してくれた。

「彼は争うつもりはないの。みんなのために良いと思っていることをやっているだけなのよ！」

彼女が私たちをなだめると、彼は静かになった。

彼女は正しかった。私は、彼が厄介者で復讐心に燃えていると思い込んでいたが、そうではないことを教えてくれたのだ。この洞察に満ちた女性のおかげで、私たちは争いを解決し、意義のある対話を進めることができた。私たちは復讐心や、変容への希望について話し合った。そして最後には、エイミーを攻撃した「テロリスト」は、私たちを近所のパブへと誘ってくれた。

復讐の必要性

ファシリテーターが、他の人が知らない何かを知っているとほのめかすときはいつでも、みんなの上に立つ教師のように振る舞ってしまうことになる。そのような場合に決まって起こることはシンプルである。すなわち、無自覚にランクを使って復讐を引き起こすのだ。

私が自分のランクに気づいていたら、ベルファストの会議で起きた問題そのものを避けられたかもしれない。私に対立した相手もそうだっただろう。一方で、ランクを自覚するためには、互いの復讐心を必要としていたとも言える。無意識のうちでは、彼も私も良いことをしようとしていたのだ。

私がその日に学んだのは、テロリズムが単に政治的な活動なのではなく、不公平に扱われる感覚に基づいて集団内で反復される、目に見えない相互作用であることだ。誰にでも怒るときはある。私たちの多くは、自分に負わされた傷に対して復讐することが何を意味するか、すでに知っている。結局、子ども時代とは多くの場合、無自覚にパワーを行使する人から受ける傷から自分を守れるように成長する時期なのだ。それにもかかわらず、心理学者はまだ恥や虐待について理解し始めたばかりで、集団や政治のファシリテーターは、それらについてほとんど、あるいはまったく知らない。そのため私たちは、激怒している人や復讐心に満ちている人に対して、あなた自身がその問題と向き合わなければならない、と言ってしまうのだ。あたかも問題をつくり出したのが彼らだけであるかのように。新聞は、激怒している人々に対する誤解であふれている。法律システムは、復讐が動機になっている事件にうまく対処できない。なぜなら法律システムでは、怒りやテロリズムが、あたかも主流派の行為とは関係ないところで唐突に生じたものであるかのように扱われているからだ。

問題はいたるところに広がっている。アメリカでは数秒ごとに、誰かがレイプされ、強盗に襲われ、殺されている。貧困、麻薬、失業、教育の不足、人種差別、性差別、社会的な虐待が暴力を引き起こしている。このような社会的な不公正が復讐の一要因となっていることは明らかだろう。どんな国でも、暴力的な行為によって投獄された人の多くは、社会的な特権が最も少ないグループに所属する人だという事実がある。言い換えれば、暴力の一因は、抑圧されている人々が、主流派によるランクの意図的かつ密かな乱用から、自分を守れないことなのだ。

復讐は、社会的な不公正を正そうとする、ある種のスピリチュアルなパワーの一形態である。聖書のレビ記第二四章一九—二〇で、「目には目を」と述べているのは神だ。

「もし人が隣人に傷を負わせるなら、その人は自分がしたように自分にされなければならない。すなわち、骨折には骨折、目には目、歯には歯をもって、人に傷を負わせたように、自分にもされなければならない★」

聖書には、神の美しい言葉が数多くあるが、神は復讐についても語っているのだ。復讐は、宗教的な教義の中心的な概念である。孔子は「自分にしてほしくないことは、他人にしないように」と忠告し、キリストは「自分にしてほしいことを、他人にしなさい」と教え、仏教徒は「慈しむ心」を修練する。それにもかかわらず、私たちが復讐しようとするとき、自分の行為にはある種の神聖なる正当性があると感じてしまいがちである。この「正当性」の感覚は、長期化する暴力を、「悪者」に対する聖戦に変えてしまう。自分たちは傷つけられたのだから、加害者に復讐する権利があると感じてしまうのだ。虐待された人々には、二つの選択肢しかない。無感覚になるか、彼ら自身が加害者になるかのいずれかだ。

消極性――復讐の最初の徴候

復讐は抑圧された怒りから始まる。傷ついたときに、微笑みながら歯を噛みしめるだけでやり過ごす人もいるだろう。復讐への衝動はこのように始まり、革命を扇動するまでに大きくなる。復讐心は、自分よりも強い誰かによって傷つけられることを怖れて、自分自身を抑圧するときに起こるダブルシグナルだ。相手の報復から自分を守るために、沸き上がる憤怒を断ち切って、そのような感情はないかのように振る舞おうとするのだ。

怒りを抑圧するのは最も賢明なことかもしれない。世界には、社会的ランクが高い人に対する

★ 聖書の文言は日本聖書協会の1995年改訳版を使用した。

復讐の代価として、拷問や投獄、あるいは死が待っている地域もある。また、どんな国でも、子どもたちが両親の虐待から自分自身を守ろうとすると、さらに傷つけられるリスクがある。

皮肉なことに、復讐の初期の徴候は、ショック、恥の意識、無感覚、引きこもり、あるいは不安といった消極的なものとして現れる場合がある。これらの初期の徴候に気づくことが重要だ。なぜなら、それらは「復讐に対する復讐」という報復衝動のサイクルを必然的に活性化するからである。

復讐への欲求は、初期の段階では目立たない形のものかもしれない。例えば、だらだら歩く、仕事に遅刻する、会話を避ける、ぼんやりする、ストライキに参加する、話しかけられても答えない、部屋からいなくなる、絶望する、涙を流すといったことだ。落ち込んだり不機嫌になることも、相手への仕返しや、罪悪感を感じさせる方法になりうる。

その後、復讐への欲求は、抑圧者に対抗して団結する形で現れる。そして最終的に、復讐心によって、権威に対するデモ、暴動、市民的不服従、ついには革命が引き起こされるのだ。

愛も憎しみもコミュニティをつくる

先述したように、私たちが自分のランクへの理解を深め、社会的なパワーを使用することに対してもっと自覚できるようになれば、復讐は必要なくなるだろう。復讐そのものが、特権を持つ人々であっても防衛できない、ものすごいパワーなのだ。

復讐は、上司と従業員、親と子ども、権力者と権利を奪われた人々、富める国と貧しい国などの間で、繰り返し何度も起こっている。自分が他者より上位にいることを忘れるとき、私たちはランクの低い人々によって荒々しく目覚めさせられるのだ。

特権を有する人は、互いに愛し合い、食べ物を分け合い、共に行動することからコミュニティがつくられると言う。しかし、権利を奪われた人の多くには別のストーリーがある。彼らにとってコミュニティとは、世界に憎しみを浴びせることから始まるものなのだ。彼らの苦痛は、反抗心や非難へと拡大し、最終的には暴力や復讐となる。

この復讐の対象となる人々が、自分のことを無実の犠牲者だとみなすようになると、権利を奪われた側の人々はさらに激怒する。しかし復讐は、権利を奪われた人が、自分が苦しんでいる不公正に対して注意を引くための唯一の手段なのだ。この激しい怒りが表面化しなければ、世界の他の人々にパワーの乱用と向き合う機会が訪れることはない。パワーへの自覚が低い人ほど弱者の問題を気にしなくなる、とパワーを持たない人々は感じている。

現在の「正義」のシステムは、単に私たちの無自覚が別の形になったものにすぎない。一般的に犯罪学や精神病理学では、復讐行為の原因を「犯罪者」の個人的な生育史に見出そうとする。私は、このような見方を変え、反社会的な行為を現実の社会的な文脈において理解することを提案したい。刑務所のために使われている予算の一部を、ランクについて学ぶ活動にあてることで、「犯罪的」な行為を減らせるかもしれないのだ。

ホットスポットを扱う

第1章で説明したように、ホットスポットとは、集団での話し合いの中で感情的になったり、怒りが湧いたり、驚いたり、凍りついたりする瞬間のことである。ホットスポットはエネルギーの渦なのだ。それは竜巻のようにみんなを巻き込んで拡大し、暴動や暴力に発展することさえある。

怒りをともなうホットスポットは、ランクのダブルシグナルと本質的に結びついている。第3章の例を再度考えてみよう。聖書を持っていた男性は、微笑みながら、同性愛者には救いが必要だと述べた。すると、ゲイ・コミュニティの男性が彼に、自分たちが石を投げつけられたのと同じように、お前にも石を投げつけるぞと言った。しかし、聖書を持った男性は微笑み続けていた。これがホットスポットだった。聖書を持っていた男性が持つランクのダブルシグナルは、恩着せがましい微笑みだ。それは見下す態度でもあった。それを受け取った人々は、脅しで反応した。すると今度は逆に、聖書を持つ男性からの脅しを引き起こした。「調子に乗るな！　さもないとどうなるか」。彼のダブルシグナルである微笑みは、「おまえたちの行動は、どれだけおまえたちが愚かであるかを示している。は、は、は」と語っていた。

これらの反応の対称性に注目してほしい。脅しは脅しを引き起こし、侮辱は侮辱を引き起こす。一方が脅し、それに対して脅し返すような対称的な反応が起こったら、グループ・プロセスでは真剣に向き合うべき瞬間だ。なぜなら、さらなる脅しの連鎖反応が続き、最終的には傷つけ合いにまで発展する場合があるからだ。

優れたファシリテーターは、ホットスポットの中へ深く入り込み、脅しやダブルシグナルを探求することによってそのホットスポットを和らげようとする。

「あなたの怒りの背後には何がありますか？　もっと語ってください。彼の微笑みによって見下されている感じがするから怒っているのですか？」

「あなたの微笑みの背後には何がありますか？　他の人が『悪者』で、あなたの助けを必要としていると感じるのでしょうか？」

このとき、エルダーやワールドワーカーが何を言うかよりも、理解を深めようとする姿勢のほうが大切だ。

その次の選択肢はいくつかある。例えばホットスポットを無視し、コミュニケーションの流れが激しくなるのをそのままにすると、いつもどおりの傷つけ合うパターンを再現するだけだ。あるいは、長い間どちらか一方の側だけに焦点を当てると、辱められている感じをその人に抱かせてしまう。

私が提案したい方法は、それぞれの体験や反応を一つずつ簡潔に扱っていくことで、全員の背景にある問題や感情が確実に聞き届けられるようにすることだ。例えば、ゲイとレズビアンのグループには「あなたたちの復讐への欲求は、あの男性が示した優越感から引き起こされたのですか？」と尋ね、微笑んでいる男性には「道徳の規範を引き合いに出したかったのは、過去に誰かが我を忘れ、あなたを傷つけたときの苦しみを埋め合わせるためですか？」と尋ねるといいかもしれない。

私がこのような問いを投げかけると、想像以上の反応が返ってくる。ある市民フォーラムでは、キリスト教原理主義グループのリーダーが、信じられないほど苦痛に満ちた子ども時代のことや、世界が自分の手に負えなくなってしまうという最近の不安について語った。また、レズビアンとゲイのグループの人々も、現在直面している同様の問題について話した。そこで、両グループは共通に抱えている問題を発見した。レズビアンとゲイの人々も、原理主義者の人々も、互いに傷つけ合うことを怖れており、敵対関係を終わらせたかったのだ。

ホットスポットを探求することは、この公開フォーラムに驚くべき影響を与えた。その後、原理主義側の数人が、ゲイの人々がどれだけ苦しんでいたかを初めて知ったと語った。そしてゲイ側の一人も、敵だと思っていた相手の苦しみに気づいていなかったと語ったのだ。

復讐を超えて——モスクワにて

一九九〇年に旧ソビエト連邦平和委員会のメンバーが開催した会議では、復讐心に深く入っていくことで、きわめて難しいと思われていた対立に予期せぬ解決がもたらされた。その会議には約百五十人が参加し、旧ソビエト連邦の国々の政府官僚をはじめ、世界中から集まった教師、心理学者、政治学者などがいた。彼らの服装は、男性はネクタイ、女性は帽子といったフォーマルなものだった。彼らは私たちのことをまったく知らず、民主主義と紛争解決の新しい方法を五日間試すために、各国から代表団として派遣されていた。

会議の雰囲気は緊張していた。代表団の多くは、ソビエト連邦の支配から解放されて以来、凄惨（せいさん）な闘争に加わってきたグループのメンバーだった。それらの闘争について数時間話し合ったあと、エイミーと私はコーカサス地方の各国の代表団に向けて、場の中央で輪になって座り、問題に焦点を当てて深めていくのはどうか、と提案した。彼らは、数世紀にわたる領土争いで闘ってきた人々を代弁していた。

ジョージア議員の一人が、これは歴史的な出来事だと大声で言った。アゼルバイジャン、アルメニア、ジョージア、アブハジア、オセチア、イングーシ、ロシアから人々が集まり、共に問題に取り組むのは初めてだったのだ。彼の前向きな発言は、暖房が十分に効かない部屋にただよう憂鬱感と絶望感に、かすかな望みをもたらした。

しかし、この肯定的な雰囲気はすぐに、輪の外側にいた人々の厳しい発言によって消え去った。そこには、ソビエト秘密警察（ＫＧＢ／ソ連国家保安委員会）の元メンバーがいたのだ。彼らの振る舞いには残忍性がにじみ出ていた。他の人の発言や行動にはお構いなしだった。彼らが話すと、私たちは身体に震えが走るのを感じた。他の参加者たちも元ＫＧＢの人たちに怖れを抱いているように見えた。

エイミーと私は、これでは輪になった人々から前向きなことは出現してこないのではないかと危惧した。彼らの中には、自国の民族問題を西欧諸国に注目してもらうために会議に参加したと言う人もいた。つまり、他のコーカサス地方の国々と、互いの問題を解決するために話し合うことを望んでいるわけではなかったのだ。彼らは露骨に、あるいは間接的に敵国に対する嫌悪感を見せ、西洋諸国に仲裁してもらうことを望んでいた。

また、代表団の中には、このような大人数の公開フォーラムに参加した経験のない人もいた。ソビエト連邦では、少人数の集会しか許されなかったからだ。彼らはこれまでの自分たちのやり方に戻り、形式ばった声明を発表するだけで話し合いを終えようとしていた。

私たちは緊張を和らげるため、コーカサスの山岳地帯から来た二十人の代表者に、床に座ることを提案した。

ゴーストの浮上

はじめ彼らは、床に座ることをためらった。テーブルで議論したり、飲食をしながら話し合うことに慣れていたからだ。しかし座ってからまもなくして、彼らは心から話すようになった。エイミーと私はその内容に感動した。私たちは、タイムスピリットや隠されたアジェンダに耳を傾けた。みんなに十分話す機会が与えられたあとに、私たちは彼らが直接的あるいは間接的にいくつかのゴーストについて言及していたことを指摘した。ゴーストとは、グループ・プロセスの一側面で、グループ内でその立場から発言する人がいないロールのことだ。

この場で浮上したゴーストの一つは、テロリストだった。会議の参加者たちは、ロシアから受けた過去の傷への復讐を果たし、現在の独立を勝ち取るために命を懸けて暴力的な手段に訴える、小国出身の「自由を求める戦士（freedom fighter）」について話していたのだ。

別のゴーストとして、独裁者もいた。代表者たちは、「他国の支配をもくろむ」中央集権的で帝国主義的なソビエトの独裁者を非難していた。何人かの代表者がまた、ファシリテーターのゴーストも現れようとしていた。何人かの代表者が平和について話し合おうとしていたのだ。

私とエイミーは、それらのゴースト・ロールを参加者に演じてもらうことで、目に見えるようにしてはどうか、と提案した。はじめ彼らの多くは、自身が信じている本当の自分以外のロールを演じることを嫌がっていた。状況はあまりにも深刻で不安だという声も出た。だが驚いたことに、何人かの参加者が私の提案を試しはじめた。まもなく彼らは、三つのロールを演じるために三つのグループに分かれた。私たちは参加者たちに、その瞬間の自分の気持ちに最も近いロールのグループに加わるよう促した。私たちはまた、気持ちが動いたときにはいつでも自由にロールを変え、グループを移動するよう勧めた。

部屋の一方に、「独裁者」ロールの人が集まった。そして部屋の反対側には、「テロリスト」の人たちと「ファシリテーター」の人たちが集まった（図5-1）。

その場は、誰もが自由にいつでも発言して良いことになっていた。最初のうち、

図5-1　場におけるタイムスピリット

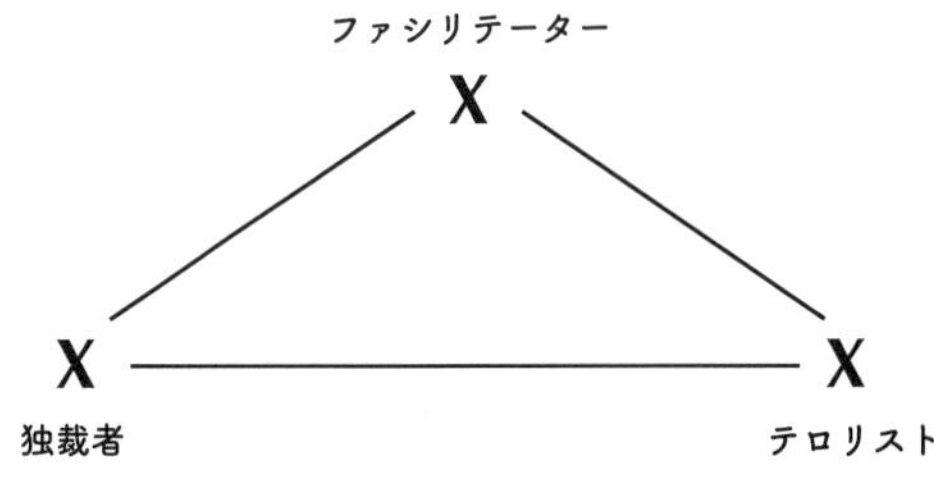

参加者たちはこのような自由で開かれた対話のプロセスに困惑していた。なぜなら、講義形式のコミュニケーション、つまり一人が話し、退屈な人は部屋を出たり新聞を読んだりするようなやり方に慣れていたからだ。

しかし、この新しいコミュニケーションのスタイルによって、状況を打開することに成功した。礼儀正しく行儀よかった対話は、「ソビエト中央委員会」と「交渉をやめて復讐を行うと脅すテロリスト」の間の身震いするような即興対話へと変容したのだ。中央委員会は、「もしそういうことをしたら、おまえたちは全員おしまいだぞ」と脅し返した。

突然すべてが変化した。ジョージアの代表者がテロリストのロールを離れ、すばやく部屋を横切り、モスクワから来た共産党のボスになったのだ。彼が、「すべての人民はソビエト中央委員会の命令に従わなければならない」と叫んだ。どういうわけか、彼がその立場からパワーとランクを表現するのを聞いて、人々は楽になった。ランクが明確に表現されることで、人々は少なくとも自分たちが何に対して戦っていたかを理解し、肩の荷がおりたように感じたのだ。この出来事がなかったら、独裁者というロールは、誰も気づくことのできない霊（スピリット）のままだっただろう。

続いて、部屋にはたくさんの動きが起こった。さらに多くの代表者がテロリストのロールに加わったのだ。彼らは共産党のボスを罵（ののし）り、脅した。ほんの一、二年前なら、たとえ演技であっても、このようなことは思い切ってできなかっただろう。ファシリテーターのロールを演じようとしていた人たちは、後ろの方で戸惑いつづけていた。なぜなら、内側のサークルでの話し合いは、深刻な政治の議論から始まり、脅し合いや硬直状態へ移り、そして最後には陽気な即興劇へと目まぐるしく変化したからだ。

独裁者を演じていた人々は、あまりにも頑固で傲慢かつ権威的になった。テロリストたちは復讐のために、その「俳優」を抱え上げ、その場所から移動させなければならなかった。これにはみんなが大笑いした。テロリストの肩の上に担ぎ上げられた独裁者は、無力に見えた。その様子を見ていた周囲の人々は、ロシア語が他の言葉に通訳されるのが待てないほど興奮していた。エイミーと私は、ロシア語はほとんどわからなかったが、プロセスが自由に解き放たれていく様子はたやすく理解できた。

タイムスピリットから解決へ

彼らは即興劇を通じて生まれたアイデアから、「飢えている市民」という新しいロールをつくり出すことで、解決を見出した（図5-2参照）。

ある代表団の人が床に横たわり、泣き叫びながら死を待つという絶望的な飢餓の状況を演じたのだ。テロリストを演じていた人たちは、この飢えている市民を看護し、食料を与えた。

そこで突然、即興劇は終わった。この劇が突然始まったのと同じように、四十五分後に突然終了したのだ。

図５−２　場におけるタイムスピリット

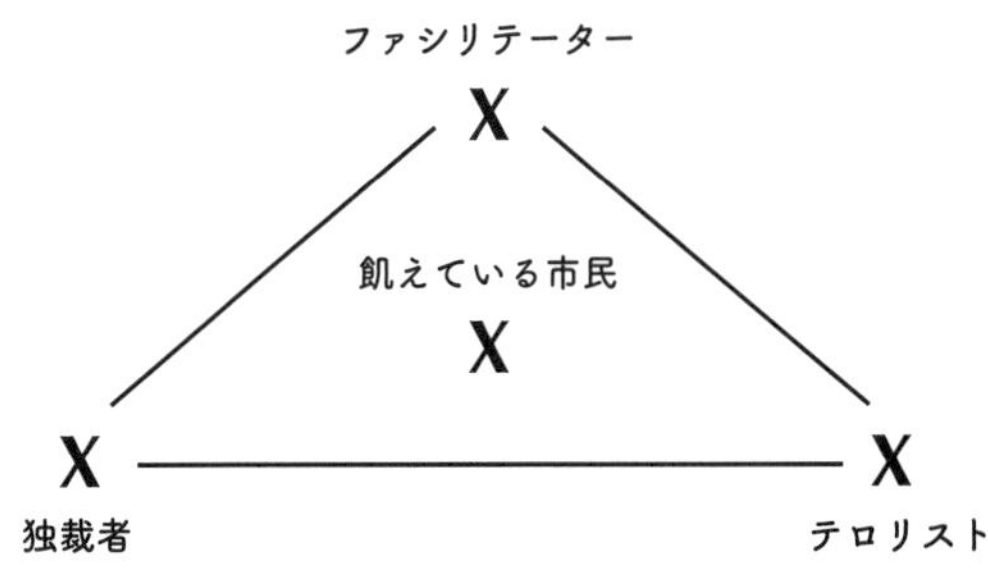

最も高いランクを持つモスクワからの参加者を含めて、みんなが共通の問題を放置していたことを理解した。その問題とは、人々が苦しみ、周縁化されていることだ。即興劇を通じて思い出された痛みや苦しみは、彼らが協働するための共通の動機だったのだ。

多くの参加者は、即興劇によってもたらされた解決だけでなく、この大きな集団にパワーの格差や復讐心を乗り越える能力があることに、深く心を動かされていた。参加者たちは、主流派と周縁化されている人々、両方のニーズを満たせる解決策を考える準備ができたようだった。続く三日間のうちに、参加者たちは「私たちでなければ、誰が？（If Not We, Then Who?）」という名称の組織を創設して、モスクワに本部を置いた。代表団は、平和と自由と交渉のための声明を発表した。この声明は、旧ソビエト連邦の外務大臣を務め、後にジョージア大統領になったエドアルド・シェワルナゼによって署名された。

この集会では、各国が自国のためだけに動くという、明らかに絶望的な難局を打開した。その打開は、復讐心に満ちたテロリストが演じられたことによって、誰もが苦しみから解放されたいのだと感情で理解したときに起きた。民族間には古くから対立が続いていたが、主流派のパワーとテロリストの知恵が結びついたときに、コミュニティが生まれたのだ。そうして、前代未聞の解決がもたらされたのだった。

社会的な問題に永続的な解決策はない。何度も繰り返し集まり、タイムスピリットに注目し、自らの気持ちを表現することが不可欠だ。このようにして見出されたコミュニティのほうが、問題に対して一時的な解決策を講じるよりも持続的に取り組めるのだ。

外交政策に潜む復讐心

自分個人の人生における復讐心に気づくことはできても、外交政策が復讐への欲求に基づいているという可能性は、ほとんど注目されていない。アメリカは他の国々に制裁を加えることがある。例えば、イラクがブッシュ大統領の暗殺を計画していた（実行はされなかった）ことをCIA（中央情報局）が知ったとき、アメリカはイラクを爆撃した。アメリカがもっと賢明であれば、爆撃するのではなくイラクの代表を招き、両国が互いの敵対心と向き合うようなテレビ番組を放送することができたかもしれない。そしてもし、エイミーと私がモスクワで目撃したように、すべての国民がその過程を見ることができたなら、世界の問題に対して新たな解決策が現れたかもしれない。

現代では、扱われないままになっている復讐心が、世界中で外交政策の原動力となっている。第二次世界大戦を引き起こしたドイツのポーランドに対する攻撃は、他の国々には独善的な行為と理解されていた。しかし実際のところドイツは、第一次世界大戦の終結におけるベルサイユ条約での、屈辱的な領土の喪失に対する復讐を行ったのだ。何百万人ものユダヤ人が、ベルサイユ条約の経済制裁に対するドイツの復讐の犠牲になった。そして今度は、ユダヤ人の国であるイスラエルが、パレスチナ人を容赦なく扱っている。

復讐はまた、多くの個人の「手口」となっている。例えば企業、教会、哲学ゼミ、地域の警備隊、ボウリング・チーム、市議会、ストリート・ギャング、あるいは単に家族など、どのようなところであっても、過去に受け入れてもらえなかったことへの復讐心を秘めた人が必ずいるのだ。

愛と希望は私たちを一つにする。経済学、政治学、そしてスピリチュアリティは私たちにインスピレーションを与えてくれるかもしれない。しかし、怒りや復讐に満ちた言葉によって公の場で傷つけられることや、微細な抑圧に支配される怖れによって、私たちは会議への参加をためらうようになり、前へ進む力が抑えられてしまう。パワーをめぐる闘争と隠れた復讐心は、有毒ガスよりもさらにひどく、集団や国々の生活を汚染している。少数派の問題が無視されている限り、都市での暴動や郊外での殺人はなくならないだろう。

暴力は、私たちがそれに向き合う準備ができてはじめて、収まるものだ。そのためには、自分の日々の生活を見直し、抑圧されている人々の苦悩に対するアウェアネスを高める必要がある。

復讐心と向き合うとき、私たちは最も古く、それでいて最も新しい未知なる領域に踏み込むことになる。私は大人数の集団を扱うようになるまでは、自分の復讐心は消失したと思っていた。自分のことはよくわかっていると思っていたのだ。しかし私は、復讐への欲求で我を忘れる自分がいることに気づいた。その復讐心は、大人になった私の周りの他者が今この瞬間に経験していることだけでなく、子ども時代の私自身が経験したことに対しても存在していたのだ。

そうした復讐への衝動を私が忘れていたことに気づかせてくれたのは、南アメリカのケープタウン出身の黒人女性だった。バントゥー族とズールー族の対立について話し合っているとき、彼女は立ち上がり、もし相手側が行動を改めないなら、この集まりのあとで彼らを殺してやると叫んだ。

別の南アフリカの白人女性は、この感情の爆発に驚き、「まさか殺さないでしょう！　殺人は罪なのよ」と言った。

黒人女性はゆっくりと振り返り、白人女性と向き合った。そして、慈しみのこもった、しかし迫力のある口調で、「聞きなさい。殺したらどれだけ安心できるか、あなたはわかっていないのよ！」と答えたのだ。

その瞬間、私自身もその白人女性と同じようなものだと気づいた。私は、どんな人でも憎しみや復讐心や嫉妬を持つべきではないと考え、自分をごまかしていたのだ。それから私は考えを変えた。いまでは、復讐心の背後にある憤怒は、重要なプロセスの始まりであることを知っている。それは文化を変容する力の一つなのだ。

復讐心へのアウェアネスを高めるトレーニング

他者の復讐心を感じ取り、それに注目して取り組もうとするワールドワーカーは、自分自身の復讐心と向き合う必要がある。それに役立つ問いを紹介しよう。

Exercise

①　他者や他のグループとの長年にわたる対立を思い起こしてみよう。動揺、怒り、復讐心を思い出すことができるだろうか？

② あなたの復讐心に、他者が意識的あるいは無意識的に使った社会的ランク、心理的ランク、スピリチュアルなランクはどう関係していただろう？　その人たちはどのようなランクを持っていただろうか？　彼らはどのようにランクを使ったか？　それらのランクはどのように隠されていて、それらから自分を守ることはどれくらい難しかったか？　彼らは独裁者や全体主義者のように振る舞っていただろうか？

③ あなたは他者を身体的あるいは心理的に傷つけたいと思っただろうか？　彼らについて陰口をたたいたり、見下したりしたか？　あなたの復讐心は、彼らだけによって引き起こされたものだと思うか？　それとも、自分を守ることができなかった過去の虐待とも関連しているだろうか？

④ あなたの復讐心が対立を長引かせてしまったかどうか、考えてみよう。

⑤ あなたが思い出した対立が、今また始まろうとしていると想像してみよう。自分自身のランクと他者のランクに注目する勇気を持ち、自分の復讐心としっかり向き合う時間をとり、復讐心に深く入っていくことでそれを乗り越える様子を想像してみよう。

第6章　テロリストを抱きしめる

誰もがゴーストを怖れている。集団のゴーストを感じることはできても、見ることはできない。抑圧された復讐心はテロリズムを引き起こし、テロリストはみんなを不安にする。私たちのほとんどが、このテロリストというロールを少なくとも一度は担ったことがある。誰にでも過去の虐待に対する復讐を望んだ経験があるからだ。テロリストは、社会的なパワーや集団による支配といった他のロールに対抗して、自由と正義のために戦っている。テロリストとは、いつでも、どこでも、どんな集団にも必ず存在する、潜在的なゴーストなのだ。

政府をはじめ、さまざまな組織はテロリストを抑圧しようとする。会議運営の一つの手法で、経営者に従う人を称賛する「ロバート議事規則」は、テロリストを抑圧する方法だ。どこの国の政府も、抑圧された怒りやテロリズムが生み出す未来を怖れている。特定の個人やグループが主流派になるわけではないのと同じように、特定の個人やグループがテロリストになるわけでもない。私たちはみんな、あるときにはパワーを持つ立場にいて、またあるときにはパワーの乱用に対抗して復讐しようとするのである。

テロリズムは、文化を変える必要性がありながら、それが妨げられている時代に生まれる霊（スピリット）だ。そのとき、テロリストはゴーストになる。私たちはテロリズムに意識的に気づいているわけではないが、それを感じとってはいるし、抑えつけるための社会制度をつくっている。復讐の抑圧に力を注ぐあまり、テロリストを私たちの日常生活の背後に潜む不幸なゴーストにしてしまったのだ。

テロリズム——そこには多くの要素がある

政治家や社会学者はどちらも、テロリズムの定義に苦心している。それは彼らが、暴力や非合法的な武力の行使について、主流派が持つ概念を採用しているからだ。例えば、Ｒ・Ｇ・フレイとＣ・Ｗ・モリスによって編集された『暴力、テロリズム、正義』★に寄稿している専門家たちは、テロリズムとは意図的な殺戮を組織的に行う政治的活動であるという考え方に、多かれ少なかれ同意している。

「組織的」とは何を意味するのだろうか？　ある行為が「意図的」であると誰が決めるのか？　どのような殺人なら「政治的活動」ではないのだろうか？　私はテロリズムをどう定義するかには慎重になりたいが、それは社会的に周縁化され、少数派や権利を奪われた側の立場から、主流派のパワーに対抗して戦うグループや人々がいるからだ。そのような人たちを、私は前章で「自由を求める戦士」と呼んだ。

★ 未訳。Frey, R. G., and Morris, Christopher W., eds. *Violence, Terrorism and Justice*. NY: Cambridge University Press, 1991.

アメリカのような超大国は、テロリストにはなりえない。戦争当事者ではない特権国家による意図的な殺戮のことを、私は「帝国主義」と呼ぶ。たとえ公式声明で否定されようが「国益」のために必要だったと意義づけられようが、リビアやニカラグアやイラクにおいて、準軍事組織を支援することで他のグループを爆撃したり破壊したりしたアメリカの政治的介入は帝国主義的だ。強力な国家は、自らのことをテロリズムの犠牲者であると位置づける。こうして帝国主義もゴーストになるのだ。

ハワード・ジンが『民衆のアメリカ史』★で述べたように、一八二三年のモンロー主義においてアメリカは、「南北アメリカ」は自国の領土であると主張した。アメリカは一九〇〇年から一九三三年の間に、カリブ諸国に二十回にわたって干渉し、アメリカの銀行、鉱業会社、果物会社が現地に入植した。先住民が食料を得るために使っていた広大な田畑は、バナナ、コーヒー、ココア、パイナップルといった商業作物の生産に適していた。

帝国主義とは、政府が攻撃を仕掛けることで国家・領土・経済の拡大を目的とする政策で、わかりやすいものもあれば隠されたものもある。これには主流派市民の消極性も一役買っている。帝国主義が隠されている場合、人々は見えない力からは自分を守れないため、二重に虐待的なものになる。

テロリズムはそれとは異なる。テロリズムの特徴は、権利を奪われた集団が、平等や自由を求めて主流派に対して攻撃することだ。主流派に対する無差別で不当な暴力だと思われているものは、実際には、自由を求める戦士が苦しんできた傷を埋め合わせようとする試みだ。その目的は、

★『民衆のアメリカ史』ハワード・ジン著、富田虎男、平野孝、油井大三郎訳、猿谷要監修、明石書店、2005年

パワーを持つ人々に社会変革の必要性を気づかせることだ。テロリストの観点からすれば、自分たちが傷つけたり殺したりする主流派の人々はすべて、罪なき犠牲者ではない。主流派の人々はすべて、たとえ静観しているだけであっても、テロリストが闘っている抑圧に関与しているのだ。

私のテロリズムの定義には、心理的な苦痛の原因を引き起こすような人間関係における復讐も含まれる。暴力的な脅しや、相手が犯した過失をさらすこともその一種だ。私たちはこのようなテロリズムを頻繁に体験している。例えば、異性と交際している女性がパートナーに「私が求めていることをもっと察してくれないようなら、出ていくわ」と伝えたとしよう。そう言われた男性は、これをテロリズムとして体験する。彼女はいつでも関係を終わらせることができると迫っているのだ。彼女は、相手が自分の欲求を大切にしてくれていないと感じるあまり、彼にしっかり気づいてもらうには、関係を破壊する以外に方法がないと考えている。

テロリズムは、飛行機のハイジャックをはじめとする国際的な出来事のような、自分とは無関係なものではない。テロリズムは、人々が集まるところでは普通に見られるものだ。集団の誰かが「あなたたちがこれをやらないなら、私は出ていく」と言うとき、それは集団全体に銃口が向けられているようなものである。テロリズムの問題は、国際的なレベルだけで解決できない。それは、家庭、学校、教会、地域の組織、地方自治体といった草の根レベルでも取り組まれなければならないものなのだ。

以上のことから、テロリズムの定義を拡大できるだろう。周縁化されたグループが政治的な動機で復讐を行うことだけでなく、怖れや心理的な苦痛を引き起こすような、人間関係や集団内での出来事もテロリズムに含まれるのだ。テロリズムは、小規模なものから国際的なものまでの、幅広い社会的なプロセスである。それは、権利を奪われた個人やグループによる活動であり、彼らに対して過去や現在に意図的あるいは無意識的にランクが乱用されたことへの復讐や、平等の実現を願う行為なのだ。

「テロリズム＝病気」の考え方を乗り越える

心理療法の専門家の中には、テロリズムへの傾向を持つ人々を「自己愛性パーソナリティ障害」に分類する人もいる。反抗的な態度は、しばしば「パラノイア」の証拠として捉えられる。テロリストの行動を、不適当なもの、逸脱したもの、反社会的なもの、精神病的なものと診断することによって、心理学や精神医学は、主流派に深い自己満足を与えている。主流派は、現状の政治あるいは社会には何も問題はなく、問題はトラブルを起こす者たちの内側にあるのだと考えている。

心理療法の専門家は、暴力的な反応を「不適当」だと分類することの社会的な意味を理解しなければならない。主流派の文化の前提に基づいた診断は、人種差別的あるいは性差別的であり、パワー、名声、安全な立場、特権などの乱用になる可能性がある。心理学や精神医学が社会へのアウェアネスを持たない限り、若者、女性、貧しい人、有色人種、高齢者、ゲイやレズビアン、「犯罪者」、薬物乱用に苦しんでいる人々を見下してしまうだろう。それはまるで、これらの人々は自分が抱える問題を自分で解決すべきで、そのために世界の他の人々が変わる必要はないと言っているようだ。こうして心理学は、問題を軽減するのではなく悪化させているのだ。

幸いにも、周縁化された人々の行動に主流派が示す態度に対して、声をあげる動きも出てきている。フェミニストの心理学者フィリス・チェスラーは『女性と狂気』★の中で、女性に対する精神医学的な診断、治療、抑圧を非難している。心理学者のアリス・ミラーの研究は、精神分析が患者の子ども時代における虐待を否認することによって、その虐待にともなう問題を永続させてしまっていると告発した。フロイト記録保管所の所長を辞めさせられたジェフリー・マッソンは、ある女性患者を診断した当初、実は子ども時代に性的虐待を受けていたのではないかという仮説をフロイトが立てたが、彼はそれを「隠ぺい」したと記述している。ライヒ、モレノ、アドラーといった哲学者たちは、ある行動に神経症や精神病のレッテルを貼ることが持つ社会的な意味に気づいていた。

社会を変えるよりもまずは心の治療をするべきだという主張は、虐待的で非民主的だ。個人が「公平」を求めて戦うにはあまりにも大きく、強力で、圧倒的な人々やグループによって抑圧的な状況が生み出され、私たちが「自分は耳を傾けてもらえない」「自分を守ることはできない」と感じるとき、テロリストはどんな人の中にも現れるのだ。

主流派を乱し、脅かす、いわゆる「病的な」「境界性障害のある」「機能不全の」「サイコな」人々は、世界の変革者となる可能性を持っている。私たちは、病の症状とされるものの中に、病理だけでなく価値を見出す必要があるのだ。内的な体験は、文化にとって大切なものだ。確かに、

★未訳。Chessler, Phyllis. *Women and Madness: A History of Women and the Psychiatric Profession*. NY: Doubleday, 1972.

それらはときに主流派を脅かすことがある。しかし、未来の捉え方は変えることができる。テロリズムを病気とみなさないことによって、テロリズムとは、より公平な世界をつくりあげるための潜在力を持つ、どこにでもみられる社会的なプロセスであると捉えられるようになることを願っている。

テロリズムはあなたの人生に影響を与えている

テロリズムは集団を両極化する。テロリストの意図は、集団が認識していない分断を強調することだ。ファシリテーターである私にとって、これを覚えておくことは助けになっている。テロリストは、主流派に社会変革の責任を引き受けさせたいと思っている。テロリストの狙いは、私たちが望もうと望むまいと、世界は私たちそれぞれが特定の役割を演じている巨大な劇場であることを思い出させ、誰も社会への意識から逃れられないようにすることだ。たとえ私たちが傍観しているだけであっても、その消極的な姿勢は現状を容認していることに等しい。私たちの否定的、傍観的、無関心な態度は、実際に見聞きすることも触れることもできないが、それによってテロリストたちは傷つけられているのだ。

同様に私たちも、テロリストが隠し持っている否定的な態度に傷ついている。それを見聞きできなくても、私たちは隠れたメッセージを感じるのだ。理由もなく特定の人々や状況を怖れるのは、そのためである。私たちは怒りを感じるが、「それがなぜかを的確に突き止めること」ができないのだ。

あなたが集団のリーダーになったり、誰かに何かを教えたり、スピーチをしたりしなければならず、聴衆の誰かがあなたに敵対していると感じたときのことを思い出してほしい。それはあなたのパフォーマンスにどのように影響しただろうか？　例えば、もしそれがあなたにとって初めて授業をする体験だったなら、教育者になることをやめようと思ったかもしれない。このようにテロリズムは、おそらくあなたが思っている以上に、あなたの人生に影響を与えているのだ。

あからさまに否定的なメッセージであれば直接伝わってくるので自分を守る手段を講じられる。そのような場合、他者が送ってくるメッセージの要点を、聞いたり見たりできる。だが、メッセージが隠されている場合、それを見つけて解読することが難しくなるため、自分の感覚だけが頼りになる。もしテロリストが直接的に話せば、ランクを持つ人々は彼らを罰するだろう。テロリスト側の感覚からすれば、社会的なパワーとは、自分たちの自由を制限し、コミュニケーションを抑圧し、オープンに話すことを危険にするものだ。

例えば、ソビエト連邦が崩壊する前、ポーランドの人々は安心して政府への批判を口にすることができなかった。彼らにできたのは、礼儀正しい市民を装って電車の席に座り、批判のために一斉に鼻歌を歌うことだけだった。警察には、誰が鼻歌を歌っているのかはわからなかったのだ。人は直接的なコミュニケーションへの希望が持てないとき、ダブルシグナルという手段に訴える。テロリストも隠された手段に訴えるしかないのだ。そのため主流派の人間であるあなたは、場合によっては自分の感覚を頼ったり、他者が発するダブルシグナルへのアウェアネスを高めたりしないと、テロリストの存在に気づけなくなってしまうのだ。

ゴーストどうしの戦い

民主国家は、常にみんなが平等であるという立場をとっているが、テロリストを避け、彼らが抱える絶望感や憂鬱感や激しい怒りといった問題を無視している。パワーを持つ人々が発する隠れたシグナルは、「おまえたちには耳を傾けたくない。おまえたちや、おまえたちが抱える問題は重要ではない。その問題に私を巻き込むな」と語っている。

ファシリテーターは、そのような疎外感を与えるシグナルや仕草や行動を、すばやく認識しなければならない。なぜなら、無意識に行っている振る舞いが自覚されなければ、対立は解決しないからだ。ファシリテーターはゴーストどうしの闘いに気づかなければならない。それは他の人には見ることができないかもしれないが、雰囲気を険悪にして、みんなを震え上がらせる。主流派のゴーストは「座って静かにしろ。誰がお前をここに招いたんだ？　おまえはここにいるべきじゃないんだぞ」と言う。

周縁化された人々のゴーストは「そっちこそ目を覚ませ！　おまえは裁かれているんだぞ！我々に耳を傾けないと、おまえたちの家を爆撃するぞ。そうすればおまえたちも目を覚ますに違いない」と答える。

パワーを持つ人々は、いつ、どのように他者を抑圧したかほとんど気づいていない。そのため、彼らは「テロリスト」の攻撃を、最も意外な人々による不当な行為で、予期せぬ場所で予期せぬ時に起き、秘密裏に企てられた、不必要に有害で暴力的な手段を使ったものと捉える。

エイミーと私は、ベルファストで攻撃的な態度をぶつけてきた人に驚かされた。私たちは彼を、セミナー参加者の一人としてしか捉えていなかった。彼は、自分は認められるために戦わなければならないと思っていた。私たちは不注意にも、「紛争解決についてこの人は十分な知識を持っていないのではないか」という印象を抱いていると彼に伝えていたのだ。どちらの側も、相手のシグナルやメッセージを理解していなかった。私たちは、彼が礼儀作法を守っていないと感じていた。ゲストであるエイミーに対して丁寧に接し、彼女が話しているときはさえぎらないでほしいと思っていたのだ。私たちからすれば、きちんと話す順番を待って、不快な態度や不必要に激しい反論を控えるのが彼にとって適切な態度ではないか、と思っていた。

紛争地域の外に住むという特権を持つ人は、ベルファストのような地域の人々は常軌を逸していると考えることによって、テロリズムを生み出してしまう。新聞で現地の状況を知った世界中の読者たちは、信じられないと首を振るだろう。「どうしてこの人たちは互いに殺し合いを続けられるのだろう？　私たちはこんなことはしない」と。「私たち」は主流派のゴーストになり、安全に暮らしながら、自らの有害な側面を他者に投影して、彼らのことを攻撃的だと断罪するのだ。

私たちは自らのテロリストの側面を自覚していないために、相手を見下すような態度をとってしまう。暴力やテロリズムを解決するには、個人から国連に至るまであらゆるレベルの組織が、人々が抱く怒りや傷や変革を求める声を、単に受け入れるだけでなく理解しなければならない。私の見方では、一つ一つの小さな場は、世界全体と同じくらい重要だ。世界の問題は、私たちが感情的になったり激怒したりできて、それでもなお耳を傾けてもらえるようなローカルな場で扱われるべきなのだ。

そのような議論を行う最も基本的な場は、自分自身の心の中だ。ファシリテーターとしても一人の人間としても、そこで自分自身に耳を傾ける方法を学ばなければならない。そうすることによって、他者が怒ったり傷ついたりしているときに、どのように耳を傾けたらよいかを知るのである。耳を傾けなければ、人々はますます怒る。その怒りは、彼らが敵対する者たちのせいだけではなく、私たちのせいでもあるのだ。もしテロリストの話に耳を傾けるならば、たとえ個人的には社会問題に取り組む立場にいなくても、私たちは「ディープ・デモクラシー★（深層民主主義）」という解決策を実行し始めることになる。

ランクと同じように、テロリズムも麻薬になりうる

ひとたび復讐の力によって異議を表明したり世界を変える体験をすると、テロリズムは中毒になりうる。ドイツ語では、復讐は die Rachsucht と呼ばれている。これは字義通りに翻訳すると「激怒への中毒」を意味する。正義の力は気持ちよいものだ。それは甘美なものであり、とても強い満足感をもたらす。場合によっては、それがもっと欲しくなる。

★ ディープ・デモクラシー：ミンデルは、民主主義は大切な前提としたうえで、縦と横のディープ・デモクラシーの実践を説いている。感情や感覚といった意識の深いレベルも大切にするのが縦のディープ・デモクラシー。横のディープ・デモクラシーでは、小さな声が周縁化されやすい世界において、周縁化された声にもスペースをつくるように意図される。主流派の声だけが反映されるのではなく、女性や子どもや経済力を持たない人々などの声を聞くことが重視される。

特定の過ちについてある個人に復讐していたはずが、あっという間に、あらゆることについてすべての人に復讐するようになってしまう。こうしてテロリストは度を超えて、自分が闘おうとしていた問題そのものになってしまうのだ。彼らもまた、パワーの無自覚な乱用という罪を犯してしまうのである。

社会活動家はこのことをよく知っている。メリー・E・ゴメスは『社会変化の報酬とストレス』★の中で、平和運動家たちはさまざまなストレスを抱えており、その原因は内紛、派閥主義、性格の違いから生まれる対立、不寛容な雰囲気、横暴な人物、権力欲、性差別、人種差別、自己愛的な語り手によって物事が遅延することへの苛立ち、などがあると報告している。[1]

文化的な間違いを正そうという熱意を持つ人々が、威圧的で不寛容になったり、派閥主義や内紛を生み出したりすることがあるのは、まったく驚くことではない。私たちはみんな、内なる支配欲に悩まされている。世界を変えたいという願望は、あらゆる種類のパワーの乱用を招きうる。反ユダヤ主義による犠牲者は、人種差別者になることがある。人種差別の犠牲者は、同性愛嫌悪者になるかもしれない。同性愛嫌悪の犠牲者が性差別者になるかもしれない。私たちの誰もが、あるプロセスでは犠牲者になりうると同時に、他のプロセスでは加害者になりうるのだ。他者にパワーの乱用を警告するときに耳を傾けてもらうには、自分が持つパワーの行使が盲目的、中毒的になりうると自覚しておくことが最も重要だ。

ワールドワーカーは、自分の仕事を楽にするためにパワーを乱用して他者を変えようとしてはならない。人々はそのままのあり方で世界に必要とされているのだ。人々の意見とは、場の

★ 未訳。Gomes, Mary E. "The Rewards and Stresses of Social Change: A Qualitative Study of Peace Activists." *The Journal of Humanistic Psychology*, 32:4, Fall, 1992.

「霊（スピリット）」が浮上したものであると捉えることによって、あなた自身の態度を変えられるだろう。

テロリズムの徴候

グループ・プロセスで起こる、次のようなテロリズムの特徴に注目しよう。

①パワーを求める傾向

十分なパワーを持っていないと感じる人は、他のパワーを持つ人々が簡単に防げないような、ダブルシグナルなどの方法を使う。小グループでの話し合いのときに陰口を言ったり、突然会議の中に割り込んで統制を壊したりする。自分の思い通りにするために、グループ全体を人質に取ることさえある。

②絶望

絶望に陥るのは、内側からじっくりと変化を起こそうとするのをあきらめたときだ。圧倒的なパワーの格差に、もうだめだと感じてしまう。表面上は冷静に見えても、感情は暴力的になっている。

③**無謀**

最高の理想を掲げ、その邪魔になりそうなすべての人に対抗する。パワーを持つ人々に向かって、彼らには受け入れがたい意見を押しつけ、コミュニケーションを安全に進めるための共通ルールを破る。実際に、自分の主張を通すために命さえ懸けようとするだろう。自分にとってそうであるように、他者にとっても世界を危険なものにしたいのだ。

④**忠誠**

復讐心があまりにも根深いため、自分と共通のアイデンティティを持つ人々にも「こうあるべきだ」という敵意が向けられるようになる。自分にされたことだけでなく、自分の人種、ジェンダー、宗教、家族、文化、文明にされたことまでも非難する。怒りは、現在のものであると同時に過去にも及ぶものであり、自分の所属グループの根源的なルーツにまでさかのぼる。

⑤**中毒**

権威ある人物との対決を常に求めるようになる。正義感の矛先は、特定の地域や分野、特定の虐待に限定されることはない。あらゆる集団の権威を攻撃する。いつでも敵を必要としているのだ。もし権威を持つ人間が周りにいなければ、仲間を敵と見なして攻撃する。

⑥ **報復禁止の通達**

攻撃は次のように始まるだろう。「偏見を持つ人からの復讐が怖いので、このグループで意見を述べるのは難しいです。けれど、私は話さなければならないと感じています」。自分のことを、勇気ある英雄として配役するのだ。そして、自分に対立する相手には、はじめから偏見を持つ人というレッテルを貼る。このようにして、議論や報復をあらかじめ封じるのだ。

⑦ **集団に対する非難**

防ぐのが難しいメッセージとして、次のような「最終通告」もある。「あなたたちが変わらないから、私はこのグループを離れます。私の知る限り、あなたたちは他で出会ってきたのと同じくらいひどかった。私の見地から断言しますが、あなたたちは防ぎようのない困難に見舞われるでしょう」。

⑧ **自己破壊**

あまりにも悲しみが深すぎて憎しみを抑えきれなくなると、自分が最も必要とする人々を傷つけてしまう。テロリズムがきわめて強力になり、目的のために役立つ人々をも追い払ってしまうこともある。憎しみは、自分自身も、自分が愛している者さえも傷つけるのだ。

⑨ 強さに関する無自覚

テロリストは、ある種のスピリチュアルなランクを持っている。しかし、そのランクが持つパワーを自分のものと捉えていないか、パワーの存在に気づいていない。ベルファストでエイミーを攻撃したテロリストを覚えているだろうか？　その後私たちが友人関係になったときに彼は、自分がどれくらいパワーを持っていて人を傷つけていたかに気づいていなかった、と打ち明けてくれた。自分が集団の雰囲気を妨害しているとは思っていなかった。また、彼が送ってきた生活はかろうじて貧困ラインを上回る程度のものであり、そのことに対して私たちに復讐したいと思っていたことに、気づいていなかった。彼は、自分の人生は弱々しく、ほとんど意味などないと考えていた。だが実際には、過去の不公正を正すという正義感に動機づけられた強いパワーを、彼は持っていたのだ。

テロリストは変化しうる

このようにテロリズムの特徴は数多くあるが、テロリスト自身はただの人間だ。彼らは狂っているわけでも、精神異常者なわけでもない。彼らの出身が北朝鮮、バスクランド、イスラエルの西岸、アメリカ、ドイツ、中央アメリカ、南アメリカのどこであろうが、女性も男性も共通して、復讐しか名誉回復の手段がないほどひどく傷つけられてきた、自分たちの家族について物語っている。このテーマに関する感動的な著作である、アイリーン・マクドナルドの『テロリストと呼ばれた女たち』★をぜひ読んでほしい。女性の力について驚くべき調査結果を書いた本だ。不公正を正そうとして暴力の中毒になってしまった人であっても、メディアが私たちに信じさせようとしている姿よりも柔軟である。彼らはすばやく変化できるのだ。すべての人間は変化できる可能性を潜在的に持っている。それは自分が持つ主流派的なパワーを自覚できていない人であっても同様だ。人がいるところには、常に変化の可能性が残されているのだ。

ベルファストの男性は、自分がテロリストになった経緯をセミナーの参加者に語った。彼は子どもの頃、イギリス諜報機関の二人のメンバーが父親の頭を撃つところを見たのだ。彼は父親と共に救急車で病院へ向かった。父親は彼にもたれかかり、「彼らを許しなさい」とささやいたという。

しかし彼には許すことができなかった。彼の唯一の望みは、父親のかたきに報復することだった。そうして彼は、復讐に人生をかけることを誓い、テロリストのグループに加わったのだった。

私たちのグループにいたある司祭は、そのような復讐心を聞いて驚き、衝撃を受けた。男性から語られた経緯について話し合ったあと、司祭は男性の復讐への欲求に対して心を開いた。司祭には変化が見られ、自分の評価・判断を保留して、テロリストに対して共感を示したのだ。すると、テロリストも変化した。もう誰かを殺したくはないと認めたのだ。彼は、他のやり方で問題を解決する方法を子どもたちに教えることができたら嬉しいと語った。そこにいた私たちみんなが驚いた。司祭の柔軟性と寛大さが彼の変容を促したのだ。

もう一人のテロリストであるロンという男性は、他のテロリストたちによって殴られ、撃たれ、

★『テロリストと呼ばれた女たち』アイリーン・マクドナルド著、竹林卓訳、新潮社、1994年

ほとんど殺されかけたことがあった。彼は、友人が殺されたことをきっかけにプロテスタント軍に参加したのだと語った。指揮官は彼に、相手側のリーダーの一人を殺せと命令した。ロンはその男を何カ月も探し続けた。ついに路上で出くわしたとき、ロンはその男を撃った。その男が地面に倒れると、ロンは男の足を何度も何度も撃ち続けた。

その罪で捕まったロンは三年間服役したが、刑務所の中で彼は、警察に密告した者の殺害を計画していた。しかし運命の皮肉な巡り合わせによって、その密告者は毎日ロンの独房の前を歩く看守になっていたのだった。ロンはある特別な瞬間について語ってくれた。それは、独房の中で怒りに打ち震えながら、この殺人のサイクルを止めなければ、いずれ家族が皆殺しにされてしまうと気づいた瞬間だった。この突然の気づきは彼を変えた。刑務所を出ると、密告者に復讐する代わりに、テロリストをやめた。今、彼は紛争解決のために活動している。だから彼は、私たちの集まりに参加したのだった。

人々は自発的に変化し、持続可能な方法で世界に貢献するようになることがある。一度は力ずくで目的を果たそうとしたとしても、ほとんどの人が非暴力的な方法に転換できるのだ。

対立の炎にとどまる

自分が属している集団、さらには世界全体の命運は、自分や他者の内なるテロリズムとどう向き合うかにかかっている。ファシリテーターには、暴力的な緊張状態の取り組み方を示す機会が与えられているのだ。ファシリテーターは権威ある者として見られ、攻撃を受けやすい。あなたはテロリストを受け入れられるだろうか？　簡単なことではないが、もし自分自身が自由のために戦った経験を思い出すことができれば、それほど難しいことでもない。

ある会議で、私はある白人女性から「手を挙げていたのに無視された」と非難されたことがあった。彼女は私を脅かす強い口調で、私が自分の立場を彼女に対して乱用していると主張した。私は彼女の言葉に傷ついたが、私に立ち向かったときに見せた彼女の勇気を称えた。

私たちは部屋の中央に二人で座り、私は彼女に「手を挙げているのは見えなかったが、それでもそのときにあなたがどのように感じたかは理解できる」と言った。私は実際に、彼女に対して行使できるパワーを持っていたのだ。彼女は、そのとき議論されていた黒人と白人の問題にうんざりしていると答えた。それは自分とは関係ない問題だと感じていて、議論のテーマを変えたかったという。私は、彼女がグループの話し合いの外側に追いやられていると感じたことは理解できるが、残念にも感じていると答えた。私は自分の感情に従うことに決めた。

私は、自分はメインのファシリテーターの一人であり、その場では大きなパワーを持っているが、彼女に対しては無力感を抱いていると言った。このような特殊な集まりでなければ、彼女の考え方は世界で大きな力を持っていた。だから彼女のほうが私よりもパワーを持っているように感じるよ、と伝えた。人種差別は私にとっては大変重要なテーマだが、同じように他の人にも真剣に取り組んでもらえない自分の無力さを嘆くしかなかった。

そのとき、彼女は変化した。彼女は私の言おうとしていることを理解し、自分にも耳を傾けてもらえた感じがしたと言ったのだ。彼女は勇気と洞察力に満ちた女性だということがわかった。彼女は、私が内面と深く向き合うのを手伝ってくれた。そして私には彼女の助けが必要だと言い、実際に私の話に耳を傾けることで助けてくれた。それから、今度は私たちが、彼女が抱える問題に取り組んだ。私が挙手を無視したことに対する彼女の怒りは、私たちを結びつけてくれたのだ。攻撃、復讐、テロリズムは、人間関係の第一段階にすぎない。私たちはその後、長い間話し合った。私の彼女に対する第一印象は、とてもパワフルな女性というものだった。私は彼女を尊敬すると同時に怖れもした。しかし後に、私は彼女が社会変革についてのたくさんのアイデアを持った、素晴らしい教師であることを知った。私は対立の炎にとどまったからこそ、このような発見ができたのだ。

パンと尊厳――テロリストの基本目的

社会的に周縁化された人々が暴力に訴えるとき、その基本的な目的は、「パン」（経済的なサポート）や自由や尊厳を獲得することだ。それらは彼らが生き残るために必要なものである。彼らを「テロリスト」と呼ぶのは無益だ。攻撃の背後にあるメッセージを理解し、それを表現するよう促せるかどうかは、ファシリテーターであるあなた次第だ。彼らに、平和や正義やパンについて語ってもらおう。そうすれば、彼らの姿を「敵」から「盟友」に変えることができる。

なぜ自分が問題を起こしてしまうのかを、うまく説明できない生徒について想像してみよう。

あるいは、抱えている怒りや社会的な立場がはっきりとわからないテロリストに話しかける状況を想像してみよう。そのような場合、彼らに対して「あなたたちは、女性や黒人や若者といった、権利を奪われた人々の利益のために闘っているのではないでしょうか」と言葉をかけることが重要だ。あなたはファシリテーターとして、彼らの問題をオープンに扱うために、彼らを発見し、サポートしたいと思っている。その一つの方法は、あなたが自由を求める戦士から攻撃されている人たちの立場で話すのと同じように、自由を求める戦士たちの立場で話す許可も求めることだ。まず攻撃者へ、「あなたのメッセージを聞き取ろうと努力しています。しかし、あなたに負わされた苦痛から回復するには時間が必要です。さもなければ、私も復讐心に駆られてしまうでしょう」と、権威者の立場から言うといいかもしれない。

それから今度は、自由を求める戦士の立場から、「私があなたたち抑圧者全員を呼び集めたのは、今すぐこの問題を見直してもらうためです」と言うといいかもしれない。

たとえ両方の立場で語るプロセスが成功したとしても、テロリストからの感謝を期待してはいけない。また、攻撃されていた人々がテロリストの抱える問題に関心を示したとしても、必ずしもテロリストが攻撃をやめるとは限らない。彼らは関心だけでなく、行動を望んでいるのだ。社会的なパワーを持ちながら、テロリストが社会を変えるのを期待して怠惰に待っている人々に対して、自由を求める戦士たちは苛立っている。

あなたはテロリストに、主流派の人々はこのプロセスにおける自分たちのロールを理解していないのだと指摘しなければならないだろう。そして主流派の人々には、彼らが知らず知らずにやってきたことを償うために何ができるかを考えるべきだ、と指摘しなければならないだろう。

主流派の理解を促す

テロリストは、自分たちが他者に苦痛を与えていることを常に自覚しているわけではない。だから、そのことを非難しても無益だ。それどころか、彼らに他者の苦痛への理解を期待すると、問題を悪化させてしまう。そのような理解は、社会的に同じくらいのパワーを持つグループの間でしか成り立たない。テロリストが他者の苦しむ姿を見るとき、そこに無神経さや慢心、人種や若者や性別への差別意識を感じるかもしれない。彼らからすれば、他者の苦痛を感じ、それを理解することは、自分たちが享受できない贅沢である。彼らは、自分たちがいかに苦しめられてきたかを他者に理解してほしいのだ。テロリストは、周縁化された人々が苦しんでいる社会問題は、主流派には理解されないだろうと感じている。

このようなとき、まず主流派に自分たちの個人的な問題について考えてもらい、それからさらに、社会的に排除されたり少数派の立場にある人々が抱えている問題について想像してもらうのが役立つことがある。まずはあなた自身に起きた虐待の話を思い出してほしい。いかに主流派の人々から、主流派の人間として振る舞うように圧力をかけられたかを考えてみよう。そして次に、主流派でない人々がどのように感じているかを考えてみよう。

怒りを理解するために、歴史を思い出す

人々はまったく理由もなしに、頑固になったり、虐待的になったり、原理主義者になったりはしない。他者に対して虐待的に振る舞ってしまう個人やグループは、たいていひどく傷ついている。これは彼らのための弁解ではなく、社会的な文脈として確立していることだ。

今日のイスラエルの政治にまつわるユダヤ人どうしの対立について、第三者が思い出さなければならないのは、ホロコーストの歴史と、その痛みや苦しみに決着をつけなければならないことだ。アラブ人を抑圧してきたイスラエル人は、過去に受けた傷ゆえに盲目的な怒りから行動してしまうときがあることを思い出そう。現在のイスラエルが存在する前までは、ユダヤ人には母国がなかったことを思い出そう。また、アラブ諸国が欧米諸国からテロリズムについて非難されるとき、世界中でアラブ人が人種差別に苦しんでいることを思い出そう。

反ユダヤ主義者と思われるアメリカの黒人にも、同じような理解を示すべきだろう。ユダヤ人に対してときどき反発しているイスラム国家は、黒人のコミュニティに対して多くの支援をしてきたことを思い出そう。多くの虐待を受けて揺らいでいるイスラム国家は、他の少数派グループを攻撃することでしかその苦しみを埋め合わせられないということを思い出そう。黒人が白人と話し合うことを望んでいないように見えるとき、黒人たちには、絶え間ない抑圧や暴力や人種差別に耐えてきた歴史があることを思い出そう。

フェミニズムの問題で団結する女性たちは、何千年にもわたって虐げられてきたことを思い出そう。女性が男性に対して忍耐を失うとき、男性はもっと寛容さを示すべきだ。もちろん男性も苦しんでいる。しかし、白人男性は女性よりも全体的に社会的なパワーを持っているのだ。

また、世界中の少数民族が互いに対立するとき、そのほうが主流派に直接立ち向かうよりも安全であることを思い出そう。主流派に立ち向かうことは、唯一手元にある槍を空に向けて投げるようなものなのだ。

歴史を思い出そう。傷つけられてきた人々は、現在に至るまで、常に主流派を啓発しなければならなかったことを思い出そう。誰かがテロリストを理解すれば、私たちは全員が共に変容できるようになるのだ。

第7章　ファシリテーター自身が抱える虐待の問題

集団や大きな組織とワークするとき、ファシリテーターは、つかみどころのない感情、怖れ、怒り、麻痺のような感覚を体験する。それはグループ・プロセスを通じて、過去に起きた虐待の問題が浮かび上がってくるからだ。自分自身の心の動きをよりよく理解できるようになれば、あなたはもっと効果的なファシリテーターになって、以下のような振る舞いができるようになるだろう。

①　他者に対して敏感になる。
②　攻撃されてもショックを受けず、平常心を保っていられる。
③　場が荒れた状態に陥って参加者たちから自分たちを守ってほしいと頼られたときでも、落ち着きを保ち、安心感を与えられる。

さらに、自分がこれまでに体験してきた虐待を自覚することは、普段の健康状態にも関わってくる。つまり、病気を予防するために欠かせないことなのだ。誰にとっても、虐待の問題は健康に影響する。過去の対立がもたらした苦痛を抑圧していると、それは身体症状となって現れやすくなる。あるいは薬物に依存するようになり、ますます苦痛を抑圧してしまうかもしれない。過去の苦痛を抑圧することは、しばしば現在の苦痛を抑圧することにもなる。その結果、気丈な振りをしたり、過労に陥ったり、絶望したりすることで、過剰に代償を支払うことになるのだ。

虐待のワークは、犯罪の予防にも欠かせない。例えば、ティーンエイジャーが過去の傷を抑圧すると、簡単に落ち込んだり、不機嫌になったり、怒りやすくなったりする。彼らは、世界はあまりにも巨大で残酷なので、自分は良い人生を送れないのではないかと考えてしまう。だから、この不公正に暴力で応じるのだ。

すべての側面に対して敏感であること

先日行った大企業のファシリテーター向けのトレーニングで明らかになったのは、あるファシリテーター自身が抱える虐待の問題が、職場での仕事に影響していることだった。その女性は、ある企業で組織開発のアドバイザーとして勤務していた。彼女は、解雇される前にその会社で行った仕事を録画したビデオテープを持ってきていた。私たちは一緒にビデオテープを観た。ビデオには対立の様子が収められていたが、ある秘書の男性がその上司である経営幹部の女性に抗議するたびに、ファシリテーターである彼女がかすかに微笑んでいることに私は気がついた。その幹部の女性は、ファシリテーターと秘書の両者をクビにすると脅していた。私には、その秘書は役に立つ素晴らしいアイデアを提案しているように見えた。しかしなぜこのファシリテーターは、幹部が攻撃されるときに微笑んでいたのだろうか？

それを確認するために私は、「これから自由に微笑んでみてくれませんか？　そして何について微笑んでいたのか考えてみてください」と言った。

彼女は自分自身をよりよく理解するために、この提案を歓迎した。しばらくして彼女は恥ずかしそうに、その幹部は女性だが、嫌いだった父親を思い出させると述べた。それから子ども時代の恐ろしい虐待の話を語ってくれた。彼女は、幹部が父親でないことはわかるが、何らかの理由で二人を切り離して考えられないと言った。

私は、要するにその幹部は、民主的とはいえない組織の上司であり、そのことだけでも、あなたが抱える虐待の問題を思い起こさせるには十分なのではないか、と指摘した。彼女は、私の洞察は役立ったと言ったが、過去の出来事によって今も悩まされていると訴えた。そこで私たちは、すでに彼女が仕事を辞めさせられていたこともあり、主にインナーワークに焦点を当てることにした。それは将来の対立を扱う場において、あらゆる側面を敏感に察知できるようになるために役立つはずだ。

第一段階——怖れや無感覚を撃退する

紛争地域に住んでいる、あるいはそこで働いているほとんどの人は、そこにある状況全体から虐待を受けているようなものだ。人々は無感覚になり、あるいはいつも怒りを募らせるようになる。それが苦痛から自分を守る唯一の手段だからだ。ベルファストやベイルートが世界で唯一の紛争地域ではない。ほぼすべての家庭にも対立は存在する。私たちの多くは「安全地帯」、つまり対立のない居場所を知らないままに育ってきた。それにより、苦しみ、落ち込み、抑圧され、無感覚になってきたのだ。こうしてテロリスト予備軍ができあがるのである。

ワールドワーカーならほぼ間違いなく、社会的もしくは個人的な抑圧から回復しつつあるはずだ。もしそうでないなら、抑圧というテーマにこれほど惹かれてファシリテーターを目指そうとは思わなかっただろう。同様に多くの心理療法の専門家も、自分の傷を癒やしつつある。自分自身の痛みや苦しみの中を通り抜けることは、世界を変えるために不可欠な、そしておそらく最高の準備なのだ。

インナーワークで最初に学ぶのは、いつそれが必要になるかに気づくことだ。まったく何も感じないとき、あるいは怖れや苦痛を感じるときに注目してみよう。そういう状態は、内面の何かや外部のテロリストから受けた攻撃のどちらか、あるいは両方によって気が動転していることを示す強い証拠だ。攻撃を受けると、さらなる苦痛から自分を守るために感覚が麻痺してしまうのである。攻撃者自身も、虐待や抑圧を受けてきた経験から麻痺状態になっているかもしれず、それによって彼らは他者の状況を敏感に察知できなくなっている。かつて生き抜くために攻撃を感じないよう身につけた麻痺状態が、今度は自分を攻撃に対して盲目にさせ、虐待を助長してしまうのだ。その麻痺状態を放っておくと、無自覚にテロリズムを永続させてしまう。

もし怖れや麻痺状態に気づいたなら、それに注目し続けてみよう。自分自身の感情を、自分に感じさせてあげよう。「このうちどのくらいが他者によるもので、どのくらいが自分によるものだろうか？」と問いかけてみよう。この問いかけをせずに麻痺したままでいれば、外部の状況に対して考えなしに反応してしまうことになるだろう。そうして、他者を自分の敵、悪い奴だと思い込んでしまうことになるのだ。テロリストであれ、主流派であれ、ファシリテーターであれ、私たちの多くは対立に長くは耐えられないので、相手に「悪い奴」という名称を与えることで自分を守ろうとする。物事は善いか悪いか、原因は正しいか間違っているかで、相手の道徳的な立場を両極化させて拙速に決めつけてしまう。そのような大雑把な判断で嫌いな相手を丸々覆うことで、私たちは嫌いな相手の個性について悩まずに済ませるのだ。

テロリストの怒りや脅しに直面した主流派は、このような抑圧手段に訴え、一方のテロリストたちはますます頑なになって妥協することなく現状に反発する。そうしてあっという間に、誰の考えも単純化された道徳論のようになってしまうのだ。ファシリテーターの仕事は、すべての人に対して敏感になり、それぞれの区別をつけ、人々が自分の感情を正確に表現できるように細やかな支援をすることである。

虐待とPTSD

二度の世界大戦の兵士たちは、戦闘中にあまりにも多くの暴力と虐待を目撃したため、帰国したときには麻痺状態になっていた。この症状は医学的には「砲弾ショック」と呼ばれた。兵士たちは退役して市民生活に戻ったあと、不安、苛立ち、抑うつの状態にあった。後にこの状態は「戦争神経症」と呼ばれるようになり、今日では「心的外傷後ストレス障害（PTSD）」と呼ばれている。

銃撃や他者の攻撃行動を目の当たりにした経験を思い出してショック状態になると、瞳孔が大きく開く。あごががくんと落ちて口が開き、やがてきつく食いしばる。震えが来て、胃や胸部が痙攣（けいれん）し、息ができなくなることもある。目撃したことに背を向け、忘れようとする。その後、自分の経験を抑え込もうとする。次の段階に進行すると、繰り返し思い出さずにはいられなくなり、思考と幻想に取りつかれ、自分が解決できない状況の悪夢にうなされることになる。

PTSDは、戦争体験がある人のみに起きることではない。解決できなかった過去の問題を思い出す状況であればどんなものでも、苦痛から身を守るために忘れていた記憶が呼び戻され、不安や抑うつをもたらす可能性がある。女性の権利運動が行った虐待の歴史研究によって、女性たち自身や彼女たちの苦しみがいかにフロイトや他の精神分析の分野で無視されてきたかが、一般の人々に認識されるようになった。「ヒステリー」と診断された女性たちは後に、自身の家庭で虐待を受け、傷つけられたショックによって苦しんでいることが判明した。ジュディス・ハーマン著の『心的外傷と回復』★では、虐待問題の歴史や、その歴史が女性の権利運動や現代の心理学理論とどう関連しているのかが語られている。

女性の作家たちは、私たちの社会における子どもの虐待についても明らかにしてきた。フローレンス・ラッシュの『最もよく守られた秘密』★とウェンディー・モルツの『セクシャル・ヒーリング・ジャーニー』★を特におすすめする。これらの本は、子どもへの性的虐待がほとんど伝染病のように蔓延していることを示す研究結果を紹介している。

虐待を内的な問題としてしか扱えない精神医学

主流派の精神医学は、テロリズムを社会的な不公平に由来するものではなく内的な問題が表出したものだと捉えているが、それと同様に虐待にまつわる社会問題もほとんど無視してきた。虐待についての研究の多くは、フロイトやユングの考え方を踏襲している。彼らは虐待を、空想、願望充足、幼児期の性的傾向の投影として捉えたり、あるいは、解釈の対象である神話的、元型的なイメージを内包した夢の素材として扱ったりしたのだ。

現代の心理療法の専門家は、虐待の破壊的な影響に以前よりも注意を払っているかもしれないが、彼らはしばしば社会的な圧力に屈服している。多くの心理療法家は、虐待を内的な問題としてしか捉えず、外的な状況は内的体験を引き起こす空想であると信じている。心理療法は現在に

★『心的外傷と回復』ジュディス・L. ハーマン 著、中井久夫訳、みすず書房、1996 年

★ 未訳。Rush, Florence. *The Best Kept Secret: Sexual Abuse of Children*. NY: McGraw-Hill, 1981.

★ 未訳。Maltz, Wendy. *The Sexual Healing Journey: A Guide for Survivors of Sexual Abuse*. NY: Harper & Row, 1992.

至るまで、虐待に苦しむ人々がインナーワークをすることも、さらなる虐待を予防する社会的な活動のために世間へ出ることも支援してこなかった。

心理療法の中には、例えば宗教的な教えに従って、自分を虐待した相手を許すよう促すものもある。もちろん許すときが来ることもないわけではないが、そのように虐待の問題を軽率に扱うことで、当の本人が虐待を許すだけでなく、虐待を忘れてしまうことにもなる。忘却によって、自らの苦痛に対して麻痺し、さらなる危険を避けるために必要な手段をとれなくなる。忘却は、レイプ、殴打、ハラスメント、人種差別、年齢差別、性差別、同性愛嫌悪などのあらゆる虐待を支えてしまうことになるのだ。

虐待の定義

私は虐待を「身体的、心理的、社会的に同等なパワーを持たないために自分を守ることができない人に対して、これらのパワーを不公正な形で使用すること」と定義する。プロセスや関係性が虐待的かどうかは、集団や個人が自分には自分を守る力があると感じているかどうかによる。その基準は文化によって異なる。大切なのは、状況が虐待的かどうかを問いかけてみることだ。それが、人権、公民権、公正さ、民主主義の感覚を高めるのだ。虐待に関する法的な判決はたいていが遅すぎるし、人と人の関係に対して私たち個人が持つべき責任感を低下させてしまうものばかりである。

身体的な強さや社会的なパワーを不公正な形であからさまに乱用するような虐待は、とくに目に見えやすい。しかし、破壊的でありながら、より見えづらいタイプの虐待もある。例えば、からかったり、恥をかかせたり、軽蔑したり、真似て馬鹿にしたりすることなどだ。教師は子どもたちを見下すことがある。路上で、私たちは自分とは違う人をじっと見てしまう。また私たちは、周囲の人たちが抱える苦痛を無視することで、虐待的になっている場合もある。虐待的な出来事を目撃していながら、それを止めるために自分のパワーを使わないことで、密かに他者を虐待しているのだ。

虐待の文化的側面

大切なのは、虐待が起こる社会的、文化的、心理的な環境に注目することだ。どのような社会的なパワーが関係しているだろうか？　人間関係について、その文化ではどんな考え方が主流だろうか？　関係者の心理的な状態はどうだろうか？

何を虐待と捉えるかは文化によって異なるため、多文化の人々が集まる場では誤解が生じることがある。ある文化の人は、他の文化の人がなぜ「ほんのちょっとしたこと」で傷つくのか理解できず、逆に後者は、前者がどうしてそこまで鈍感になれるのだろうかと不可解に思うのだ。

例えば、表現が豊かで、力強いコミュニケーションを支持する文化の人は、なぜ他の文化の人が、公の場で「おだやかに」批判されただけで屈辱に感じるのかを理解できないだろう。

同様に、自分が話す言語が重視される文化の主流派の人は、言葉になまりを持つ人や母語を禁じられてきた人に対して虐待的であることを、ほとんど理解していない。例えば、アメリカ先住民や、移民や、アメリカに強制連行されてきたアフリカ人たちが英語を話すことを強いられ、母語を話すと罰せられてきた歴史を覚えている英語話者のアメリカ人など、滅多にいないのだ。

内面化された抑圧

見えやすい虐待、見えづらい虐待、あるいは制度的な虐待から自分を守ることができない場合、知らず知らずのうちに攻撃者を内面化し、彼らの考え方を取り入れ、批判を受け入れてしまうことがある。自分でも理由がわからないままに、自らを卑下し、抑圧し、最終的には自分には価値がないと感じる。しばらくすると、もはや自分自身についての否定的な考えに気づくことさえなくなり、ただ単に、生きていてもしかたがないと感じるようになる。ときには自殺さえ考えるようになるだろう。

内面化された被支配感、無価値感、抑うつ感は、抑圧行為を自覚していない政府のもとで、不公正を感じる文化に住み続けなければならないことによって悪化する。アルバニー医科大学にいる私の兄カール・ミンデルの研究によれば、ＰＴＳＤと、長期間にわたって恥をかかされたりけなされたりすることによる影響には類似点があるという。私はその実績に感謝している。[1]

私の見立てでは、どんな形でも長期的な虐待は、ＰＴＳＤのような症状を引き起こす。『アメリカ医学会医学事典』★では、慢性的な虐待によって引き起こされる症状を以下のように列挙している。[2]

①　将来起こるかもしれない地震、暴動、レイプ、拷問、戦闘などの出来事によって傷つけられることに対する不安
②　危険な出来事についての記憶や夢が繰り返されること
③　孤独感
④　睡眠と集中の乱れ
⑤　行動の硬直化と感情の鈍化
⑥　人間関係に対する継続的な羞恥心や罪悪感
⑦　抑うつ
⑧　身体症状

孤独感は、他者への怖れや、恥をかかされるのではないかという絶え間ない恐怖と関連していると思われる。感情の鈍化は、悲しみや苦痛をもたらすものに反応しないことを意味する。それはときに、アルコールや麻薬によって助長される。身体症状には、耳や喉の慢性的な痛み、性的あるいは性器に関する問題、皮膚の病、背中の慢性的な痛みなどがあるだろう。慢性的な虐待の徴候には他にも、公の場面から離れて引きこもることや、問題に対して立ち上がったり声をあげ

★ 未訳。*American Medical Association Encyclopedia of Medicine*. NY: Random House, 1989.

たりすることへの怖れがある。

虐待に対する不安から、パニックを引き起こす夢や悲しい記憶がもたらされるかもしれない。抑うつ、すなわち朝起きたくない気持ちや日中の疲弊感は、しばしば過去の痛ましい出来事と関連している。混乱、記憶喪失、思考停止、頭がぼんやりする、突然物事がはっきりしなくなる、どこに向かっているのかわからなくなる、過去を思い出せない、といったことも虐待体験の後遺症だ。最終的には、復讐心――絶え間なく苛立っている状態――がしばしば虐待された歴史に向けられることになる。

二人で行う虐待のワーク

集団を相手にファシリテーションをする人で、特に前述の症状に複数当てはまっているなら、以下のエクササイズを行うことを考えてみてほしい。このエクササイズは個人的な虐待体験を明らかにするだけでなく、社会的な活動を促しリーダーシップの能力を高めることにもつながるものだ。ただし、このエクササイズが単なるプログラムではないことを念頭に置いてほしい。一人ひとりは異なった個性を持つため、すべての問題を解決できるような定型の手順はないのだ。

自分のことを虐待の「犠牲者」や「サバイバー（生存者）」だと考えないでほしい。非プロセス指向の心療では、病理的な診断を重んじる。そのような診断は有効なこともあるが、例えば「専門家」の意見や診断から自分を守るのに苦労した経験を持つ人に対しては、意図せずして虐待的にもなりうる。

このあと掲載したインタビューは、一人、一対一、あるいはグループでも実施できる。特に、社会変革に関心を持つグループには適しているだろう。数時間かかることもあり、一回では終わらないはずだ。

インタビューする側は、虐待を受けた人たちは自分自身を守れない状況にあったことを、念頭に置いておく必要がある。相手は自分の内なる感情と向き合わず、楽しそうに振る舞ってあなたを喜ばせようとするかもしれない。そのときも、過去の出来事を思い出すように強要してはならない。相手にインタビューをリードしてもらおう。急いではいけない。「今」にじっくり時間をかけることで、後にかかる時間を短くできるのだ。痛みに満ちた問題に喜んで立ち戻りたい人はほとんどいない、と覚えておこう。感情を抑圧することは不快だが、たいていは過去を思い出すことよりも痛みは少ない。今現在に集中して、今日をうまくやり過ごすことのほうが重要なため、過去について考えたくない人たちもいるのだ。また私たちは、聞き手が自分と似たような問題を経験していないのではないか、あるいは解決は不可能ではないか、と感じている場合にも、過去の困難について話すことに抵抗するものだ。ファシリテーターとしてのスキルや思いやりは、学習だけでなく、実際に自分自身と向き合う経験から育まれるのだ。

これから、インタビューを受ける人が女性という設定で内容を説明しよう。

Exercise

虐待を扱うインタビュー

① **話し手に、過去の虐待の問題を話すことに対して十分な安心感を持てているか尋ねよう。**彼女があなたとの時間をくつろげるように、ゆっくり時間をかけてほしい。居心地のよさを感じるために何が必要か、彼女に尋ねてみよう。共感しながら聞いてもらっていると感じない限り、誰も深い問題について話そうとは思わない。あなた自身も居心地よくなるようにしよう。落ち着くためには何が必要だろうか？

② 二人とも居心地がよくなったら、話し手に尋ねてみよう。**最初に見下されたのはいつでしたか？** 恥ずかしい思いをさせられたのは？ 劣等感を抱かされたのは？ あなたが自分を守ることができないような他者から、初めて物理的に強引な行動をされたのはいつでしたか？

これらのうち、どの質問が最も強い反応を引き起こしただろうか。

ファシリテーターとして覚えておくべきなのは、虐待を経験したほとんどの人が、自身の痛みを無視するように自分を訓練してしまっていることだ。相手は、これらの困難な質問に回答することに対するためらいすら抑え込んだり、虐待に関わる問題を取るに足らないものだと無視したり、何も問題はない、それらはすべて無意味だと主張したりする。

　話し手がどのように自身の物語を始めるかに注目しよう。もし口ごもったり、せき払いをしたり、視線をそらしたり、話を思い出せないようであれば、あるいは「過去について話したいと思います」と言いつつも話す前にためらっているようであれば、彼女に「私もまだ話を聞く準備ができていないかもしれない」と伝えるといいだろう。早く進めすぎたり、話す準備ができていない人を急かしてしまったりすると、相手が自分を守れないような力を押しつけて、虐待的な状況を意図せず再現してしまうことになる。

　ためらいを大切にするように彼女に伝え、タイミングは適切か、彼女があなたを信頼できているかを確認しよう。

③

自分も話し手も問題に焦点を当てる準備ができたら、次のような質問をしてみよう。

　虐待される前のあなたはどんな人だったか、思い出したり想像したりできますか？
そのときのあなたはいくつでしたか？　周りからはどんな人に見えますか？　虐待のない人生はどんな感じでしたか？　傷つく前からあったあなたの一部は、現在もあなたの中に生きていますか？　今のあなたから、一部である彼女はどんな人に見えますか？　彼女はあなたの人生にどのように現れていますか？

④ **話し手に、虐待の場面を一つだけ選んで思い出してもらおう。**もし思い出すことができなければ、次のように伝えよう。誰であっても、苦痛に満ちた子ども時代を過ごしたことや、自分は深く苦しんでいるのに周りの人たちが何も問題ないように振る舞っていたことが原因で、何も思い出せないのは当然ですよ、と。そして自分のことでなくても、彼女が見たことのある、他者が苦しんでいる虐待の状況を思い出せるかを尋ねてみよう。彼女が完全に合意しない限り、彼女の過去にさらに踏み込んではならない。

⑤ あなたも話し手も準備ができたなら、**詳しく彼女の物語を語ってもらおう。**誰が関わっていましたか？　その虐待はどんな場所でも行われましたか？　それともある特定の場所に限られていましたか？　何がそれを引き起こしていたように思えますか？　虐待のあとには何が起こりましたか？

ストーリーテリング（物語ること）は、先住民族の人々がとても大切にしてきた癒やしの儀式だが、私たちにとっても子ども時代から健全な人生の一部であったはずだ。しかし、大人になる勇気を得るために、あなたは自分の物語を抑圧してきた可能性がある。今のあなたの人生に欠けているものが何であれ、それを過去の物語の中で取り戻せるかもしれない。

虐待の物語は特に痛みが大きく、話すのが難しい。そのため、良い聞き手が必要だ。ただの壁に向かって語りたい人はいないだろう。良い聞き手の態度とは、痛ましい状況について率直に話しても大丈夫だ、痛みを抱えている状況において他者に助けを求めても大丈夫だ、ということを示すものだ。良い聞き手はまた、自分が話し手の味方であることも伝える。虐待が起きたとき、話し手は孤独を感じていたかもしれないが、ファシリテーターは今、その孤独感を打ち破ることを手伝えるのだ。

あなたの話し手は、例えば人種差別のような、彼女が受けた虐待の一部があまりにもわかりやすいものなので、あえて説明する必要はないと感じているかもしれない。もし彼女が、あなたはそのことを何も知らないと感じたら、彼女はあなたを怒るだろう。

彼女は自分の話が恥ずかしいもの、あるいは悪いものだと感じるかもしれない。もしそれを話したら、あなたが彼女のことを信じないのではないか、悪くすれば、虐待がもう一度最初から繰り返されるのではと、彼女は恐れるかもしれない。あるいは彼女は何も感じず、なぜその話をしているのかさえ見失うかもしれない。

もしあなたが彼女を物語の深みへうまくいざなうことができれば、彼女は自分でも気づいていなかった感情を突然発見するかもしれない。ファシリテーターとして大切なのは、そのような虐待について多くの事前知識を持っているかどうかが重要なのではないと覚えておくことだ。あなたには虐待について本が書けるほどの知識があるかもしれないが、話し手はそれでもなお、自分の経験を表現することを必要としているのだ。良いファシリテーターは、何度も何度も穏やかに相手を導く。「話してみてください。すべて話してみてください。あなたが知っていることを、知っているすべてのことを、たとえ困難な事柄であっても話してください。それは私にとって重要なことなのです」といった具合に。

⑥ 物語が語られたら、**感情に目を向ける時間をとろう。物語の中で、彼女がためらったり、恥ずかしがったり、当惑した瞬間があったら、やさしく彼女の注意をそこに向けてほしい。**それらの瞬間の背後に、まだ語られていない物語があるかどうかを探ってみよう。

ときには、物語の全体を話すのに数カ月かかることがある。話し手がその苦痛とのつながりを失っているからだ。すべての感情が吐き出されるまで、その苦痛について語るよう繰り返し励まそう。早計にこのプロセスを終わらせて、分析を始めてはならない。あなたの話し手は、日々の生活を価値あるものにするために、感情をしっかりと体験する必要があるのだ。感情を解放することで、彼女が心因性の症状を抱えていればそれも和らぐかもしれない。

⑦ **欠けている真実や神話を見つけよう。**語り手に、物語に関連する記憶のあいまいな部分について想像し、空想し、自分が明確にわかっている以上のことを語ってもらえな

いかと伝えよう。彼女は、自分の想像は異常で非現実的だと考えるかもしれない。もしかしたら、彼女の周りの人たちが情報を隠したために、彼女は何が事実で何が空想なのかを区別できないのかもしれない。しかし、彼女の物語は本人にとっての現実なのだから、あなたはそれを現実として捉えなければならない。完全な真実に至るために、彼女は普段の思考を逆転させる必要がある。欠けている真実を語るために、起きた出来事に対して夢を見るように深く入り込まなければならないのだ。ぼんやりとした記憶をたどるにつれ、彼女は起きた出来事の見えない側面、すなわち、当時は現れなかったが確かに存在していたものについて表現するようになる。

その一例として、重度の吃音（きつおん）の相談で私を訪ねてきた女性のことを話したい。虐待された経験があるかと私が尋ねると、彼女は自分は幸せな子どもだったと語った。しかしその後、彼女はためらいながら、事実かどうか確かではないが、父親が彼女を叩いているときに母親が笑っていた記憶があるようだと述べたのだ。それから彼女は父親の虐待的な面について語った。私との面会のしばらくあとに、彼女は父親と直接話す勇気を得たが、父親はだいぶ前に亡くなっていたので、彼女は彼との対話を空想の中で行った。

空想を通してであっても、真実にたどり着くことはできる。空想の中で父親と対話することによって、この女性は、母親が自分を嫌っていたために横で笑っていたことを発見したのだ。

その後、彼女が母親にこれが真実であるかを尋ねると、母親は、子どもを産むのは苦痛であったことや、夫に可愛がられる娘に嫉妬していたことを告白した。母親は、夫が子どもを虐待していたとき、見て見ぬ振りをして喜んでいたのだ。母親と娘は過去の苦痛について言い争い、泣いた。そうして彼女の吃音は軽減したのだった。

彼女は受けていた支配を内面化してしまい、過去についての感情を持つことに対してさえ、いわば自分自身を叩いていたのだ。彼女は父親から受けた仕打ちと同じように自分を卑下し、恐怖で口ごもるようになってしまった。そして、母親と同じように「見て見ぬふり」をしようとしてきた。自己嫌悪に陥り、自分の感情を忘れ、すべてを忘れたいと望んだのだ。しかし、吃音は彼女が問題を抱えていることの証拠だった。幸いにも、彼女は自己嫌悪に怒りを覚え、自分を誇りに思うようになって変わっていった。

話し手が、自分の症状にまつわる物語や神話を生み出せるように、手助けをしよう。それによって、人生における隠された、あるいは欠けている真実を、彼女は見つけられるようになるだろう。彼女にこう伝えるのだ。「その場面に入り込んで空想を膨らませてください。現実についてはあとで話しましょう」

⑧ 話し手に尋ねてみよう。**あなたの苦痛や傷を無視した目撃者は誰ですか？** 介入しなかった第三者は誰ですか？

虐待の物語には、深刻な社会的意味がある。なぜなら、環境、家族の関係性、教育システム、そして地域社会はすべて、あらゆる虐待の状況に関連しているからだ。たとえ虐待が密かに家族の中で行われていたとしてもである。一方の親が虐待的であったとき、もう一方の親はどうしていたのだろうか？　両方の親が虐待的であったとき、親戚や、他の子どもたちや、近所の人や、学校の教師たちはどうしていたのだろうか？　同じ学校の子どもたちが虐待的であったとき、教師や両親はどうしていたのだろうか？　学校が虐待的であったとき、家族はどうしていたのだろうか？　街全体が虐待的であったとき、政府はどうしていたのだろうか？　政府全体が虐待的であったとき、世界の他の国々はどうしていたのだろうか？　世界全体が虐待的であったとき、神はどうしていたのだろうか？　私たちの文化は、どのような社会をつくりあげてきたのだろうか？

目撃者について尋ねることで、彼女は自分がもっとうまくやるべきだったという感情から解放されるだろう。起こった出来事に対して他の人にも責任があるということに、彼女が気づく助けになるからだ。私たちはみんな、起こっていることに対する責任を共有している。消極的な目撃者は共謀者だ。あなたが傷ついていたとき、積極的に行動できたはずの目撃者は誰だったかと、尋ねてみよう。

彼女に準備ができたら、目撃者たちを一堂に集めて話をすることを勧めよう。休日、葬儀、出産や結婚などの際に、家族の儀式的な機会をつくるのだ。親戚に対して次のことを聞いてみるよう、彼女に言ってみよう。私が虐待されていた時、みなさんはどうしていたのですか？　自分自身や他者の人生に介入することを、今日から始めてほしいのです。何があなたたちにとって問題だったのでしょうか？　なぜあなたたちは助けてくれなかったのですか？　私がいかに苦しんでいたか、気づいていなかったのですか？　目を覚まして、虐待を止めましょう！

⑨

話し手に尋ねてみよう。**あなたに対してパワーはどのように乱用されましたか？** その虐待では、社会的、心理的、あるいはスピリチュアルなランクは、どのような役割を果たしていましたか？　直接的、間接的な脅威はありましたか？　虐待者を特定できますか？　虐待者は正気を失っていましたか？　自分自身を守ることができない、あるいは危険な状況でしたか？　もしあなたが真実を話したら、誰かの愛や関心を失う怖れがありましたか？　どのような点であなたは虐待者（たち）に依存していましたか？　あなたはこの依存を今でも感じますか？　その依存の感覚は、あなたが物語るのが困難である理由の一つですか？

あなたの若さ、コミュニティでの立場、あるいは肉体的強さの欠如が不利に働きましたか？　虐待の話は、ときにあなたが自分自身について語ることを恐れる理由の一つになっていますか？　今でも他の人が怖いですか？　中傷やゴシップに対して自分を守ることができない状況でしたか？　コミュニティからの圧力は関係していましたか？　神の愛を失う脅威、キリスト教、ユダヤ教、イスラム教の宗教施設からの保護を失う脅威、あるいはスピリチュアルなコミュニティで得られる安全を失う脅威といった、目には見えづらいパワーが関係していたでしょうか？

コミュニティから追い出される脅威はありましたか？　人種差別、性差別、同性愛嫌悪、年齢差別、反ユダヤ主義、あるいは障害に対する偏見は存在しましたか？　超自然的な現象は関係していましたか？

虐待を体験した人にとっては、パワーがどのように使われたから自分自身を守れなくなったのかを理解することが重要だ。他の人が彼女に対してどれほどのパワーを使ったのかを理解しないと、彼女は起きたことを自分の責任だと感じかねないだろう。

⑩語り手に尋ねてみよう。**もし似たような虐待を目撃したら、今のあなたはどうしますか？**

彼女のプロセスに従おう。語り手は自身の物語について時間をかけて考えている。あなたは話を先に進めたいかもしれないが、自分たちが置かれている状況を見定めなければならない。

現実生活において、彼女が虐待者や目撃者と対峙することができるかどうかを尋ねてみよう。彼女はそれを一人でできるだろうか？　それとも、友人やあなた、あるいはグループやコミュニティからのサポートを必要としているだろうか？　彼女は、周りの人やその子どもたちへの虐待を防ぐために、人々がこの問題にもっと敏感になるような社会的な活動に取り組んでみたいと思っているだろうか？

もしかしたら、彼女は自分自身についてさらにワークをする必要があるかもしれない。例えば物語にもう一度戻り、別の登場人物のロールを演じながら語るということをやってみたいと思うかもしれない。物語が再度語られるなかで、虐待者のロールを演じることには多大なエネルギーが要ることを発見するかもしれない。多くの場合、欠けているパワーは虐待者に投影されることになる。彼女は、虐待者のように残忍、権威的、あるいは乱暴な人間には決してならないと心に決めていただろう。しかし、虐待者が持つその強いエネルギーは、まさに今日の彼女が必要とするものかもしれないのだ。意識的に使われるなら、そのエネルギーは奇跡を起こすだろう。

あるいは、彼女は自分がかろうじて認めていた以上に、実は自分が虐待者に似ていることを突然発見するかもしれない。例えば、どちらも復讐を望んでいる、というように。

彼女の物語は、今日の彼女の人生について、何を説明しているだろう？　どんな種類の人や組織を、彼女は避けているだろうか？　自分自身や他人に対して、彼女はどのように虐待的だろうか？　個人的な関係性において、彼女は自分が犠牲者や虐待者のように感じたことがあるだろうか？　世界に対して彼女がどんな形の関心を抱くかについて、彼女の物語はどのように説明しているだろう？

⑪

虐待の物語を、現在の身体症状と関連づけよう。彼女には、自分の身体で傷ついていると感じる部位があるだろうか？　それは彼女が語る虐待の物語とどのように関連しているか？　その虐待が彼女を身体的に傷つけた可能性はあるか？　その部位について、彼女はどのような空想や心配を抱いているだろう？

喉や声、目や肌などに問題があれば、その症状は彼女が表現したくてもできないことの現れかもしれない。しびれ、摂食障害、吐き気、食べ物の飲み込みづらさ、食欲不振は、身体的、心理的な虐待と関連していることも多い。不感症あるいは過剰な興奮といった性的な問題、鼠径部（そけいぶ）や胸の痛み、心臓の痛みなども、虐待と関連して起こる多くの症状の一部だ。また、婦人科や泌尿器科に関わる問題も、しばしば虐待の問題と関連して起こる。

それらの症状を感じていくと、虐待経験を癒やすのに大きな助けとなりうるような、反応や感情、自分を守る行為や何かへの導きが見えてくる。彼女が身体の特定の部位に症状があるかもしれないと感じたり、想像したりするなら、それに注意を向け、耳を傾け、感じ、思いやりを持って気を配るよう彼女に伝えよう。必要なら、痛みを扱う専門家である医師やボディワーカーを紹介するといいだろう。私の著書『ドリームボディ・ワーク』★や『自分さがしの瞑想』★がいくらか助けになるかもしれない。

医療の専門家やボディワーカーを紹介するときは、「そこに行くと虐待の問題に関するさまざまなことが再燃してしまうのではないか」と彼女が感じるかどうかに注意

★『ドリームボディ・ワーク』アーノルド・ミンデル著、高岡よし子、伊藤雄二郎訳、春秋社、1994年

★『自分さがしの瞑想』アーノルド・ミンデル著、手塚郁恵、高尾受良訳、地湧社、1997年

を払おう。私は世界中の何百という人々と、彼らが抱える身体や心身的な症状についてのワークをしてきた。経験上、それらの症状の四分の一は虐待の物語と関連していたと思われる。

⑫ **彼女の物語における社会的な側面は何だろうか？** 虐待者は何かに嫉妬していたのか、狂っていたのか、あるいはただ愚かなだけだったのだろうか？ 誰が彼らに、彼女を傷つける自由を与えたのか？ 虐待者は何歳だったのか？ 彼らは自分の過去の何かに対して復讐しようとしていたのだろうか？ 彼らは彼女と同じ文化に属する人間だったのか？ それとも、他の文化の人間だったか？ 虐待行為において、ジェンダー、人種、あるいは宗教が関わっていたとすれば、それはどのような役割を果たしていたのか？ 彼らの行為を支持した責任は誰にあるのか？ 残忍な人物に影響を受けたのだろうか？ そのとき世界では何が起こっていたのだろう？

話し手が個人的なワークに取り組むとき、そこに社会的な活動がともなわなければ、不完全なままになってしまうだろう。心理的なインナーワークは、虐待を広げないために、社会的な活動の重要性を強調しなければならない。私の義姉パール・ミンデルは、以前ジンバブエに赴任していたときにアフリカのシャーマンから助言を受けたが、そこには西洋の心理療法が学ぶべきことが多くある。そのシャーマンは彼女に、家に戻ったら、家族の女性を子どもから大人まで全員集めて、自分たちが持つ女性としてのパワーがどこへ行ってしまったのかについて話し合うことで、彼女自身の女性としてのパワーを取り戻すようにと言ったのだ。

このアフリカのヒーラー（治療者）は、個人的に抱える虐待の問題が集団の問題であることを理解していた。女性たちあるいは男性たち、家族全員や、異なる文化の人々をみんな集めて、コミュニティの力を取り戻し、虐待について考え、何をすべきかを決めよう。

社会的な観点から見ると、個人的な虐待が起こる原因には、家族や文化によって許容されてきた私たちの人間関係のあり方がある。多くの場合そこには、何が起こっているかについてのアウェアネスがなく、虐待を止めようとする赤信号が発せられないのだ。「気をつけて、それは人を傷つけるよ」という赤信号が発せられるとき、「さぁ、私たちみんなが目覚めて傷や怒りやパワーに気づき、前に進むときだ」という青信号も同時に発せられるだろう。

自身が抱える虐待の問題に、内側からも外側からも取り組むことによって、歴史の新しい局面を開くことができる。そこで私たちはみんなが自覚を高めながら、共に文化をつくりあげるのだ。

第8章　公然の虐待と、自分の声を見出すこと

公然（パブリック）の虐待には、密か（プライベート）な虐待と同じ特徴がいくつかある。しかし、密かな虐待が人目につかず、沈黙に覆い隠されているのに対して、公然の虐待は非常に多くの人々に目撃される公の場所で行われる。公然の虐待は政策によって支持されており、また政策から生み出されることすらある。

公然の虐待の形式は、露骨なものから微細なものまで、あるいは計画的なものから不注意な行為まで、さまざまだ。それらはすべて、自分を守れない人々を侵害する。その多様な形式の極端な例として、奴隷制、拷問、公開死刑などがある。一方の目立たない例としては、経済的・社会的な人権侵害などがあるが、それらは容認され、虐待として認識されていない。

市民の自由を守ることを主張する民主国家においてさえ、その政治や外交政策が、人種差別や性差別などの偏見によって個人の権利を侵害することがある。そこに住む人々は、法律の観点からすれば理論的には平等かもしれないが、主流派のパワーを持つ多数派が存在することを考慮すると、決して平等とはいえない。

ランクへの無自覚がどれほど日常的に不平等を続々と生み出しているのか、それを人々に気づ

かせるようなものであれば、その公共政策は虐待的なものではなくなっていくだろう。その最初の効果として、集団に加わることへの恐怖、麻痺状態、抑うつ、暴力性のような、公然の虐待を経験した人々が持つ症状を、人々は自覚するようになるだろう。

　蔓延する虐待について、責任は誰にあるのだろうか？　ＦＢＩ（連邦捜査局）の統計によると、アメリカでは、一七秒ごとに誰かが暴行を受けるか殺されている。「犯罪者」の大多数は、周縁化されていたり排斥されていたりするグループの人間だ。暴力的な反応は、彼らが最初に頼る防衛線なのだ。

　公共政策は、暴力が虐待から生じることをみんなに気づかせるべきだ。虐待を目撃していながら何も言わない人々も責任を負っている。私たちは主流派を目覚めさせ、貧しい人々、若者、見過ごされているグループにパワーを与えなければならない。例えば、主流派の銀行は、少数派の人々への融資を拒否することで、虐待に加担している。少数派の居住地域にあるスーパーマーケットの商品は、品質は標準以下なのに価格は郊外よりも高い。ゴミ収集やバス路線などの都市サービスの多くは、少数派の居住地域のほうが整備が行き届いていない。ある街では、少数派の人口が二四％を占めるにもかかわらず、公共サービスの契約数に占める少数派の割合は、全体のわずか一％なのだ。

　誰がこういった虐待を目撃しているだろうか？　私たち全員だ。私たちは当然ながら、権利を奪われた人々のために教育や仕事の平等な機会をつくるべきだが、経済的な利権や警察の横暴などに支えられた虐待的な政策についても、理解を深めるべきなのだ。人種と経済の関係を理解するのは簡単ではない。オレゴン州ポートランドのプロセスワーク研究所が「人種と経済」という市民フォーラムを主催したとき、大企業は当初、代表者を参加させることに抵抗を示した。なかには、不参加を正当化するための理由として、ある銀行がメディアによって人種差別的だと攻撃された最近の事件を挙げた企業もあった。つまり、自分たちの人種差別的な方針を変えるのではなく、それをうまく隠そうと目論んだのだ。

虐待は密かな公共政策となる

私たちは公然の虐待を目撃している。そのため、私たち一人ひとりに、「他者」の「犯罪的」な行為を引き起こした罪があるのだ。一人の目撃者が立ち上がって抗議するためには、ほとんど英雄的な努力が必要だ。

一八五一年に行われた女性の平等な権利を求める会議で、奴隷として生まれ育ったある黒人女性が、男性たちが話し合いを取り仕切っている様子に耳を傾けていた。彼女の名前はソジャーナ・トゥルース。ついに彼女は立ち上がり、今では有名になった言葉を話した。

あそこにいる男は、女は馬車に乗るのにもドブを越えるのにも手助けが必要だ、と言ったわ。でも、これまで誰も、私が馬車に乗るのを手伝ってくれた人も、汚い水たまりを越えさせてくれた人も、一番いい場所を与えてくれた人もいないのよ。私は女じゃないの？

私の腕を見て。私は畑を耕して、苗を植えて、収穫して納屋に運んだわ。私より働ける男はいないのよ！

私は女じゃないの？　私は男と同じように働き、手に入るなら同じくらい食べ、ムチで打たれるのだって同じように耐えるわ。私は女じゃないの？

私は一三人の子どもを産み、そのほとんどが奴隷として売られていくのを見てきた。私が母親としての深い悲しみで泣いていても、イエス様以外は誰も聞いてくれなかった。私は女じゃないの？


誰が彼女に答えるべきだろうか？　もしあなたが答えなければ、あなたは公然の虐待を目撃しながら、沈黙によってそれを永続させてしまうことになる。ソジャーナ・トゥルースは、アメリカの黒人や、女性たちや、まるで権利や価値がないかのように扱われることで苦しんでいるすべての人を代弁していた。彼女と違って声をあげない人たちは、自分や他者の苦痛に対して麻痺している。私たちはもはや立ち上がって抗議をしない。多数派が知らぬ間に他者への虐待から利益を得ている場合、その虐待は慢性化し、組織的なものになる。人種差別、反ユダヤ主義、性差別、同性愛嫌悪は偶然引き起こされるのではない。それらは密かな公共政策となっているのだ。

公然の虐待によって生まれる症状

親、教師、ビジネスパーソン、政治家、そしてリーダーやファシリテーターとなる人たち全員が、公然の虐待によって生まれる症状について知らなければならない。もし、言論の自由や、抗議する自由や、互いに愛し合う自由を享受することが、虐待に対する苦痛や怖れによって妨げられているなら、社会生活は民主的になりえないのだ。

これから、私が見てきた症状の一部を列記しよう。

◆引きこもり、沈黙、怖れ

公然の虐待による犠牲者は、これ以上傷つくのを避けるために引きこもる。彼らは教室や集会の場に来なくなり、選挙での投票もしなくなるだろう。

彼らが声をあげるとき、最初に表現するのは怖れだ。声をあげることへの怖れはたいてい、現在の状況だけでなく、人前にさらされて自分を守れなかった、過去の体験からも影響を受けている。失敗への怖れも、人前で話すことを躊躇させるかもしれない。完璧さを目指す教育システムは、人々にダメージを与えている。例えば多くの日本人は、人前で話すときは完璧に話さなければならないと感じてしまうという。またどの国でも、主流派の標準語を使いこなせないために、話すことを怖れる人がいる。

民族によっては、沈黙を重んじるところもある。沈黙を好む人もいる。中立でありたい人もいるし、急かされるのを嫌う人もいる。ファシリテーターは、静かな人は誰もが虐待された体験を持つという結論に飛びついてはならない。とはいえ、密かにであれ公然とであれ傷つけられた人は、意見を述べることを求められるとうまくできないものだ。

公開フォーラムはディープ・デモクラシーの実験の場であるため、それが成功するかどうかは、そこにいる誰もが自分の意見は重要だと感じてもらえるかどうかにかかっている。それには全員の参加が必要だ。そのような集まりでは、沈黙している人に発言や協力を求める時間を設けることが大切になる。また、怖れから立ち直るための助けを必要とする人に、手を差し伸べることも重要だ。

◆ずっとしゃべり続ける

人によっては、話すことが安全ではなかった過去の体験を埋め合わせるために、今は安全だと思える場所で、絶え間なくしゃべり続けることがある。これも、話し手が過去に深く傷つけられたことを示している可能性がある。

◆成立しないコンセンサス

公然と虐待されてきたグループは、議論の焦点に合意できなかったり、リーダーの決定に同意できなかったりするかもしれない。消極的な態度や無関心は、虐待の歴史を示している可能性がある。民主的な国や組織がうまく機能しない一因は、恐怖や絶望を感じている人が自分の意見を表明しないことだ。すべての人が自由に話せない限り、コンセンサスは無意味である。

◆過剰な適応

「良い人」として振る舞うことは、公然の虐待による症状の場合がある。虐待は、それが公然であるか密かであるか、物理的か心理的かにかかわらず、自分自身が抱くリアリティに疑問を抱かせて、自分は悪く、間違っており、無価値だと感じさせるものだ。そうしてその人は、状況の流れに合わせ、異議を唱えるとトラブルに巻き込まれる可能性があるために沈黙を守り、報復を怖れてリスクを取らなくなる。全体主義国家と同様に民主主義社会においても、権利を奪われているグループにとっては、感情を殺し、自身の要求を抑圧し、見かけ上は平静に適応することのほうが安全な場合があるのだ。

モスクワのある女性を思い出す。グループ・プロセスの最中に攻撃を受けていたのだが、彼女は微笑んでいた。ある時点で、彼女にどうして微笑んでいられるのかと尋ねてみた。すると彼女は、義母に年中叩かれていたことを語ってくれた。彼女は、どんな状況であっても義母を傷つけたり批判したりしてはいけないため、反撃すべきではないことを学んだのだった。

「どうして?」と私は尋ねてみた。その女性は微笑み、話題を変えた。私は彼女の、その場ではそれ以上何も言わないという意志を尊重することにした。しかし、集まりのあとで彼女に聞いたところ、彼女は過去に、教会のメンバーから規則に従わないという理由でひどく殴られたことがあったと判明した。彼女は幼い頃に「もう一方の頰を差し出す★」ことで公然の虐待を生き延びようと決心していたのだ。

このような、硬直した善良さの根は深い。ファシリテーターは、それは虐待を経験した人たちにとっての生き残る術なのだと認識しなければならない。

◆ゴーストへの怖れ

公然の虐待はゴースト、すなわち、見えないが感じることはできるパワーを生み出す。例えば、一九九〇年代初期の東ヨーロッパでは、KGBが解体されたあとでさえ、多くの人は「独裁者」や「秘密警察」やスパイを怖れていた。それらはすでに物理的には存在していないにもかかわらず、目には見えない残忍なゴーストとして感じられ、怖れられていたのだ。人々は、私生活が監視されていないかを疑って、頻繁に部屋や電話をチェックしていた。

ゴーストへの怖れは、常にある種の真実味を帯びている。それは、過去に起きた公然の虐待によって生まれるものだが、今この場ではまだ表現されていない両極性とも関連している。KGBはもはや活動していないにもかかわらず、東ヨーロッパの人々は今でも自分自身を検閲したり、監視したりしているのだ。旧ソビエト政権によって傷つけられた多く

★ もう一方の頰を差し出す：右の頰を殴られたら、仕返しをするのではなく左の頰も差し出すという聖書の教え。

の東ヨーロッパの人々にとって、今日でも独裁制に対して声をあげるのがとても難しいのは、このためだ。

独裁制は簡単には一掃されない。ワルシャワのあるタクシー運転手は、エイミーと私に、新しい民主政府は旧政権のリーダーたちの「魔女狩り」を行っているため、共産党よりもひどい独裁者だと語った。彼はまた、新しい政府は社会保障や健康保険を提供してくれないと文句を言っていた。独裁者のゴーストがいまだに存在しているために、この男性は新しい体制による大きな利益を見落としていたのだ。

秘密警察やあからさまな独裁者がいた国では、ゴーストを確認することは比較的やりやすい。とはいえ、同じように支配的で抑圧的なゴーストは、いつどこにでも存在する。目に見えなくても、その虐待的なパワーを感じることはできる。それらは場の雰囲気を緊張させ、堅苦しいものにするからだ。笑いや楽しみがない空気感から、ゴーストの存在を感じ取ることができるだろう。人々は沈黙し、険しい表情をして、用心深くなる。虐待的なパワーはどこにあるかわからない。人々は押し黙る、自分の考えを抑圧する、険しい表情で消極的になることで、その状況に適応するのだ。

◈内紛やサブグループどうしの緊張

もしあなたの家族やグループが慢性的な公然の虐待によって抑圧されているなら、グループ内や他のグループとの間で長期的な対立を体験するかもしれない。個人と同じく、グループも抑圧者からの批判を内面化する。そのようなグループは、主流派の考えで自分たち自身を批判し、結果として抑うつや怒りの発作にさいなまれるのだ。

そして、抑圧的な主流派の意見に味方し、同じグループ内の他者を批判するメンバーが現れる。これに対して、他のメンバーが反発する。このような両極化は、外部からの抑圧を反映している。これは、グループの外側で起きている対立の内面化であり、グループを分断するものだ。例えば、私が以前ワークを行ったアメリカ先住民のコミュニティには、主流派にもっと同化したいグループと、先住民の独立を求めるグループに両極化する傾向があった。ユダヤ人のコミュニティでは、ユダヤ人としてのアイデンティティを隠したいグループと、ユダヤ人であることを誇りに思うグループがある。アメリカでは、ラテン系、黒人、アジア系、レズビアンとゲイ、その他のコミュニティで似たような対立が見られる。

抑圧されたグループにおいて対立が繰り返される一因は、主流派の態度にある。主流派はメディアの視点を通して、問題の多い「少数派の人々」を見ている。しかしメディアは、「少数派グループ」が陥っている緊張はホログラフィーのようなものだということを伝えない。つまり、メディアが伝える少数派グループの緊張は、本来はいたるところに遍在している緊張を反映したものにすぎないのだ。主流派はそのような緊張に対処することを拒絶するため、少数派にそれらの緊張を投影することで満足しているのである。

パワーの弱いグループは、報復を怖れて主流派に抵抗できない。パワーを持たないグループは主流派との対立を抑制しなければならず、似たような構造を持った自分たちの内紛に意識を向けることになる。あるいは、少数派グループどうしが争うこともある。それは、主流派に抵抗するよりも安全だからだ。メディアはまたしても、少数派グループどうしの対立を誇張し、センセーショナルに伝えて状況を悪化させる。少数派グループは混乱しており、理性がなく、怠惰で、暴力的で、無責任であるという主流派の見方を正当化して、報道するのだ。

最終的に、権利を奪われたグループは復讐に駆り立てられる。すると、夕方のニュースは「過激」で「犯罪的」な行為を行うグループというイメージを放送するのだ。

メディアから情報を受け取る私たちは、こうした状況のすべてに気づかなければならない。権利を奪われたグループが取り組んでいるのは、主流派が自分には関係ないと無視している問題なのだと認識しなければならない。権利を奪われたグループの行動は、私たちの無意識な行為への反応そのものであることを私たちは理解すべきなのだ。主流派からの抑圧に対して彼らが感じている怒りは、彼ら自身に向け直されている。そうして起こる内紛は、グループのメンバーに絶望感をもたらしている。彼らは、極度の疲労や説明できない痛み、高血圧といった症状を持つようになる。アメリカでは、黒人の心臓疾患による死亡率は、白人より何倍も高いのだ。

公然の虐待に取り組むインナーワーク――自分の薪を燃やす

公開フォーラムは、こうした問題や公然の虐待による症状へのアウェアネスを高めるのに、最適な舞台だ。公開フォーラムにおけるグループ・プロセスを通じて、組織や政策を変化させることができる。もしあなたが、自分自身と向き合うためや、公開フォーラムのような場の準備のために、公然の虐待に取り組むワークをやってみたいなら、「自分の薪を燃やす」ことがおすすめだ。

私はこの表現をあるイスラエル人女性から学んだ。テルアビブで行われた公開ミーティングで、イスラエル人が互いに、そしてドイツ人に向かって絶え間なく罵（ののし）るのを聞いたあとで、彼女は次のように訴えた。

「あなたたちがひどく辛辣に言い合っているのは『自分の薪を燃やす』ことをしていないからです。あなたたちがそれをしない限り、問題を解決する力は十分に発揮できないでしょう」

彼女の言葉が意味するのは、枯れ木、すなわち怒りの燃料となりうるものをため込みすぎているということだ。人々は、この燃料が怒りを変容させ、感情を解放することに気づいていなかった。次のエクササイズは、あなたが自分の薪を燃やすのに役立つだろう。

Exercise

①　人前でうまく話せなくなったことや、自分の意見は重要ではないと感じたときのことを思い出そう

エイミーと私がインドのムンバイでワークをしていたときに、ある「不可触民」の女性と出会った。グループでの話し合いの最中、彼女は黙ったままで悲しそうに見えた。休み時間に入ったとき、私は彼女に「あなたが沈黙しているのは、それが礼儀だと考えているからですか？　それとも発言することが怖いのですか？」と尋ねた。すると彼女は震え始めた。私が彼女に「答えなくていいですよ」と言うと、彼女は自分が発言を怖れている理由は生まれのためだと語った。小さい頃から、彼女がどこへ行っても、人々は彼女の汚れに触れないように彼女が歩いた床を掃除したという。そんな社会で、誰が彼女自身や彼女の言うことに関心を持つだろうか？　私は彼女と、このエクササイズの手法を使ってワークをした。

② **人前で虐待された最初の、あるいは最悪の出来事はどんなものだろうか？**

そのときあなたはいくつだったか？　あなたが恥をかかされたり批判されたりしたのは、公共のルールを守れなかったためだろうか？　あなたが女の子や女性だったからだろうか？　あるいは男の子や男性だったからだろうか？　宗教、肌の色、考え方、性的指向、知性のせいだろうか？　健康問題、精神的・身体的な能力、障害のためだろうか？　家族、仲間、学校、地域社会、新聞、政府など、誰によって虐待されたのか？　あなたの体験に名前をつけてみよう。

③ **公然の虐待を語り、再現してみよう**

何が起こったかを表現しよう。もしその物語を言葉にできなければ、人形や絵を使って試してみよう。その虐待には、どのような人権が関わっていただろうか？　生きる権利、言論の権利、思想の権利、幸福追求の権利、自己尊重の権利、自分で選んだジェンダーに従って性的なパートナーを選ぶ権利、あるいは他の人と平等に扱われる権利だろうか？

できるだけその物語の詳細を思い出してみよう。誰がいたか？　あなたはいくつだったか？　どのグループが関係していたか？　主流派の役割はどのようなものだったか？　消極的な傍観者の名前を挙げてみよう。

それはどこの街で起こったか？　起こったことは、時代や、あなたが暮らしている環境や、世界の状況を反映していただろうか？　あなたの体験はどのように世界の歴史の一部となっていただろうか？

④ **想像力を駆使することで、どのような情報をその物語に付け加えられるだろうか？**

あなたが強調したり誇張したりしている側面に注目してみよう。その誇張は、あなた自身やあなたが生活しているコミュニティにとって、どれくらい当てはまっているだろうか？　その誇張は、あなたが住んでいる世界全体をどのように表現しているだろうか？

⑤ **積極的な公然の虐待者は誰だったか？**

なぜ彼らはそのようなことを行ったのだろうか？　彼らが所属していたグループは今でも人々を虐待しているだろうか？　あなたにはない、どのような特権を虐待者たちは持っていたか？　彼らはそのような行為をどこから学んだのだろうか？　何が彼らをそのような行為に駆り立てたのだろうか？　なぜ彼らはあなたが受けている傷に気づけず、自分を止めることができなかったのだろうか？

⑥ **あなたは虐待の体験をどのように自分の中に取り込み、自分だけのものにしたのか？**

あなたが世界から自分の一部を隠すのは、怖いからだろうか？　隠しているのはあなたのどの部分か？　今のあなたの身体症状の中で、苦痛に満ちた記憶に由来すると思われるものは何か？　公然の虐待があなたの身体にどのような影響を与えただろうか？

この記憶に対して、怒りや悲しみを覚えるか？　それとも何も感じないだろうか？　自分の感情に注意を向ける時間をとってみよう。

⑦ **最後に人前で攻撃されたり、恥をかかされたりしたのはいつか？**

先ほどのエピソードとこの質問で浮かぶエピソードの、類似点や相違点は何だろう？　あなたの傷つきやすさや反応に何らかのパターンを見出せるだろうか？

⑧ **ここで、自分の薪を燃やしてみよう**

虐待に関する最も強い記憶を思い出してほしい。もし助けが必要なら、誰か他の人に自分の物語に登場するさまざまなロールを演じてもらうといいだろう。良い聞き手を見つけ、あなたの頭の中が真っ白になって理性を失ったときに助けてもらえるように、その人には十分な距離をとっておいてもらおう。あなたの物語を語ろう。繰り返し語ろう。

このワークで大切なのは、あなたが抱える痛み、悲しみ、激情、憤怒、復讐心の存在を許すことだ。それらに注目し、感じ、ありのままにしておこう。批判したり、目を背けたりしてはいけない。

できるなら、自分や他人を傷つけずに「エナンチオドロミア★」が生じるまで、つまり、あなたの感情が真逆のものに変容するまで、その感情に深く入り込んでみよう。このプロセスでは、ためらい、行き詰まり、緊張を示すシグナル、語り終えていない言葉、麻痺状態、混乱、頭の中が真っ白になることなどに注目してみよう。聞き手に頼んであなたが安心感を抱いているか、十分深くまで入り込めたか、あるいはもっと深く入っていきたいかを確認してもらおう。

⑨ **起こったことの不公正さを嘆こう**

不公正、愛の欠如、敬意や感謝や配慮の欠如を嘆こう。あなた自身、あなたの怒り、

★ エナンチオドロミア：ギリシアの哲学者ヘラクレイトスに由来する言葉で、「反転」「逆転」を意味する。自然の流転の原理は、陰が極まれば陽となり、陽が極まれば陰となることの意。例えば、悲しみに浸りきることで希望が芽生え、喜びに浸りきると隠れていた悲しみが出てくる。

あなたの悲しみに共感しよう。怒りや復讐心がわき起こるのを許せるだろうか？　麻痺状態や頭の中が真っ白になることに注目してみよう。どんなふうに、起こったことを忘れたり突然思い出したりするかに目を向けてみよう。そのような症状はあなたが受けたショックによるもので、それによってあなたは自分の人生を進めるようになったのだ。勇気を持とう。自分の感情をあれこれと探索しながら、細やかな部分まで大切に扱おう。わき起こった感情に名前を付け、それらを尊重しよう。

もし行き詰まったら、圧倒的に思えたり、あまりにも現実離れしているように思えたり、あるいはあまりにも恥ずかしいように思える感情に注目してみよう。それらの感情の中に入りこもう。あなた自身のために、私たちみんなのために。

⑩ 自分が体験した公然の虐待を、どのように内面化しただろうか？

現在、過度に自己批判することで、自分を辱めたり、貶めたりしていないだろうか？　どのような点で、虐待者と同じような振る舞いを自分に対して行ってしまっているだろうか？　蔑んだり、軽視したり、非難することで自分を傷つけていないか？　自分に対して決して誰にも語らないようなことはあるか？　自己批判から自分を守ることができるだろうか？

あなたの物語をもう一度語ろう。虐待者による有害な振る舞いが内面化され、それを自分自身に向けてしまう傾向があることを感じられるだろうか？　自分を追い込みすぎていないか？　高すぎる基準を設定していないか？　人前で言いたいことを押し殺したり、自分の感情を抑え込んだりしていないだろうか？

⑪ 虐待者はどのような理想を掲げていただろうか？

虐待者は主流派の人間だったか？　それとも自由を求める戦士だったか？　彼らがあなたを攻撃した背後には何があったか？　彼ら自身の欲望を満たすことだろうか？　虐待者自身に起こったことに対する仕返しだろうか？　道徳的な慣習を押しつけようとする試みだったのだろうか？　彼らの理想についてあなたはどう思うか？　その理想は今のあなたの人生に影響を与えているか？　例えば、彼らから「怠け者」や「賢くない」と罵（ののし）られたことで、今のあなたは他の人を「怠け者」と批判したり、自分に「もっと賢くなること」を強いたりするようになっていないだろうか？

⑫ 自分が虐待者であると想像してみよう

虐待者のパワーを感じることに抵抗感があるなら、自分も虐待者のようになったことはないか、自問してみよう。あるいは、自分を虐待した人物やグループとは正反対でありたいと、自分に圧力をかけていないだろうか？　あなたが持つ何らかのパワーは、彼らのパワーとつながっていないだろうか？　もしかしたら、あなたはすでに虐待者と同じパワーを賢く使っているかもしれないし、そうではないかもしれない。

例えば、古典的なケースを考えてみよう。私たちの多くは、両親からされたことは決して自分の子どもたちに行わないと主張する。ところがどうしたことか、ある日私たちは、自分がまさに同じことをやっているのに気づくのだ。

不可触民の女性は、自分は家庭に戻ると、家族の女性に対してさえ、非常に暴力的になることがあると私に語った。彼女は自分自身が、自分を傷つけた人々のように振る舞うときがあることに気づいたのだ。

⑬ 虐待者のパワーを変容させよう

虐待者が持つパワーには何か良いところがあるだろうか？　そのパワーを建設的に使うことを想像できるだろうか？　私が例のインドの女性に、その暴力的なパワーを他のやり方で使うことはできないかと尋ねると、彼女は女性やカーストの問題について声をあげるために使いたいと答えた。家庭では自由にそれだけの強さを持てるのだから、人前でも少なくとも声をあげるだけの勇気はあるはずなのだ。その可能性は、彼女の心を躍らせているようだった。

集会が再開されたあと、彼女は積極的に発言するようになり、タブーになっている話題を浮上させてほしいと周りの参加者に促していた。後に彼女は、女性やカーストの問題について家族の意識を高めることに成功した、という手紙を送ってきてくれた。

あなたは自分の強さを使って、何ができるだろうか？　その目標を達成する自分の姿を想像してみよう。

⑭
あなたの霊(スピリット)や声を見出そう

密かな虐待であれ公然の虐待であれ、傷つけられた人々は、しばしば力強い知恵や導きを授かる夢を見る。あなたはそのような夢を思い出せるだろうか？　あなたの助けとなる霊(スピリット)、神、女神たちのビジョンを見たことがあるだろうか？

そのような内的な像を、シャーマンは「使者(ファミリア)」と呼ぶことがあり、これは人間が他の場所では得られない知恵をもたらす霊(スピリット)だ。拙著『シャーマンズボディ』★では、私たちを助けてくれるこうした霊(スピリット)を、世界中のシャーマンのような伝統、特にカルロス・カスタネダが記述した呼び方にならって「盟友(アライ)」と呼んだ。盟友とは、神、仏陀、大いなる自己、己の中の叡智、守護天使などのようなものと考えてもよいだろう。あなたがその存在をどのように呼ぼうが、その存在を感じるのが自分自身の中であれ環境の中であれ、これらの導き手による助けはあなたに、自由に使える偉大なパワーを与えてくれる。このパワーは、スピリチュアルなランクによってもたらされた贈り物(ギフト)であり、そのランクのおかげであなたは虐待を生き延びることができたのだ。そのパワーは、自分自身の声を見つける助けになるだろう。

今、そうしたパワーを思い出し、感じてみよう。それらの存在を想像してみよう。それらに話しかけ、耳を傾けてみよう。あなた自身や世界について尋ねてみよう。

★『シャーマンズボディ』アーノルド・ミンデル著、青木聡訳、藤見幸雄監訳・解説、コスモス・ライブラリー、2001年あなたがこの世界で行うべき特別な仕事は何か、ヒントを求めてみよう。その仕事があなたの人生の目的の一つである可能性を考えてみよう。

世界中の先住民族は、人間では助けられないときに頼れる、導き手となる霊（スピリット）といつも共にいた。そのような存在は、人生の危機的な時期において変容を促してくれる。夢の中では、あなたのシャーマン的なパワーを目覚めさせ、公然の虐待を癒やす方法を示してくれる。あなたが見るビジョンは、慈しみ深いゴーストである癒やしの霊（スピリット）がイメージ化されたものである。それらは、世界におけるあなたの声を支える力なのだ。

第9章　良い社会がいかに戦争をつくりだすのか

良い社会は戦争をつくりだす。他者の権利侵害を禁じる決まりになっているはずだと信じられている民主主義社会が、公然の虐待を犯すのだ。

それは、次のようなところで起きている。

◈**家族の集まり**

一部の人々が、身近なグループの基準に合わないために非難される。

◈**学校**

規則を破る子どもたちをけなし、主流派の価値観や歴史だけを教え、非主流派の価値観やコミュニケーションスタイルを無視する。

◆**ビジネス**

環境、少数派、個人のニーズを犠牲にして、経済的に成功する。

◆**警察などの行政組織**

少数派に嫌がらせをする。

◆**新聞**

周縁化されたグループにとって重要な情報を伝えない。

◆**メディア**

少数派を、犯罪者や信頼できない従業員のような否定的なステレオタイプで描くか、彼らの存在を無視して主流派の生活だけを報道する。

◆**銀行**

中流・上流階級の主流派の企業との取引を好む。

◆**宗教団体**

「罪人」とみなされると罰を受けると脅すか、信者にならなければ解放されるチャンスは訪れないと信じ込ませる。

◆医療システム

患者の感情を無視する。

◆心理学

心の状態は社会問題とは無関係だと主張し、主流派と異なる人々は病気であるとみなす。

公然の虐待はあちこちにあるため、これは長いリストのほんの冒頭部分にすぎないと覚えておいてほしい。公然の虐待の怖れがない社会などないのだ。

静かな攻撃

確かに、何をもって虐待や個人への危害と捉えるかは、文化の問題だ。しかし、人権とは神から与えられるものだと信じる文化であれ、法律や人間によって守られるものだと考える文化であれ、共通して言えることが一つある。人間は弱い存在であるからこそ、人権が必要なのだ。

先ほど列挙した、人々が公然の虐待を受けうる方法を示したリストは、私たちがさまざまな点で弱いことを示している。私たちはあらゆる面で、エルダーシップと保護を必要としている。

私たちには食べ物、衣服、住居、医療が必要だ。お互いを尊重し合い、守り合うことも必要だ。私たちは社会的な存在であり、他者との交流を必要としている。私たちは目的を持った存在であり、意味を必要としている。

国の法律では、こうした保護を効果的に提供できない。なぜなら、個人どうしのやりとりにおけるアウェアネスの欠如を、犯罪とすることはできないからだ。そこで、政府が機能していない領域に宗教が入ってくる。例えば仏教では、権利と義務は相互につながっている。人間の生存は、すべての生命が維持されるかどうかにかかっているのだ。仏教徒は、動物や植物や無生物にも権利を認めている。それは、人間の魂がこれらの形に生まれ変わったかもしれないからだ。

ユダヤ教においても、権利と義務は相互に依存している。究極的に、すべての義務は神のためのものだ。しかし、義務の多くは他者を世話することであり、そうした世話を受けるべき人々は、ユダヤ教の経典（旧約聖書）によく登場する「寡婦と孤児」に象徴的に表現されている。キリスト教では、神を愛することは隣人を愛することだ。イスラム教が義務と定める五行の一つは、困窮者に施すこと（喜捨）である。バハーイー教における権利は、神から授かった性質と力を他者に分け与えることに由来する。先住民の人々は、すべてのものが霊（スピリット）であり、脆（もろ）いものだと信じている。

しかし現実では、宗教は人権の守護者としてはあまり機能していない。なぜなら、虐待者に対して、「ノー」と言うか罰を与えるか以外の対処法を知っている人が、ほとんどいないからだ。そのうえ、多くの人権に関するスピリチュアルな見方は人間中心的だ。私たちに必要なのは、神々、人間、動物、すべての環境を含むような、宇宙中心的なビジョンなのだ。

私が提唱するディープ・デモクラシーの概念では、権利とはただ単に投票権を与えられたり、議会に代表を送ったりするだけのものではない。ディープ・デモクラシーは、対面のやりとりの中でも生じるものだ。そこで自由よりも前に求められるのが、アウェアネスだ。どのようにパワーが使われているか、いかにランクが無自覚に人々を抑圧しているかに対するアウェアネスがなければ、平等に関する法的概念もほとんど意味をなさない。

経済的な問題だけでなく個人的な問題においても、平等は、パワーとその乱用に関する教育から始まる。結局、法的権利では、たとえ法律が完全に施行されていたとしても、非常に有害で見えないパワーから、私たちを十分に守ることは決してできないだろう。例えば、オレゴン州最大手の新聞紙『オレゴニアン』は、ある銀行の「見えない」方針に関する記事を先日報じたが、それは一部の地域で住宅購入希望者への少額ローンを拒否する習慣があるというものだった。この方針は、黒人などのパワーを持たないグループに向けられたもので、彼らは住宅を買えないから賃貸を続けなければならなかった。

家の所有を否定することは、分断を強化して富裕層のランクを支える、見えない攻撃行為だ。これは公然の虐待の隠れた形態であり、いかに平穏な社会が自分を守れない人々に対して静かな戦争を仕掛けているかの好例だろう。

中傷合戦と善悪判断を乗り越える

民主主義国家において政治家は、選挙活動やロビー活動の戦略として公然の虐待に加担することが許されてしまっている。それは「中傷合戦」と呼ばれる、敵対する相手の品位を傷つけるような個人としての意見を発信する行為だ。この戦術によって私たちは、他者の人格を傷つけるのに最も長けたスピーチライターをその候補者が雇っているかどうかを基準に、国の最高責任者を選択してしまっているのだ。

公然の虐待は、「どのように関係を改善するか」ではなく、「誰が正しくて誰が間違っているか」を決めることを目指す敵対的な法制度と密接に関連している。敵対的な制度は、他者に対する理解やつながりよりも、権利やパワーを重視している。そして、思いやりではなく、服従と効率を高めるために機能しているのだ。

刑事裁判について考えてみよう。裁判所は、社会的な文脈全体における被告の立場への理解を広めるのではなく、有罪か無罪かを決定するだけだ。訴訟手続きは、「犯罪者」や「犠牲者」に与える総合的な影響を考慮することなく実行されるのだ。

ナバホ族の法の仕組みは、非敵対的でコミュニティ指向だ。対立する当事者はお互いに顔を合わせ、誰が正しくて誰が間違っているのかを決定する権限を持つ者がいないなかで、話したいことはなんでも自由に話すことができるのだ[1]。そのプロセスには親族も参加する。傷を負わせた人の親族も、その罪に対して責任を持つとみなされるのだ。彼らもまた、傷を負った者を補償しなければならない。傷を負った当事者の親族には、被害者本人と共に補償を受ける権利がある。すべての人の幸福が、責任と罰の帰属よりも優先されるのだ。この制度は、正しいか間違っているか、善か悪かではなく、コミュニティ、関係性、相互のやりとりに基づいている。

私たちは暴力的な映画を見るのと同じ理由で、法廷での証人尋問や政治における中傷合戦を支えている。私たちの文化は、復讐のために命を危険にさらすヒーローやヒロインに飢えているのだ。私たちが求めているのは、自己防衛の手本になって、敵対する相手をやっつける強者だ。なぜだろう？　それは、私たちがまだ解決されていない虐待の問題を抱えているからだ。つまり、傷つけられた過去があり、そのとき自分を守れなかったからだ。

ワールドワーカーに、何ができるだろう？　それは、高いアウェアネスを持ち、対立と痛みに対処する方法を私たちに示してくれるような、リーダーの存在に気づいてサポートすることだ。私たちは復讐と中傷の連鎖を断ち切らなければならないが、そのためにはあらゆる立場の声が聞き届けられるだけでなく、反対の立場の人が話すときでもすべての人がそこに立ち会うべきだと訴える必要がある。私たちは、無罪か有罪か、正しいか間違っているかという表面的な見方を超えさせてくれる、ダブルシグナルや強い感情に気づかなければならないのだ。

沈黙の背後にあるもの

多様性のあるグループでは、何も言わない人が数人はいるだろう。ファシリテーターは、沈黙を探求する時間を取るようにしよう。その人に、「あなたは好んで沈黙しているのですか？　自分の感情を信じていますか？　他の人に対する感情や反応はどのようなものですか？　貢献したいと思っているけれど、怖れを感じているのですか？」と聞いてみよう。

場の雰囲気が緊張していて居心地が悪ければ、沈黙している人と一対一で話してみよう。そして集団での話し合いに戻ったときに、批判を交えずにその緊張の原因と考えられるものを挙げてみよう。全員に沈黙を提案してみよう。その沈黙が気持ちの良いものかどうか尋ねてみよう。グループが安全だと感じるかどうかを尋ねてみよう。安全ではないと感じるとき、一部の人は従順であるように振る舞う。誰もが表面的な礼儀正しさを装うのだ。

その良い例として、旧ソビエト連邦で起きた出来事を思い出す。私は民族間の緊張を解決するために開催された大きな会議に出席していた。休憩時間に、隣国のオセチア人に襲われた様子を描いた、イングーシ人によるアマチュア映画の上映会に参加した。そのなかで、街中で起きた恐ろしい流血の虐殺を見たのだ。

映画が終わると、一人の登壇者が激怒しながら、オセチア人はロシア人によって支持され挑発されたのだと言った。百人ほどいた部屋が静まりかえった。痛ましい長い沈黙のあと、私は聴衆の真ん中に立ち、私の隣で静かにしていた女性に向かって、何を感じているかを尋ねた。「戦慄」と彼女はマイクに向かってささやいた。「戦慄を覚えました。私は殺人が憎いです」

他に誰か何かを感じた人はいないかと尋ねたが、誰も声をあげなかった。まるで誰もが怖れているかのようだった。そこで私は、殺人が憎いと言った女性と同じ気持ちの人は、彼女の近くに寄るようにと言った。驚くことに、半分以上の参加者が、その部屋の中心にいた彼女に向かってゆっくりと移動したのだ。それから、残りの参加者でイングーシ人側の立場の人は私の右側に、オセチア人とロシア人側の立場の人は私の左側に移動するよう提案した。

その結果に誰もが驚いた。部屋の中心に集まった沈黙する人々の数はとても多く、明らかに多数派だったのだ。彼らは人数的にも非常に多く、とても力強かったので、敵対するどちらのグループも彼らの存在を無視することはできなかった。沈黙の力は非常に大きく、争いに関心を持っている人の数はあまりにも少なかったので、その対立自体が消えていったのだ。

公然の虐待の歴史が積み重なり、ほとんどの人々は声をあげることを怖れてきた。異議を唱えることができなかったのだ。沈黙に意識を向けたことで、ひどい対立の最中でも、敵対しているグループが戦いの中心になるのではなく、私たちの大多数は平和を望んでいるということが明らかになった。そんな私たちがもっと存在感を示せば、多くの対立はもっと簡単に解決されるだろう。

良いファシリテーターは、社会的な虐待の存在を感じとり、歴史を知り、それらが持つ現在への影響を見抜く。その瞬間瞬間のアウェアネスは、人々がオープンで民主的な議論のスタイルに慣れていなくても、自分たちの経験と向き合う助けになる。もしあなたがいる場で、全体主義、病気、ドラッグ、暴力、原理主義などが大きな問題となっているなら、沈黙する人、恐怖している人、虐げられてきた人の立場で声をあげることを試してみてもいいかもしれない。

例えば、沈黙している人に向けてこのように投げかけてみるのはどうだろうか。

「あなたが何を感じているかに注目してください。それは私たち全員にとって役に立つかもしれません。ですから、あなたの意見を隣の人に小声でささやいてみるのでもいいでしょう」

もし誰も声をあげなかったら、彼らの立場を代弁してこのように言ってみるのはどうだろうか。

「私たちは声をあげることができないのです。今、声を出すことは私たちにとっては危険すぎます」

慎重に進めていこう。ある状況においては、声をあげることはその人にとって失職につながるかもしれなかったり、あるいは、人前でさらなる恥をかく、身体的に傷つけられる、死に至るといった結果を引き起こすかもしれないことだ。人は、理由があるから沈黙するのだ。沈黙の背後には、パワーの乱用への怖れがある。起こりうる結果をいつも考慮しておこう。十分な保護を提供しよう。必要があれば、非公開の形で質問に回答してもらったり、紙に書いてもらったり、あるいは他の匿名の方法なら答えてもらえるかを頼んでみよう。

現状を維持しようとするパワーを過小評価してはいけない。組織や個人が人権に対して真剣に取り組んでいるときでさえ、ランクのゴーストが人権侵害に関する質問に答えることに抵抗してしまうのだ。あるトピックに焦点を当てる際には、沈黙してきた人々も含めて、必ずグループに許可を得るようにしよう。人権に関わるトピックの場合は特にだ。そうでなければ、人々がまだ準備できていないトピックに、あなたがファシリテーターのランクを使って無理やり向き合わせようとしている、と感じる人もいるだろう。

パワーやランクやヒエラルキーを明らかにしよう。それと同時に、自分に賛同しない人々を抑圧するために、ファシリテーターとしてのランクを乱用して人々を黙らせるような傾向があなたにないか、気をつけよう。もしあなたが抑圧されている側の立場に肩入れするなら、あなたはパワーを持つ側の人々の関心と信頼を失ってしまう。結果として、あなたは誰も助けることができなくなるだろう。

解決策よりも明晰さを

私たちのほとんどは、虐待の問題について集団で話し合って解決することを望んでいる。実際、誰であっても自分たちが抱えている問題の解決を望んでいる。しかし、解決に至ることが滅多にないのは、私たちに解決する能力が足りないからではない。その原因には、曖昧な感情、隠された秘密、個人的な思惑、復讐への欲求などが考えられる。ランクを持つ人々で、自分の持つパワーが明らかにされる準備ができている人はほとんどいない。

そのため、みんなの準備ができる前に解決を強要するよりも、物事の明晰さを探求したほうが持続可能な方法となる。解決は重要ではあるが、それは明晰さが高められた状況においてのみの話だ。明晰さを高めるためには、ほとんどすべての対立が、社会的、身体的、心理的、スピリチュアルな問題の混じり合ったものであるとの理解を促すことが重要だ。

ある会議で、病気のために車椅子に乗っていた参加者に出会った。彼女は私に、宿泊しているホテルとの対立をファシリテートしてほしいと頼んだ。彼女が何度も部屋の騒音について不満を言うので、ホテルのマネージャーが彼女にホテルを出て行くよう求めているのだった。話し合いの場で、彼女はホテルに対して訴えると脅した。ホテルのマネージャーは激怒し、私に向かって激しく文句を言った。彼女は顔を背けて、交渉に応じることを拒んだ。私は彼女の代わりにマネージャーに向かって、彼女が自分のパワーを使ってあなたを脅かしているのは、彼女にとってこれはフェアな戦いではないからだと伝えた。彼は彼女が泊まっている棟のボスだった。彼は男性で、彼女は女性だった。彼は歩くことができ、彼女はできなかった。そこは彼の縄張りであり、彼女の縄張りではなかった。

彼女は私が話していることに耳を傾け始めた。私は彼女の立場に立って、彼女が問題としているのは公正さであり、経済的なことではないと主張を続けた。何かが彼の心に触れた。彼はゆっくりうなずいた。私は彼にこう伝えた。

「あなたは自分のビジネスにとって最善を尽くしたかったのであって、誰かの気持ちを傷つけようとしたわけではないことはわかっている。あなたにとってお金は重要ではあるが、そのもっと深いところでは、お金が問題なのではないことも知っている」

彼もまた集中して聞き入っていた。彼は、私が言っていることは正しく、お金が彼にとって唯一の問題ではないと言った。彼女のことも理解したが、彼女の怒りとパワーを怖れていたのだと言った。

彼女は微笑んだ。私は「今は議論をするのはやめましょう。私たちそれぞれが一人になったときにわき起こってくる重要な感情があるかもしれません」と伝え、またあとで会うことを提案した。マネージャーはその必要はないと言って、その女性に引き続き滞在するように頼んだ。彼は彼女に別の部屋を用意すると約束した。

この痛みをともなった対立は、解決を無理強いすることによってではなく、彼らのランクに違いがあることに対して、マネージャーのアウェアネスを高めることによって終結したのだった。

給料に潜むゴースト

優れたファシリテーターは、経済のことも含めて、社会問題について知っているものだ。市場主義の経済は、ほとんどの場合は貧困層を虐待し、より多くの収入と富を持つ人を優先する。このような経済は、収入、生活条件、雇用機会の不平等を生み出す原因になっている。裕福な人々は、労働組合の結成を阻止し、最低賃金を固定し、労働力が搾取されている貧しい国々に生産工場を移すことによって、失業を助長している。家庭においては、これが疎外、敵意、絶望、暴力を生み出すのだ。

ファシリテーターとして、経済的不平等について言及し、そこに存在しているゴーストを浮上させよう。「悪」の資本家とみなされたい人はほとんどいない。あなたは、経済的な序列の一番上の人物を演じなければならないかもしれない。資本主義のゴーストは、生活必需品の分配、サービスの平等、仕事や教育の機会均等について気にかけることはない。すべては自分のためだ。

二〇世紀の終わりになって、多くの残酷な体制の崩壊が目撃された。ところが、産業の民営化は、かつては政府に属していた特権的な独裁のパワーを企業に与えることで、労働者を虐待している。資本主義・民主主義国家に住む人々は、ずっと民間企業に苦しめられてきた。そのような国家は、個人に比較的大きな自由を与えるが、水準の低い教育、階級、人種、ジェンダー、性的指向、年齢などの側面で周縁化された人々を虐待するのだ。

私は数々の組織が、対話を経たあとに変化してうまく機能するようになった例を見てきた。その対話では従業員たちが、自分のためにすべてを欲する「ボス」や、平等と公正を望む「犠牲者」のゴースト・ロールを浮かび上がらせたのだ。

メディアによる虐待――対立をめぐる金儲け

私たちが目にするニュースは、政治家、映画スター、有名なアスリートの私生活であふれているが、彼らは一般人口の一％にも満たない存在だ。

資本主義・民主主義国家において、メディアはビジネスだ。彼らが届ける情報は、書籍や新聞、雑誌や広告で宣伝される商品を得る購買力のある消費者を対象としている。このような消費者は、復讐、誹謗中傷、暴力が中心的なテーマとなるストーリーを購入する。このようにして、私たちの購買力はメディアによる公然の虐待をサポートしているのだ。

それに対抗するオルタナティブなメディアは、環境、世界で起きている対立、心理学の発展、スピリチュアリティのトレンドに関するアウェアネスを高めることに貢献している。例えば、サンフランシスコの『ニューディメンションズ・ラジオ』や、コスタリカの『ラジオ・フォー・ピース・インターナショナル』などだ。本書の参考文献欄には、価値ある多くのオルタナティブ雑誌を掲載している。

メディアによる歪曲に苦しんできた、抑圧されたグループや意識の高い人々は、彼ら自身がメディア側の人間になることによって反撃してきた。サラ・ハルプリンとトム・ウォーは、このような社会活動家の映画作品に対し、「コミットされたドキュメンタリー（committed documentary）」という用語をつくりだした。[2] 女性や有色人種の映画制作者や、エルサルバドル、キューバ、ニカラグア、ロシア、チェコ共和国、中国のような国々の映画制作者が、私たちが抑圧について理解するための重要な貢献をしてきた。

ほとんどのメディアは「対立」について、「善良な者」が「悪者」をどのように倒すか、または逆に「悪者」がどのように勝利するかを報道する。敵対主義は金儲けになるのだ。敵対主義は世界を、お互いに無関係な二つの立場が戦う巨大なサッカーの試合のように見なしている。

メディアは公人の弱点を暴露するのが大好きだ。しかし、敵対主義の虐待的な方法では何も正されない。メディアの人々は、例えば横領した政治家を世間の注目にさらす以上のことをすべきだ。彼らは、市民とその「公僕」の間で、どのように虐待が双方向に行われているのかを示すべきなのだ。どちらもお互いを攻撃し合っており、当事者が保護されるような公正な議論やファシリテーターの存在がなければ、誰もが苦しむことになる。

ファシリテーターは、一方の立場、または両方の立場に対してであっても勝利を保証してしまうことで、敵対的な民主主義に重要性を持たせないようにすべきだ。敵対する者どうしの関係性に焦点を当てよう。

支援の専門家が抱く文化的バイアスに立ち向かう

教育、医療、心理療法は見えない前提に基づいて多くの判断を下す。例えば、これらの分野は現代物理学に大きく依拠している。それは、科学がギリシア文明から始まったという前提に立ち、あらゆる先住民が大切にしている物質と自然へのシャーマニズム的な洞察を無視している。

現代科学のヨーロッパ中心的な評価や判断は、世界に多大な影響を及ぼしている。教師、医師、心理学者といった権威のある人たちは、その影響を確認せずに自分たちのパワーを使用する。彼らはしばしば学生や患者に対して、気づかないうちに虐待的になっているのだ。例えば、数学や科学といった特定の教科を学ぶことに関心がない、またはそれらを学ぶ力がない子どもたちを軽蔑することは、すべての人を傷つけることになる。

米国精神医学会の『DSM-5 精神疾患の診断・統計マニュアル』★の診断番号313では、六カ

★『DSM-5 精神疾患の診断・統計マニュアル』American Psychiatric Association 編、染矢俊幸、神庭重信、尾崎紀夫、三村將、村井俊哉訳、髙橋三郎、大野裕監訳、日本精神神経学会監修、医学書院、2014 年

月間にわたり次のうちどれか四つのことを頻繁に行う子どもは「反抗挑戦性障害」と診断されるとしている。その行動とは、かんしゃくを起こす、大人に激怒する、大人のルールに従うことを拒否する、他人を困らせる、自分の不作法を他人のせいにする、怒ったり悪意をもって行動したりすることだ。この診断で想定しているのは、これらの状況で大人に責任はなく、子どもは自分の利害のために抵抗するのではなく従順であるべきだということだ。十歳の子どもが、このような診断にどのように異議を唱えることができるだろうか？

医師の勧めに従うことを拒否するからといって誰かを「悪い」患者として扱うことは、患者は協力するのが当たり前という信念に基づいた評価・判断だ。この前提が明示されていないため、患者は自分を弁護できない。

権利を奪われた人々の怒りを、無能感をはじめとした心理的問題に起因する不適切な行動であるとみなすとき、医師や精神科医は主流派の特権で守られた立場から話をしている。「偏執的」「妄想的」「心身症的」な症状だと判断されると、人は自分自身の感情に背を向けるようになる。そうやって周縁化されたグループは自己破壊的になり、汚名を着せられるような狂気を実行してしまう、という悪循環が始まるのだ。「権威」によって診断を宣告されたあとに、少数派の人々が、「自分たちの怒りは非主流派グループ特有の心理的な問題によってではなく、主流派が社会問題を避けてきたことによって引き起こされているのだ」という信念をもって立ち上がるには多くの力が必要だ。

心理学や精神医学はこれまで多くの人を助けているので、それらが誰かを傷つけることもあるのだと想像するのは難しい。しかし、『人種差別と精神医学』★の中で、アレクサンダー・トーマスとサミュエル・シレンは、現代精神医学における人種差別の痛ましい歴史を掘り下げている。例えば、精神分析的アプローチでは、黒人の怒りはエディプス・コンプレックス★から生じると主張している。この第一の前提は、有色人種も白人と同じように、ギリシャやヨーロッパの神話と関連性があるというものだ。そして第二の前提は、黒人の怒りは、人種差別的な文化ではなく、子ども時代の問題に起因するというものだ。

ユングは、それまで疑われることのなかった二十世紀初頭のヨーロッパ的な思考の前提に従って、次のように書いている。「野蛮な人種と一緒に暮らすと、苦労して飼い慣らした白人の本能に暗示的な影響を及ぼし、その本能が引きずり出されやすくなる」。ユングは、黒人が白人に「感染した」と感じたのだ。「より原始的な人々と共に生活する以上に、伝染力が強いものはあるだろうか?」と彼は考えていた[3]。

敬愛するC・G・ユングの無自覚なランクについて指摘するのはつらいことだ。恩師である彼に対し、あからさまな人種差別主義者、反ユダヤ主義者、性差別主義者であると批判することについて、何週間も悩んだ。しかし、もしあなたや私がこのような問題を提起しなければ、私たちも虐待に加担してしまうのだ。

将来の世代の人々も、私が今日見ることができていない虐待への無自覚さについて、私を批判するだろう。そうすべきなのだ。幸いにも、ときに特権に無自覚であったとしても、私たちが行うことのすべてが悪いという意味にはならない。もしユングが今日ここにいたら、きっと彼は悲

★ 未訳。Thomas, Alexander, and Sillen, Samuel. *Racism and Psychiatry*. NY: New Press, 1983

★ エディプス・コンプレックス：精神分析の創始者フロイトが用いた言葉。男児が無意識のうちに同性である父を憎み、母を性的に思慕する傾向のこと。他者に対する憎しみなどの深い感情の源泉であると考える。

しく感じ、学んで変化したいと願ったであろうと、私は確信している。私は彼がいかに人々を愛していたかを知っている。私はまた、自分が人を傷つけたことを誰かから気づかされたとき、いかに悲しく感じるかも知っている。正しいか間違っているかは最も重要なことではないということを、私は思い出さなければならない。私たちの間にある感情に、価値があるのだ。

私が指摘したように、これまでの心理学はヨーロッパ中心的だった。それは、白人の行動が標準であり、白人は有色人種より優れているという、あからさまには議論されない前提によって、学術界にある公然の虐待の文化をサポートしてきた。例えば、ヨーロッパ中心の考え方では、「一人でやりなさい。強くなり、自立しなさい。自分の感情を抑えなさい」と言われる。そして、他の地域には家族やコミュニティを信頼する文化があり、そこでは自分の感情を認めることが高く評価されているのは無視されている。公然の虐待を避けるために、私たちには、ヨーロッパ中心の教育だけでなく、アフリカ中心、オーストラリア中心、日本中心、アメリカ先住民中心の教育も必要なのだ。

今日、主流派の心理学の実践者たちは、反抗、怒り、激怒、「幼児行動」、「感情の発散」（これは公共の場では「不適切な」行動とされる）を病的なものとみなすことによって、支配的な文化の価値観を強固にしている。「意識が高いこと」は、感情を抑えることと同義になってしまった。無意識の行動は、一般的に「影（シャドウ）」と呼ばれる。これは、褐色の肌を暗黙のうちに傷つける概念だ。

問題なのは言葉ではなく、言葉の背後にある無意識の感情と前提だ。物事を一般化してしまう概念の背景にあるのは確信だけで、疑われることはない。例えば、「空（エンプティネス）」や「自己認識」という言葉を使ったとしても、西洋的なバックグラウンドを持たないあらゆる集団の文化を包含できているわけではない。「行動化★」などのヨーロッパ中心の概念は、感情的な表現（多くの文化のまさに中核となるもの）が病理的であることをほのめかしている。そのような概念は、単なる文化的なバイアスにすぎず、真実ではない。にもかかわらず、ヨーロッパ中心的な考えで人間や文化を一般化する概念は、現在、世界中で受け入れられている。私たちは、ある概念を文化横断で適応させる代わりに、それぞれ固有の文化を尊重した、新たな多文化的な心理学を必要としているのだ。

今日、「個性化」や個人のユニークさが好んで強調されるが、コミュニティの価値には注意が払われていない。東洋の概念も西洋人の手にかかれば、最終的には個人の優位性に重きを置く、ヨーロッパ中心的なものと同じように聞こえてしまうのだ。例えば個人の「全体性」は、社会的な問題に対処する能力という側面を考慮せずに定義されている。また、「トランスパーソナル・セルフ（個を超越した自己）」という西洋的な概念は、単なるエゴ（自我）を超越する成熟した自己のことで、仏教で言う「生まれる前に持っていた顔★」になって完成することを目指すものだ。しかしそれは、時空を超越した自分の一面を特別扱いするものであり、多文化間の緊張のさなかで私たちが発揮するエルダーシップの重要性を、打ち消してしまうものかもしれない。

マズローの「自己実現」という考え方は、今日ではあまりにも限定的に捉えられている。マズローは「発達した」、つまり自己実現した個人について、著書『完全なる人間』★で次のように記

★ 行動化：抑圧されている感情の意識化を目指すが、その感情を心理的に受け止めきれずに行動に移してしまう危険があり、これをセラピーの文脈では行動化という。

★ 生まれる前に持っていた顔：仏教用語で、すべての人が本来持っている自然のままの心性のこと。

★『完全なる人間［第2版］』アブラハム・H・マスロー 著、上田吉一訳、誠信書房、1998年。ここでの著者名は「マスロー」だが、本文では現在一般的である「マズロー」を採用した。

した。

そのような人は、彼が成しえたものによって、彼が所属する社会との、さらには社会一般との新しい関係を引き受ける。彼は、自分自身をさまざまな方法で超越するだけでなく、彼の文化をも超越するのだ。彼は文化化（周りの文化を行動パターンとして取り入れてそのメンバーとなること）に抵抗する。自分の文化や社会から、より離れていく。彼は少しだけ、人類のメンバーとしての感覚を強め、ローカルグループのメンバーである感覚を弱めるのだ。[4]

主流派の読者は、これを非の打ちどころのない理論だと思うかもしれない。そして、マズローのこの言葉は彼らに当てはまるものなのかもしれない。あるいは、「彼」という言葉は人類すべてを意味しているのだ、と主張したり弁解したりする人もいるかもしれない。しかし権利を奪われたグループの人々は、「自分の文化から離れる」「少しだけ、人類のメンバーとしての感覚を強め、あなたのローカルグループのメンバーである感覚を弱める」という考え方には、完全に同意できない。結局のところこれは、女性、アメリカ先住民、有色人種、ゲイ、レズビアンに対し、常に法的に強制または推奨されてきたことなのだ。もし彼らが今以上に自分のグループを離れてしまえば、文化、部族、国家全体が死んでしまうだろう。

もしマズローが今も生きていたら、彼は自己実現とは、どの文化に自分が属したいかを選択できる自由、あるいは、自分の文化にとどまるか、場合によっては離れる自由という意味であってほしいと思うだろう。私はそう確信している。私の批判に対して彼が今ここで自分を弁護するならば、きっと彼はこのように言うだろう。善意で言ったつもりではあったが、「少しだけ、人類のメンバーとしての感覚を強め、ローカルグループのメンバーである感覚を弱める」ことを目指す考え方は、肌の色の違いを考慮できていないようだ、と。彼はきっと、「文化化に抵抗する」ことは、主流派が周縁化されたグループに常に要求していることであると気づくはずだと、私は確信している。

個人が外の世界からの圧力を受けずに、自分のグループを離れることを自ら選択した場合、それはそれでかまわない。しかし、誰かに自分の文化に抵抗するように要求する行為は、人種差別だ。

一方、マズローの考え方を主流派が考えるべきヒントだと考えると、彼の言葉はより大きな意味を持つようになる。多くの主流派の人々は他の文化に対して閉鎖的で、それを非常に怖れている。主流派の白人は自分たち自身について理解を深めるべきだが、それだけではなく、「自分のローカルグループのメンバーである感覚を弱め」、世界の問題を解決するために他者にもオープンになる必要があるのだ。

今日の心理学と精神医学の多くは、主流派の人々が現状を維持するためのツールとして機能している。これらの「科学」はほとんど、教育を受けて経済的に安泰であるという特権を享受する主流派の白人によって発展してきた。そのため、思慮の浅い無自覚な人種差別が心理学の理論に浸透し、心理療法が依然として個人に重きを置き、政治、社会、コミュニティの現実をなおざりにしているのだ。

ニューエイジの思想家は、先住民のスピリチュアリティをかじってインナーワークや個人の成長のために利用しているが、先住民が抱える社会問題は無視している。シャーマニズムにおけるインナーワークの側面だけに目を向けることで、一人ひとりがコミュニティや自然全体と築く関係性という、先住民の生活を支える一つの宝を一層否定してしまっているのだ。

一部の心理学者はいまだに、世界は変えられるはずだという考え方は甘いと言う。彼らは、権利を奪われた人々のニーズを無視し、革命から心理学を切り離す。世界は変わらなければならないし、心理学がその役割を果たすべきだ。心理学が確かにそれを試みていることを示す、多くの兆候は存在する。[5]

ワールドワークのファシリテーターとして、他者が心理学的な「真実」だと考えているものに対して批判的に聞く耳を持ち続けることによって、あなたはアウェアネスの手本になれるだろう。心理学的な「真実」とは、「女性的な」行動や「男性的な」行動、ゲイやレズビアンという性的指向の「原因」、子どもやティーンエイジャーの「反抗的な行動」に関して、一般化するような診断を下すことなのだ。

例えば、反対する人々を協調的な市民に変えようとしたり、彼らを病棟や刑務所に閉じ込めようとしたりするといった、政府の振る舞いを反映するような心理療法モデルは避けるようにしよう。メディア、特定の宗教制度、物理学、教育、心理学の根底にある偏見は、多くの強力な国家の主流派によって大事にされているものと同じだ。

暴力は、復讐を求める人だけの性質ではない。暴力とは主流派の文化の基本的な性質であり、そこではパワーを持つ者の振る舞いは、他の誰もが模倣すべき優良で健全な行動の手本であると掲げられている。このようにして、良い社会が戦争を引き起こすのだ。

第10章　人種差別主義者は誰？

有色人種の人からよく聞くのは、実は人種差別主義者だと自認している人のほうが、自分はそうじゃないと主張するリベラルな人よりも対処しやすいという意見だ。意図なき人種差別は陰湿である。例えわずかな差別であっても、それは破壊的なのだ。

人種差別、経済、暴力といったテーマを扱う集会においても、組織で行われる主流派が参加するあらゆる会議においても、世界中で人種差別的な発言が日常的に起きている。例えば、「アメリカ人は〜〜を望んでいる」と発言することは、典型的な主流派のアメリカ人に当てはまらないあらゆる人を周縁化してしまう。人種差別はあまりにも広範囲に及んでいるため、多くの人が、「白人を許すしか解決策はないのでは？」と思っている。私もそのように言ってしまうことはよくあるが、それでは問題は解決しない。

他の例をあげよう。ニューヨークで行われた人種差別に関する集会で、一人の善良な白人男性が立ち上がり、次のように言った。「私は、キッパリと人種差別について謝罪をし、自分の人生を進んでいきたいと思います。私は、この国がしてきた過去の人種差別的な行動について、罪の意識を感じたくありません」

オープンな態度と将来への熱意に、彼のプライドが滲み出ていた。誰が彼の発言の問題点に気づいただろうか？　しかし私にはそれができた。他の参加者から何の意見も出なかったので、私は隠れたゴースト・ロール、すなわち社会活動家のロールを取りあげることに決めて、こう告げた。

「あなたが人種差別に加担している限り、人種差別について謝罪することはできませんよ。今のあなたの人生、つまり、この社会におけるあなたの仕事、暮らす場所、得られる機会というのは、西洋社会が有色人種の人々に向けてとってきた態度が土台になっています。歴史は過去だけのものではありません。それは現在をつくり出しているのです。それなのに、すべて終わったかのように人種差別を忘れることがどうしてできるでしょう？」

彼は反論した。「それは真実ではありません！　あなたは私の状況を知らないでしょう。私には特別な社会的ランクはありませんよ」

ファシリテーターとしての私と、社会活動家としての私を区別する

私は自分が、ファシリテーターとしてだけでなく、一人の白人男性として、そして他者の意識を高めることに取り組む社会活動家としても、その男性に対して話していることに気づいた。私の中のファシリテーターは、この場で対話が深まってみんなが共に学び、つながりが増えてコ

ミュニティがつくられることを望んでいたが、私の中の社会活動家は彼に変化を求めていただけだった。誰も社会活動家の立場を取る人がいなかったので、私は彼に自分のこうしたジレンマについて打ち明けて、「誰か他の人にファシリテーションを代わってもらったうえで議論を続けてもよいだろうか」と依頼した。彼はエイミーが仲介役になることに同意した。

エイミーは私を見てこう言った。

「あなたは心を開いているように振る舞っているけれど、顔の表情がそうではないと言っています。今どんなことが頭に浮かんでいますか？」

私は自分が動揺していることに気づいた。そして彼にこう言った。

「今のところあなたは、自分のランクから多くのものを得ているわけではないかもしれませんが、それでもあなたには依然としてランクがあるのです。それは銀行にある貯金のようなものです。たとえあなたが周りの白人の中で最も成功していない人であったとしても、この国であなたが世間から受ける評価は、ほとんどの場合、有色人種の人に対するものよりも肯定的ですよ。さらに、あなたには選択肢があります。あなたは自分の肌の色に対する偏見と向き合わなくてもいいという特権を持っています。あなたは好きなときにいつでも偏見を無視できますが、黒人は毎日それに直面しなければならないのです」

彼はぶつぶつと不平をこぼした。彼が返事を考えている間、私は続けた。「あなたが歴史について謝罪して過去を忘れたいと言えるたった一つの理由は、あなたが白人だからです。しかし、もしあなたも私もそのことを忘れてしまえば、黒人、ラテン系、アジア系、その他の人種が北米で直面しなければならない問題に気づけなくなります。人種差別を目の当たりにしながら、悲しいと感じるだけで何もしない白人が、人種差別を永続させてしまうのです」

エイミーは彼が足を交互に動かすのを見て、彼に話してほしいと言った。彼は顔を赤くしながら答えた。

「あなたの言いたいことはわかります。それでも、私は人種差別主義者ではないと断言しますよ」

エイミーは、彼の赤い顔が傷つきや怒りを意味しているかもしれませんね、と言った。彼は言った。

「私は怒っています。私は善良な人間ですよ。あなたは私のことを知らないのです！」

私はこう返した。「ごめんなさい。あなたのことをもっと知るための時間があればいいのですが。あなたは基本的に善良な人だと私は信じています。それに、人種差別というのは汚い言葉です。しかし、もしあなたの家族の誰かが有色人種の人々を見下したとして、その件についてあなたがその家族に立ち向かわないのだとしたら、やはり私はあなたが人種差別主義者だと思います。あなたは、有色人種の人々の犠牲の上で自分が特権を得られる社会システムを喧伝しているからです」

彼は頭を振りながら、私に背を向けた。私はこう言った。

「あなたがもし望むなら、この場から去ることはできます。この部屋で起きているこの対立から立ち去ることは可能ですが、その場合でさえ、あなたは白人の特権を使っているのです。有色人種の人々はこの問題から立ち去ることはできないからです」

彼は頑なに自分の立場を守ろうとした。「私はあなたに賛成できません。私は、有色人種の人々に好意を持っています。だから私は、アフリカ系やラテン系の人々が住んでいる貧しい地域で、彼らともっと時間を過ごしたいと思っているのです。私は彼らのことをもっとよく知りたいですし、貧しい人々を助けたいのです」

私はこう返した。「ありがとうございます。あなたの意図はいいとしても、すべての黒人やラテン系の人々が貧しいとは限りませんし、すべての貧しい人々が有色人種というわけでもありません。有色人種の人々と共に過ごすことはあなたの気分を良くするかもしれませんが、おそらく長い目で見て、人種差別との闘いにはあまり効果がないでしょう。それ以上にあなたを必要としているのは、あなたと同じ白人が住む地域なのです。どうか、近くの住人や友人たちを目覚めさせ、彼らが自分のランクと特権に気づけるようにしてください。そのほうが長期的には、有色人種の人々の貧困を変えていくために、より大きな影響をもたらすでしょう」

彼は、その場にいるアフリカ系アメリカ人の中には、私に同意していない人もいると指摘した。そして、この問題は階級や経済から生じている、という彼らの発言を引用した。私は、もし彼らが私に同意していないのであれば、彼らの意見に耳を傾け、彼らから学びたいと言った。そしてこう尋ねた。

「しかし、なぜあなたは、人種ではなく階級の問題に焦点を当てたい黒人たちだけの味方をして、寛容にも白人たちの責任を見逃すのですか？　私たち白人は、そうやって私たちを許してくれる人たちだけに味方することによって、彼らのコミュニティを分断しているのです。階級の問題を強調している黒人たちは素晴らしい人たちですし、私は彼らから学ぶものがたくさんあります。しかし、もしすべての人が同じ階級だとしたら、もはや人種差別は存在しないだろうと思いますか？　私は存在するはずだ、と言いますよ」

初めて、彼はしぶしぶ同意したようだった。彼が考えている間に私は言った。

「あなたは黒人、ラテン系の人々、中国人、インド人、日本人が暮らす地域を自由に訪れることができますが、同じパワーが相手にあるわけではありません。黒人が、白人のカントリークラブに行きたいと言ったらどうなるでしょう？　彼らがどれだけ裕福であろうと、不法侵入で逮捕されることすらありうるのです。これは階級ではなく、肌の色の問題なのです」

これに彼は同意した一方で、すばらしい主張だが私は彼の話に耳を傾けていないではないか、と訴えた。彼からすれば、私は自分の視点にこだわりすぎて、有色人種の人よりも彼を軽んじているように感じられたのだ。彼は私に、実際にそう思っているんじゃないですか、と聞いてきた。私は彼に謝罪し、感謝の言葉を伝えた。

自分の虐待の歴史を振り返る

私たちは対立を解決した。ふたりとも心動かされていた。彼は静かに落ち着いていて、私は悲しみを味わっていた。彼はとても謙虚で、私から学んだと言ってくれた。私も彼から学んだ。私は彼に対して開かれた心とアウェアネスを持つよう求めていたのに、私自身はそれを彼に示せていなかったのだから。

私は自分が「燃やすべき薪」をたくさん持っていることに気づき、この集会のあと、子どもの頃から悩まされてきた公然の虐待の問題を振り返った。私が黒人のために戦っていた理由は、誰かへの偏見はあらゆる人々への偏見になるからというだけでなく、自分個人の過去にもあった。何年も前に、街中で傷つけられることからどのように自分の身を守り戦うかを、黒人の子どもたちが教えてくれたことがあった。私は自分の命を救ってくれたお礼に、彼らにお返しをしていたのだ。

第二次世界大戦が勃発したちょうどその頃、私はニューヨーク州北部の小さな町で生まれた。小学一年生になる頃には、自分を取り巻く世界全体が反ユダヤ主義であるように見えた。他の子どもたちが私のことを醜い反ユダヤ的な名前で呼び、寄ってたかって攻撃してきたとき、自分の家族がユダヤ系であることを初めて自覚した。そんな私に、黒人の子どもたちは、街中で喧嘩になったときに自分の身を守り、勝つための方法を教えてくれたのだ。

このように私は自分自身への理解を深めたが、さらに、人種差別がこれほど痛みをともなう未着手の社会問題でありつづけている新たな要因にも気づいた。白人男性が嫌々ながらも性差別の是正に取り組むのは、それが身近な家庭でも起こりうるからだ。白人男性は白人女性を避けることはできない。同性愛憎悪の問題であっても、自分の家族がレズビアンやゲイの可能性もあるので、なだめすかせば主流派の人が取り組むこともあるだろう。しかし、それが人種差別、つまり肌の色の問題となると、話は変わる。白人のカップルが出産した女の子がレズビアンになることはあっても、黒人になることはほぼないからだ。

こうして人種は、最も厄介で、ほとんど注目が集まらない問題のままであり続けるのだ。西洋と北側の世界では、有色人種の人々は主流派の無自覚さにさらされ続けるだろう。

西洋の白人コミュニティは、人種に関する政治を、白人か有色人種かという二元的な牢獄に閉じ込めてしまっている。白人は、世界を「(ふつうの)人々」と「有色人種の人々」によって構成されているものだとみなしているのだ。主流派は、その問題は有色人種だけの懸念事項ではないかと周縁化することで、自分たちの無自覚さと向き合うことを避けている。そうして主流派は、自らの精神(スピリット)の極めて重要な部分を無視し、白人の文化を損なっているのだ。アメリカには、このような麻痺の傾向に関して、いくつかの注目すべき例外もある。例えば、『ネイション』(*The Nation*)や『Zマガジン』(*Z magazine*)などの出版物だ。

主流派だけが人種差別主義者である

偏見は少数派を打ちのめし、偏見によって害された人々の魂、つまり感情的でスピリチュアルな部分をも周縁化してしまう。

人種差別とは、主流派の人種が持つ政治的なパワーを、社会的なパワーが少ない別の人種に対して、意図的に乱用したり、意図せず無自覚に乱用したりすることだ。

また人種差別とは、主流派の人種が他の人種に対して下す、否定的な価値判断のことだ。この価値判断は、他者を搾取したり見下したりすることを正当化する。

私の定義によれば、人種差別主義者になりうるのは主流派だけだ。主流派の人々は、少数派の権利のために戦う社会活動家を「逆人種差別主義者」と呼ぶことがある。これは極めて重要な点を見落としている。逆人種差別が可能になるのは、少数派の側の人々が主流派と同等の社会的なパワーを持っている場合だけであり、それは奇跡や革命がない限り起こりえないのだ。

この定義のポイントは、パワーの違いを明らかにすることと、公然の虐待を抑止することだ。人種差別とは、自身を守るのに十分な社会的なパワーを持たない人々に対して、主流派がランクを乱用することを指す。人種差別は常に社会的な虐待なのだ。

ファシリテーターは、とくに主流派なら、人種差別が、経済的、制度的、国家的、個人的、対人的、心理的なものであることを認識しなければならない。自分の経済的、人種的、あるいは心理的なランクに気づかない白人のそばにいると、有色人種の人は不快な気持ちになる。無自覚なランクは、主流派の人と低いランクの人どうしのコミュニケーションを、混乱させたり妨げたりするのだ。例えば、もしあなたが白人で、中流階級の異性愛者だとしたら、あなたはすべての人が異性愛者であると想定して街中を歩いているかもしれない。同性愛者は、あなたの近くでは自由に自分らしくいられないと感じているだろう。

あるいは、もしあなたが経済的地位の高い人であれば、誰もが高級レストランで食事をする余裕があると平気で想定するかもしれない。あなたが冷静で自信を持っている一方で、他の人はあなたのそばにいると劣等感や羞恥心、恐怖感や隷属感を抱いていたり、それらを埋め合わせるために外見上は強がってみせたりするかもしれない。私は、そうした人たちが自分自身の課題と向き合う必要はないと言っているわけではない。ただ、彼らの振る舞いにおいてあなたが果たしている役割を示したいだけなのだ。

ランクや肌の色に対して盲目であれば、ランクが低い人々を疎外することになる。そのような無自覚が人種間の分断を生み出すが、これは法律では克服できない類のものだ。違いに対して盲目な人の周りにいる他の人々は、自分自身を疑い、自信や自由が欠如しているのは自分自身の問題であると信じるようになってしまうのだ。

両極化に幕を下ろす

世界で有色人種の割合が増加するにつれて、あらゆる地域の主流派は、世界の一方が「私たち」でもう一方が「あの人たち」というふうには分割できないことを学んでいる。アメリカでは、ラテン系とアジア系のほうが、アフリカ系よりも多くなってきている。白人は二一世紀半ばまでに少数派になるだろう。異なる人種間に生まれた子どもたちは、二極的なシステムの境界を弱めている。それにもかかわらず、歴史、心理学、政治が組み合わさって、人種差別は勢いを維持し続けてしまっている。この点は、レジナルド・ホースマンによる古典『人種と明白なる運命』★の中で徹底的に描かれている。

★ 未訳。Horsman, Reginald. *Race and Manifest Destiny.* Boston: Harvard University Press, 1981.

私たちの二極的な思考は、場に現れるタイムスピリットを両極化し、混血の人々を無視してしまう。あらゆる人が、こうして分断された社会的なロールに適合するように両極化されているのだ。そうしてあなたは、自分が暮らす地域のロールやタイムスピリットの政治的なアイデンティティと同一視されるようになる。つまり、たとえあなたが望んでいなくても、先住民族、白人、黒人、アジア人、ヨーロッパ人などのいずれか一つのグループだけに、自分を帰属させるように迫られるのだ。

黒人とベトナム人の間に生まれた子どもがどちらか一方への帰属を迫られたと想像するとわかるが、自分自身の一部のアイデンティティだけを選ぶように強いられると、その人は非常に苦しみ戸惑うだろう。明確な区別が重要であるかのように振る舞うことで、国全体が両極化を促進してしまうこともある。そうしているうちに、何百万人もの人々が除外されてしまうのだ。両極化は事実によってではなく、偏見によって引き起こされる。例えば、ただ単に黒人や白人である人など、誰もいない。私たちはそれぞれ、まったく固有の特質や民族性を持っているのだ。

私たちの多くが自分の民族性に誇りを持っているが、受け継いできた民族性から独立した個人として認められることを望んでいる人たちもいる。しかしながら、好むと好まざるとにかかわらず、私たちは自分の人種、ジェンダー、宗教、性的指向に投影されたステレオタイプの枠にはめられてしまうのだ。

ファシリテーターとして覚えておくべきなのは、すべての人が境界が明確な2グループのどちらか一方に収まるわけではない、ということだ。人種をめぐる戦いの目的は、主流派を目覚めさせて、彼らが民族間の緊張を生み出すロールを担っているのだと気づいてもらうことだ。この戦いで私たちが目の当たりにするのは、一面では民族としてのプライドだが、別の側面では、その民族グループ自体の中に存在する、あらゆる違いに対する意識も現れる。そのため、人種が問題として取り上げられると、他の領域のあらゆる緊張を引き起こしてしまうかもしれないのだ。

人種差別主義者にならないための努力に終わりはない

あなたが歴史書で学んだことは、あなたをミスリードしている。民主主義社会であっても、人々は平等ではないし、平等になることなど決してないのかもしれない。

例えば、ラテン系や黒人は白人よりも、警察から嫌がらせを受け、店員から警戒され、銀行のローンを拒否され、粗末なサービスしか受けられない傾向がある。アメリカでは、もしあなたが黒人かラテン系で、店の前で古い車に乗っていたとしたら、警察官がやって来て身分証明書の提示を求めてくる可能性があるのだ。もしあなたが白人なら、同じ場所で同じ車に乗っていても、おそらく誰も気づかないだろう。

主流派の人が人種差別主義者になるのを避けるためにできる唯一の方法は、常に自覚を持っておくことだ。あるいは、黒人民族主義のリーダーであるクワメ・トゥーレが、一九九〇年にデビッド・バーサミアンによるラジオ・インタビューで語ったように、「あなたが人種差別主義者ではないと言える唯一の方法は、人生のあらゆる面で人種差別と闘っていると示すことだ！」。

私がかつて公開講座でクワメの言葉を朗読したとき、ある白人が意義を唱えた。「あなたは頭がおかしいのですか？　私が人生のあらゆる面で人種差別主義と闘うとしたら、私の人生は一体どのようになってしまうのですか？　疲れ果ててしまいますよ！」

私は次のように言った。「あなたは歩き方を学び、一日中、歩くことに意識を使っています。もしあなたがランクについて学んだら、やがてその意識も同じように自然に使えるようになりますよ」

問題を矮小化する偽りのコミュニケーション

主流派の人々は、自分のコミュニケーション・スタイルが普遍的なものだと思っている。高学歴の人が代表的だが、主流派の話し方は、難しい言葉を使い、合理的に、自信を持って、訛り（なま）もない。

エイミーと私は、オレゴン州ポートランドで人権と経済に関するタウンミーティングをファシリテートした。そのとき、参加者である大手銀行の広報担当者に、銀行内で人種差別があるかどうかを尋ねた。彼は非常に誠実に、そのようなことはないと答えた。つまり、彼の銀行では全員がダイバーシティのトレーニングを受けているということだった。そのトレーニングでは、有色人種の人々とどう話すかを学ぶ動画を観るという。

これは、主流派がどのように人種差別に対処しているかを示している。まず第一に、助けるべき人々と自分の間に感情的な距離を生み出すような、長くて重々しい用語を持ち出す。そして、人種差別や偏見についてではなく、「文化のダイバーシティ」をテーマにしようと決める。これはあらゆるものを、人間味のない無毒なものにしてしまう。当たり障りのない常識論がやりとりされ、それからセミナーを開催し、それを「ダイバーシティのトレーニング」と呼び、問題が解決されたと主張する。もうこれ以上偏見はありませんよ、と。このように、リベラルな教育を受けた人は偽りのコミュニケーションという煙幕を張って、ランクと人種の問題はさらに抑圧されるようになるのだ。

人種差別主義の言語

アメリカの主流派は、北部ヨーロッパ型の振る舞い方がスタンダードだ、という前提を置いている。人々は礼儀正しく、自信があり、穏やかな口調であるべきなのだ。彼らは情熱、パワー、性的指向、スピリチュアリティに蓋をして切り離し、それらを教育や発達が遅れているとみなしている人々に投影する。こうした投影によって、主流派への嫉妬や怒りや憧れが混ざった複雑なシステムが生まれるのだ。

主流派（この場合は北側の白人）のコミュニケーション・スタイルは、気づかないうちに少数派のグループに同調を押し付けている。ファシリテーターとして、もし一つのコミュニケーションや行動のスタイルだけを支持すると、人種差別を広めてしまうことになる。一つのスタイルに固執することは、政治的な意思表明となる。あなたが中立な紛争解決の交渉人になることができるのは、自分のコミュニケーション・スタイルには、社会のヒエラルキーを内包した暗黙の前提があることを知っている場合だけだ。人々に、自分にとって最善だと感じるスタイルで話すように励まそう。そして、そのスタイルだと他の人が理解できない場合には、それを通訳できる人を見つけよう。

アメリカ以外の人々は人種差別主義者ではないのか？

ここで思い出されるのは、一九九四年にスロバキアで行われたセミナーでの、緊迫した瞬間のことだ。その大規模な集まりにおいて、あるポーランド人女性が、アメリカの黒人たちが提起した問題にうまく返答できていないという場面があった。彼女は良心から、すべての人間は平等だと主張した。ドイツから来たある男性もそれに賛同した。ドイツやポーランドに人種差別はないと言うのだ。人種差別はアメリカだけでなくポーランドやドイツにも存在していることを、他の人々が二人に理解させるのには長い時間がかかった。

アメリカ以外の国々における主流派のグループは、人種差別主義をアメリカ特有の問題だとみなすことがよくある。アメリカ人と同様にヨーロッパ人は、歴史と、植民地化や帝国主義の過程を忘れている。おそらく、だからこそ、旧ソビエト連邦が崩壊した後の東ヨーロッパで民族紛争が勃発したとき、中央ヨーロッパの人々はショックを受けたのだろう。

偏見を抱いているのは、アメリカの人々だけではない。どこの国の主流派も偏見を抱いているのだ。シンガポールでは、マレーシア人は生き抜くために中国人と戦わなければならない。アフリカでは、黒人は自由のために、白人の入植者と戦っている。日本の主流派の人々は、イラン人や韓国人のような移民労働者だけでなく、自国の先住民の人々をも否認している。オーストラリアでは、白人の主流派が実際にアボリジニを滅ぼしてしまった。スイスのドイツ語圏では、イタリア人と地中海南部の人々が二流市民のように扱われやすい。ドイツでは、トルコ人、アフリカ人、タミル人の難民のような、肌の色が濃い外国人に対する不寛容さが高まっている。ジプシーと呼ばれる人々はヨーロッパのいたるところで迫害されている。保守的で復古的なロシアの白人は、アゼルバイジャン人やユダヤ人を見下している。イスラエル人は、パレスチナ人やアラブ人を見下している。北アイルランドでは、プロテスタントとカトリック、アイルランド人とイギリス人が交戦状態にある。多くの文化がユダヤ人とアラブ人の両者を見下し、いたるところでゲイやレズビアンは軽蔑されている。

人種差別主義者でないのは、誰だろうか？　冷ややかな真実は、私たちの誰もが、偏見を持ちうるということだ。西洋の白人を非難することは、この問題に取り組むうえで重要なステップだ。しかしそれだけでは、世界の他の地域にある、下位にみなされている人々を踏みにじる傾向を隠してしまう可能性がある。偏見は世界の問題の症状にすぎないので、それを止めても解決にはならないだろう。もちろん、それが人々の死を招いてしまう前に、法律によって対処しなければならない。しかし、もっと大きな問題は、相互のつながりの必要性が高まっていることだ。最終的に、私たちの関係性にアウェアネスを持つことは、すべての人にとっての務めなのだ。

世界の秩序を取り戻す

先住民の文化では、あなたの人間関係に秩序があれば、あなたは成功していると言われている。それとは対照的に、西洋社会ではこんなふうに言われる。「私の心や魂の中で変化が起きれば十分です。他者の変化は、彼らが望むように任せましょう。彼らに無理強いはしないでください」

私の見解では、あなたが自分だけを変えようとしていて、それを自分ができる他の何よりも重要だと考えているなら、あなたは、他の人々、霊（スピリット）、動物、環境から切り離された存在だという趣旨の政治的な表明をしていることになる。

あなたはこう言うかもしれない。

「私はみんなを愛しています。彼らには自分自身の力で成長させてあげましょう」

しかし、私はこう反論したい。

「あなたの自由放任主義な態度は、寛容さではありません。それは自己中心主義の表れです。それはヨーロッパ中心主義の哲学であり、東洋の受動性であり、明らかに中流階級の怠慢です。あなたは周りの世界に対して思いやりを持っているように見えますが、実際には交流にともなう不快さを避けることで、あなたと世界との関係を損なっているのです。あなたの態度は、他者との間に壁をつくります。そしてあなたは彼らを、あなたのように『発達』していない、あなたのように成長していないと、密かに見下しているのです」

私はさらにこう言うだろう。

「あなたは自分をごまかしています。もしあなたが他者を愛しているなら、あなたの周りにあるすべてのものは、あなた自身でもあると言うでしょう。あなたは政治的にはリベラルかもしれませんが、関係性のトラブルを避けるなら、あなたは他者を自分から切り離しているのです。最も近しい人々を遠ざけ、世界全体を寄せつけないでいるのです。あなたのパワーをどのように使うかは、個人の問題ではありません。それは政治なのです」

もし私たちが、対立に対処して良好な関係を築くことが意義深い人生の鍵であることに気づけば、人種差別の有害な源泉の一つ、世界を変えようとしない主流派の機能不全は、明日にでも解消されるだろう。ランクや人種に関わる対立の解決に動き出さないままでいるなら、主流派の人としてあなたは、「人種差別主義者は誰?」という問いに「私です」と答えなければならない。

第2部 変化を起こすエルダーシップ

Revolution: Elders In The Fire

第11章　「激流」について歌う

一九九〇年代のロサンゼルスは人種間の緊張を象徴する街で、まるでストーブの上でお湯を沸かしている鍋のようなところだった。部外者からは十分穏やかな街に見えたかもしれないが、あとほんの一度温度が上がれば、その水は激しく沸騰しうる状態にあった。

一九六五年の八月に起こったワッツ暴動の火種は街に残ったままだった。これはアメリカで知られている最悪の人種暴動の一つで、三四人の黒人が死亡し、千人以上が負傷した。そして一九九二年の四月、運転していたロドニー・キングを暴行したとして告発された警官四人の無罪判決のあとに、再び暴動が勃発した。

六三人もの死者が出たロドニー・キング暴動は警鐘を鳴らしたが、人種差別はなくならなかった。人種差別が生み出す根深い不満、不平等、貧困、絶望は、都心部における政府のプログラムやうわべだけの対応では緩和されないだろう。今日でもなお、水の入った鍋は沸騰寸前、つまり混沌、混乱、反乱の一歩手前状態だ。たった一つ不正があからさまになるだけで、再び暴力が起きてしまうだろう。

人種差別の根元にあるのは、白人の資本主義だと考える人がいる。彼らは、それが麻薬王と麻薬中毒者を生み出し、黒人コミュニティを台無しにしていると信じているのだ。また、人種差別の起源は、先住民やメキシコ人に対する白人による歴史上の帝国主義、つまりキリスト教の名の下の帝国主義にあると考える人もいる。

人種差別をなくそうと、これまで多くの提言がなされてきた。アメリカ先住民、黒人、日本人、中国人、その他多くのグループの社会活動家たちが、経済の改善、意識の向上、パワーの共有、インナーワーク、関係性の強化、少数派に配慮する制度、状況全体へのより深い理解、家族や教会やコミュニティの再生などのアプローチを提言している。方向性としては、より強く統合を促進するものもあれば、権利を奪われたグループを個別にケアする制度を求めるものもある。

耳を傾ける人――対立におけるゴースト・ロール

ワールドワークは、どのような集まりにおいても、さまざまな問題を有機的に、ときにはすべてまとめて浮かび上がらせることで、前述のアプローチを統合する。ここで思い出されるのが、カリフォルニア州オークランドで開催された人種差別を扱う集会で、この問題に取り組む人々に希望を与えるものだった。

そこでは、プロセスワーク・コミュニティのメンバーである、ジーン・ギルバート・タッカー、ジョン・ジョンソン、マックス・シュバック、そしてエイミーと私が、約二〇〇人の多様な人が参加した集団のファシリテーターをしていた。当時は拙著『対立を歓迎するリーダーシップ』★が出版されたばかりで、『ニューエイジ・ジャーナル』誌は『サンフランシスコ・クロニクル』紙の記者であるドン・ラテンに、このオークランドの集会に出席するように依頼していた。その後ラテンが執筆した記事には、次のように書かれている。

オークランドにおける集会直前の一カ月間は、あまりいい時期ではなかった。黒人コミュニティでの殺人率は上昇していた。ある白人の警官は、妻を絞め殺し、彼女の車の側面に「戦争（ウォー）」と書いて、街のギャングを犯人に仕立てようとしたことを告白した。オークランド市長は、走行中の車からの銃撃を止めるためにもう少しで軍の出動を依頼しようとしていた。犯罪が手に負えなくなっていたのだ。オークランドヒルズに住む白人たちは、市から離脱して、「トスカーナ」という自分たちだけの町をつくると脅していた。[1]

地元や全国の報道機関は、オークランドを戦争地帯であるかのように報道していた。人種差別を扱う集会のためにオークランドに来たいと思う人はあまりいなかった。会議のわずか一週間前になっても、参加申し込みをしている人がほとんどいなかった。新聞を読めば、オークランドに入ったらその場で射殺されるかもしれないと誰もが感じたはずだ。

土壇場になって、潮目が変わった。これは、対立を扱う公開市民フォーラムやセミナーではよく起こることだ。ほとんどの人が怖れながらも、最後には何かが自分たちを別の方向に進ませて

★『対立を歓迎するリーダーシップ 』アーノルド・ミンデル 著、松村憲、西田徹訳、バランスト・グロース・コンサルティング株式会社監訳、日本能率協会マネジメントセンター、2021年

くれることを願うのだ。誰が問題の多い暮らしを望むだろうか？

私たちが会場のメリットカレッジに到着したとき、部屋は黒人、ラテン系、白人、日本人、韓国人でいっぱいだった。会場には緊張感が漂っていた。アメリカで行ったセミナーで警察に見張られるのは、エイミーと私には初めてのことだった。彼らは、怒鳴り声が大きくなったと感じたらいつでも部屋の中に入ってきた。

さまざまなグループの中で育った私の経験は、この緊張を受け止めるのに役立った。それでも、気づくと私はインナーワークに取り組んでおり、自分の中のアジア人、ラテン系、黒人のコミュニケーション・スタイルを再発見しようとしていた。私が意識していたのは、私たちが参加者に抱く感情だけでなく、参加者への接し方を通して、彼らは私たちのことを知っていくということだ。

集会は金曜日の夜に始まった。どの人にも緊張感と警戒心が見てとれた。翌朝も静かに始まった。そして、一見取るに足らないようなデモンストレーションが爆発を引き起こした。黒人のジョン・ジョンソンとヨーロッパ系アメリカ人のマックス・シュバックが、紛争解決の手順をやって見せると、一人の黒人女性が立ち上がって、そのデモンストレーションは白人男性が黒人男性を抑えつけていると不満を訴えたのだ。彼女は続けて、黒人男性も同じように黒人女性を抑えつけていると叫んだ。

静かな部屋が炎上した。全員が一斉に叫んでいた。コミュニケーション・スキルをトレーニングするという私たちの目論見は、対立に取って代わられたのだった。多くの参加者は、この状況に対処するのに怖れを抱いた。一方的に知識を伝えるだけのプレゼンテーションを期待して参加した人たちも、動揺していた。「紛争解決のフレームワークはどこにあるのですか?」と、彼らは迫った。

その状況では、私たちに選択の余地はなかった。これが、報道機関が「ロドニー・キングの人種暴動」と呼ぶことになる事件のたった四日前だったことを、私たちはまだ知らなかった。雰囲気はどんどん激しくなっていった。参加者は人種差別や性差別に対する怒りを発散し始めた。これは、主流派の参加者が慣れているビジネス会議のような静かな会話や、組織開発の専門家が行うような直線的なスタイルではなかった。それは、テーマや声や痛みの不協和音だった。

混沌の真っ只中で、ある黒人男性が、黒人は望ましくない仕事しか得られない一方で、白人にはいい仕事が与えられる特権について、怒りを込めて話した。事態はエスカレートした。ある白人男性が彼の前に出てきた。そして、二人の男性は数インチの距離に顔を近づけて、お互いに激しい怒りをぶつけ合ったのだ。黒人男性は白人男性に向かって、彼の上から目線と特権を糾弾した。そして、白人男性は黒人男性に、冷静に理性を保って話さないならたたきのめすぞと警告した。

それは引き金をひいた。炎が轟音をあげたのだ。読者の皆さんはもうお気づきだろうが、特権とは経済的なパワーだけを意味するのではない。コミュニケーションにおいて冷静で落ち着き、客観的でいられるという特権、つまり、パワーを持っていない人々の激情や憤怒や悲しみを聞く必要がないという特権をも意味するのだ。突然、白人たちは二手に分かれ、その白人男性を黙らせようとする人もいれば、彼をサポートするために横に立つ人もいた。黒人たちは前に出てきて、その黒人の発言者の周りに集まった。

人々の声量が叫び声のレベルまで高まったときに私が思い出したのは、人は自分に誰も耳を傾けてくれないと感じるときに怒鳴るということだ。このグループのゴースト・ロール、つまり目に見えず、まだ代弁されておらず、場に現れていないものは「聞き手」だったのだ。私は、それぞれの発言者に耳を傾けている、と叫んだ。私が耳を傾けると、他の参加者たちも同様に、「私たちは聞いている」と唱え始めた。しかし実は、別のゴースト・ロールも存在していたのだ。

もう一つのゴースト――苦しみ

高校生から高齢者まで、あらゆる年齢の黒人たちが続々と前に出てきて、彼らの激しい怒りと痛みについて語った。それを見ていた他の黒人たちは、感情を吐き出すのはやめて、白人たちにやるべきことをさせろと叫んだ。その緊張と苦痛は、読者であるあなたにも伝わるだろう。

最後に一人の黒人男性が前に出てきて、静かに、そして次第に激しく泣き始めた。彼は、自分の痛みはここにいるみんなの痛みだと叫んだ。彼はみんなのために苦しみ、そして彼の苦しみを見た何人かが、他者に耳を傾けるようになった。彼の心からの涙は、すべての人の苦しみを表していた。あまりにも長い間抑圧されてきた、あるいは他者を抑圧してきた苦しみ。特権や人種差別に対して自覚していなかったことへの苦しみ。耳を傾けてもらえない、目を向けてもらえないことへの苦しみだ。

この男性は、言葉にならなかったものを聞こえるようにしたのだ。白人男性と言い争っていた黒人男性が中央に向かってやってきて、その泣いている男性にハグをした。ゆっくりと、黒人の女性も男性も中心にやってきて、彼を取り囲み、すすり泣く彼を抱きしめた。数分後には、白人たちや残りの参加者たちも前に出て、そうしてできた巨大であたたかい人々の輪が、苦痛の中心にいる男性を抱きしめたのだった。

この対立で欠けていたのは、苦しみと痛みを純粋に表現することだった。さまざまな人種のロールは表現されていたが、苦しみのロールは表現されていなかった。それがゴーストだったのだ。

対立の結果としての希望

この時点では、それ以上何もする必要はなかった。痛みから立ち現れたパワフルな体験が人々を一つにしたのだ。多くの人が希望を語った。この体験は、人間を再び信じてみるのに十分な根拠になると、彼らは感じたのだ。

昼食後、話し合いは続いた。この大きな集団は、白人コミュニティにおける対立に焦点を当てることに同意した。三〇人ほどの白人たちが中央に出てきて、人種差別について話し合った。ある白人男性は、黒人の激しい怒りが自分に何らかの対応を強制してほしくないという気持ちがあったことを認めた。つまりその白人男性は、自分が変わるべきだと暗に言われていることが気に食わなかったのだ。誰かが、白人男性の黒人に対する態度が黒人たちを抑圧していると指摘した。例えば彼は黒人に向かって、聞く耳を持ちやすくなるように、感情をコントロールしてほしいと頼んでいた。これは主流派が持つ特権の間違った使い方ではないだろうか？　プロセスワーカーたちは、冷静な状態でいるというのは、安全な場所に暮らす人だけが持つ選択肢なのだと指摘した。さらに、傷ついた人々に対して、変化を求める表現方法を変えてほしいと望むのは人種差別だと主張した。

他の白人たちは、自分たちは変化することなど決して夢にも思わないだろうと言った。一人の白人男性が、別の白人男性がとても傲慢であることに怒って立ち上がった。この対立はエイミーがファシリテートした。彼女は、非難したほうの人は怒っているだけでなく悲しさも感じているのではないかと指摘し、彼にそれを表現してみるように頼んだ。彼はもう一方の男性に、それを表現できないが、不公正をとても強く感じているのだ、と言った。なぜ他の白人たちは理解できないんだ、と彼は憤っていたのだ。

エイミーの助けを得ながら、二人の男性は意見を戦わせ、約一五分後にはお互いに理解を深めていた。そこで明らかになったのは、現状維持を支持していた男性には、これまで人種差別について考えた経験がまったくなかったことだ。

その後も白人のグループは、この対立に取り組んだ。多くの黒人が、白人が人種差別と向き合う姿を見たことがなかった。そして同様に白人たちも、黒人が白人と一緒になって黒人たち自身の問題と向き合う姿を見たことがなかった。どちらの人種であっても、この大きな集団が、人種というテーマに取り組むプロセスに入って切り抜けられると思っていた人はごくわずかであったし、ましてや何かを学べるとは思いもよらなかっただろう。

最後は愛

最終日の朝、参加者が次々と語り出し、人々は素晴らしい気分になって、拍手を送った。黒人、ラテン系、日本人、ゲイやレズビアンは誇らしげに自分自身について語った。グループはそれぞれの違いを尊重しあった。それは祝祭のようだった。そうして記憶に残る週末になったのだった。

四日後に暴動がロサンゼルスで勃発したとき、かつてアメリカの中で非常に混乱した場所の一つだったオークランド市は、穏やかなままでいた数少ない都市の一つとなっていた。暴動は、近隣のサンフランシスコをはじめとした全米の都市を焼き尽くしていた。しかし、オークランドは静かなままだった。私たちのセミナー後の二五日間は、殺人が起きなかったのだ。

『サンフランシスコ・クロニクル』紙の記者は、あのセミナーがこの落ち着きの理由なのではないかという趣旨のことを述べていた。私にとって重要なことは、あの驚くべきコミュニティ創造のプロセスから生まれた希望だった。素晴らしい話し手やリーダーたちが、多文化のグループであっても未知の領域にこれほど深く入りこみ、コミュニティを創造できる強い愛を自分たちの中に見つけられるということを証明してくれたのだ。

すべてのグループが、自身の最高の癒やし手である

どんな集団でも、自分たちの対立を解決する専門家になれる。ヨーロッパ主義的な紛争解決手法は、手順、妥協、解決策を重視している。一方で、人間関係における葛藤や感情的な背景を扱うことは苦手だ。ヨーロッパ主義的な伝統は、時間を守ることや自己批判に価値を置いている。アフリカの文化は、より関係性を重視する。対立に対処するには、それぞれの人が自分なりの心理学を必要とするのだ。

例えば、セシル・ウィリアムズの著書『隠れる場所はない』★によると、アルコホーリクス・アノニマス★（AA）が提案する12ステップでは、多くの黒人の症状改善には役立たなかった。[2] AAは、この12ステップが薬物から解放されるための唯一の方法だと主張している。ウィリアムズの指摘によると、これは黒人に対して、「この12ステップは何も欠けていない。あなたが何か間違っているに違いない」というメッセージを送っているのだ。

彼はさらに、AAは黒人の価値観と矛盾するとも指摘している。黒人は共同体を重視するのに対し、この12ステップは個人の回復に焦点を当てているのだ。個人に焦点を当てた回復プログラムは、自分のアイデンティティが拡大家族やコミュニティへの所属に基づいている人々との間に、不協和音を生み出す。さらに、12ステップのプログラムは匿名性を誇っている。しかし、黒人の人々は人生を通して、目を向けられることも耳を傾けられることもなかったのだ。ウィリアムズ

★ 未訳。Williams, Cecil. *No Hiding Place.* San Francisco: HarperCollins,1992.

★ アルコホーリクス・アノニマス：アルコール依存症の自助グループのこと。

によれば、黒人たちにとって匿名性とは、顔の見えない関係でお互いを切り離す状況を繰り返すだけの、別の手段にすぎないのだ。黒人たちは、怒り、激情、不満、痛み、失敗を表現しても受け入れてもらえるコミュニティを必要としているのだ。

あなたがいるから私がいる

ウィリアムズは続ける。

「癒やし(ヒーリング)に取り組むコミュニティは、嘆きの壁★や叫びの部屋のような存在にならなければいけない」

自分自身とコミュニティを癒やすには、ヒーリングホール、コミュニティセンター、嘆きの壁のような存在が必要だ。とくに西洋の世界では、感情を表現したり、泣いたり怒ったりすることができ、互いに心を通じ合えるような、多様な文化を扱える場が必要なのだ。そのような場では、もし誰か一人が深く感じた体験によって変化したら、誰もが恩恵を得る。もし人々が共に癒やしを体験しない場であるなら、個人の歩みは妨げられてしまうのだ。

私たちは、お互いが共にいることができるように、世界を創造し直さなければならない。依存症患者の大多数は、断薬や断酒したときに戻る社会を持っていない。私たちの多くは何らかの形で依存症患者だ。例えばランクなど、日々を乗り切るのに役立つ有害なものにしがみついている。私たちは自分自身の内面でランクの問題に取り組むことはできるが、ランクへの依存から解放さ

★ 嘆きの壁：エルサレムにあるユダヤ人の聖地の一つで、かつて消失した神殿のことを嘆いてもよいとされていた場所。

れたらどこへ行けばいいのだろう？

私たち主流派の社会システムは、トラブルや痛みを隠そうとする。そして、人種差別や歴史から学ぶべきだった教訓を封じ込めている。民主主義の世界は平和や調和に依存している。つまり、主流派は対立を避けるためにランクや特権を使っているのだ。メディアは対立する利害関係者の代表者個人にスポットライトを当てるが、社会のシステムは大きな集団が一堂に会して共に物事をうまく解決しようとするのを妨げてしまっている。

それを癒やすことのできる先住民の智慧が、主流派には欠けている。黒人、ヒスパニック系、日本人、中国人、韓国人、チベット人、ヨーロッパ人のエルダーたちに助けを求めないため、私たちはみんな苦しんでいるのだ。私たちは、アメリカ先住民、アフリカ、イスラム、ユダヤ、仏教、キリスト教の智慧を切実に必要としている。誰も取りこぼさないようになるには、多様性がもたらす無秩序を含む、多様性のあらゆる側面が必要だ。

ドラッグから解放されたばかりの人が適切なコミュニティを必要とするのと同様に、人種差別から回復しつつあるコミュニティには、社会的不平等をはっきりと直視する世界が必要だ。現時点では、それは存在しない。

一九九二年にワシントンDCで開催されたコモン・バウンダリー会議で行われた講演「関係性におけるエッジ」の中で、黒人の教師でありプロセスワーカーのジョン・ジョンソンは、セシル・ウィリアムズのように、黒人の心理における関係性の重要さを次のように強調した。

アフリカ系アメリカ人やアフリカのコミュニティでは、関係性がすべての存在の基礎となっています。関係性は初めからずっとそこにあり、私たちが去った後もそこにあります。私たちは関係性そのものなのです。

あなたがいるから私がいる。そして、私がいるからあなたがいる……。アフリカ系アメリカ人の哲学によると、霊（スピリット）が私たちの最初の関係性であり、それが私たちを一つに結びつけるのです……。一人ひとりは自分自身の中にある霊（スピリット）そのものであり、その霊（スピリット）はまた、すべての相互作用の背後にある霊（スピリット）なのです。

個人の自己をコミュニティの自己と切り離すことはできない。それは一体の霊（スピリット）なのだ。関係性における癒やしとは、最も深い場所に到達し、私たちが体験しているものはコミュニティへの所属だと感じるということだ。霊（スピリット）は、未知の方法で私たちを動かし、怖れさせ、怒らせ、また穏やかにもするのだ。

関係性を築くとは、トラブル、虐待、痛み、怖れ、苦しみに対処することを意味する。黒人歌手のバーニス・ジョンソン・リーゴンは、コモン・バウンダリー会議の聴衆に向かって、いかにトラブルから深い関係性が発展するかを語った。「トラブルを通して、私たちはお互いを見つけます。私はトラブルについて歌います。ほとんどの人が澄んだ癒やしの水について語るのに、私が血に染まり、混乱して、激流（トラブル・ウォーター）について歌うのはなぜでしょう？　……トラブルが私たちを一つにしてくれるからです」

トラブルがドアをノックしてきたとき、私たちの多くはドアを開けることを嫌がる。私たちは怖れていて、平和だけしか迎え入れないのだ。しかしもし、プロセスとは現れ出ようとしている予測不能の霊(スピリット)であることを私たちが覚えていれば、トラブルがノックしてきたとき、新しい関係性が始まるかもしれない。トラブルがノックしてきたとき、ドアの向こう側には新しい種類のコミュニティの可能性がある。新しいコミュニティの土台となるのは相互理解だけでなく、未知の領域やトラブルの中に入る、つまり、自由の代価である炎の中に入るという共通の意思決定なのだ。

第12章　誰がお金を持っているのか？

経済的階級は社会的ランクの背後にある中心的な問題であるため、組織やコミュニティにおいては「誰がお金を持っているのか？」が基本的に問われている。

すべての問題は何らかの形で関連しているため、それらはすべてお金と結びついていると言える。教育は地位を与えるが、お金がかかる。経済的階級が低い人は、良い教育を受けるためにより多くの努力が必要だ。失業と教育は関連しているのだ。貧しい人はトレーニングや教育にお金をかける余裕がないので、そうしたグループは最も失業率が高い。主流派の人種は他の人種よりも収入が多い。例えば、白人の男性は一般的に女性よりも多くの給与を得ているのだ。

短絡的な主流派は「失業者は怠け者に違いない」と言う。そうして心理的ダメージが生まれていく。失業者はこの批判を内面化するのだ。自尊心が低いと病気に対する抵抗力が低くなる。健康状態の悪さは、その人の経済的な状況などほかの要因に結びついている。

一方、裕福な人々は言う。「貧しい人を支援するあらゆるプログラムを見てください。支援を受けても、あの人たちはしっかりできていないじゃないですか。政府は私になんのプログラムも提供してくれませんが、私は仕事を得ていますよ」

経済システムにおいて抑圧されている人を優先して採用する、いわゆる「アファーマティブ・アクション」と呼ばれるプログラムでは、雇用の平等を達成することはできない。なぜなら、このようなプログラムは社会の背後にある偏見を扱っていないからだ。その結果、よりよい生活を保証されるはずの、経済的に不利な立場にある人々に挫折感が生まれる。なぜなら、自分たち自身に何か問題があるに違いないという主流派の考え方を受け入れてしまう人もいるからだ。自尊心が低いと健康状態が悪くなり、健康状態が悪いと簡単には働けなくなる。そうして、家族に緊張が生じ、子どもたちがネグレクトされてしまうのだ。

人種、ジェンダー、健康、教育、お金は関連しており、それらが高いランクを誰かに与えれば、他の人のパワーが弱くなるのだ。

次の革命は明日にでも起こる

世界は、階級の平等をもたらすような、新しい形のコミュニズムを迎える準備ができている。私は、これから人々のアウェアネスが全面的に高まる革命が起こると予測しているが、それはすべての社会問題に影響を及ぼすものになるだろう。そして、ランクのアウェアネスを高めるための教育がなければ、この革命を達成するための暴動や反乱は避けられないだろう。それは間違いであってほしいが。

私の言うコミュニズムとは、階級を平等にするプロセスを意味する。コミュニズムは、中国、ベトナム、キューバ、数年前までのロシアなどの国で見られた歴史的な出来事だけを指すのではない。コミュニズムは、お金を持つ人と持たざる人との間に対立が起きるところならどこにでも現れようとする、コミュニティを創造するプロセスの一つの段階なのだ。

革命が起こるという私の予測の根拠は、これまで世界中で多文化の集団とワークを行い、そこで暴動に近い状況を扱ってきた経験と、国や組織に関係なくどのようなグループ・プロセスであっても、世界の未解決の問題とつながっているという見立てに基づいている。つまり、グループ・プロセスは、ジェンダー、人種、健康、お金と社会階級の問題ともつながっているし、ランクの無自覚とも関連しているのだ。

私の革命の予想はマルクス主義的だろうか？　イエスであり、ノーである。マルクスによる反乱の予測は、経済的な考察だけに基づいていた。私が指摘してきたように、経済的な状況は他の問題から独立したものではない。私は、あらゆる領域を見たうえで予測を立てている。

私たちは歴史を繰り返している。たとえ小さな町の政治のプロセスでさえ、当事者がその歴史を知っているかどうかにかかわらず、世界で起きた近年の革命の歴史を繰り返しているのだ。利己的で貪欲な君主制に対抗するボリシェビキの反乱（ロシア革命）は、常に新しいかたちで生まれ変わるだろう。そして、宗教的抑圧や人種差別が新しいかたちで繰り返される限り、ジャンヌ・ダルク、ガンジー、マルコムX、マーティン・ルーサー・キング・ジュニアのような新しいリーダーが現れるだろう。

グループ・プロセスに取り組む私たちにとって、人類の歴史という、より大きな文脈で自分の仕事を捉えることは極めて重要だ。たとえ、ある町における古い橋の補修費用の徴収案をめぐるいざこざのように平凡な対立であっても、その問題は世界の歴史と関連しているのだ。橋が熱い話題になるのは、例えばその町には失業者が多く、人々が仕事を必要としているからかもしれない。しかしその一方で、橋はまだ壊れていないので、金持ちはその橋を建て直す費用に充てるための高い税金を支払いたくないかもしれない。結局のところ、「誰がお金を持っていて、誰が持っていないのか？」という問題になるのだ。もし金持ちが勝利するのならば、小規模な階級革命が起きる準備が整うだろう。

生物学には、「個体発生は系統発生を繰り返す」という説がある。言い換えれば、子宮内での受精から成人するまで、個々の人間の発達（個体発生）は、人類という種全体の歴史的な進化（系統発生）を反映しているのだ。例えば、人間の初期の胚では尾部が発達するが、出生前には退縮していく。こうした人間の胚のように、まず私たちが集団をつくるとき、友好関係や安全を築くためにコミュニティを形成する。しかしやがて緊張が高まり、権力闘争が発生し、カリスマ性を持つ誰かが主導権を握り、リーダーの友人たちは高いランクが与えられ、奴隷や移民は低いランクを持つことになる。そうして、多様性、人種、ジェンダー、健康、コミュニティ、平等、民主主義、先住民のスピリチュアリティ、資本主義、コミュニズム、そして最終的にディープ・デモクラシーをめぐって対立が生じるのだ。

企業、宗教団体、タウンミーティング、ブリッジクラブのような社交グループなど、どんな集団を考えてみても歴史は繰り返されている。いかなる集団も、次のような段階をいくつか経験するはずだ。

・人々が一つになる段階――スピリチュアルな体験、新しいアイデア、外から迫る危険に後押しされる
・独裁的な段階――誰かが優位に立って、他の人に何をすべきかを指示する
・コンセンサスの形成に奮闘する段階――次に何をすべきかを話し合う
・民主主義の実験段階――人々の権利を保証し、すべての人に平等なパワーを与えようと試みる
・帝国主義的に獲得しようとする段階――たとえ抵抗されようとも今が拡大のときだ、という暗黙の了解が得られている
・他の集団から報復される段階
・領土争いの段階――人や環境をめぐって争い、やがて環境から反逆を受ける

このリストにもう一つの段階を追加したい。私が知る限りまだ実現してはいないが、今後避けられないものだと考えている。

＊より大きなアウェアネスとディープ・デモクラシーの段階――年齢、人種、宗教、ジェンダー、健康、性的指向などをめぐる対立と環境問題の解決を目指す

社会を動かすタイムスピリット

どのような瞬間でも、グループ・プロセスのどの段階でも、何百というロールが存在する。実践的な人、感情的な人、子ども、聡明な女性、勇敢な兵士などなど、まだまだある。それらはすべて共存しなければならない。現在まで、民主主義政権であれ独裁政権であれ、人々は三つの力（フォース）と共に生きてきた。

スピリチュアル・リーダー……私たちを無限のもの（神的存在）に結びつける。今の時代でこのロールを担うのは、実用性よりもビジョンに基づき行動する人だ。

独裁者……パワーを過剰かつ暴力的に乱用するリーダー。

社会活動家……抑圧への抵抗者で、自由を求める戦士になり、後に革命家に転じる。

これらのタイムスピリットは、危機の時期には非常に重要だ。このようなゴーストには何百ものバリエーションがある。重要なのはその名称ではない。私たちが注意しなければならないのは、彼らの存在とエネルギーだ。さらに、どのようなときでも私たち一人ひとりが何らかのロールを担っているのだ、と覚えておくことが極めて重要である。必ずしも同じロールを担い続けているとは限らない。ロールが変化したとしても、コミュニティは存続していくのだ。

プロセス……………四つ目のタイムスピリット。他のさまざまなロールが一緒に集まったとき、プロセスはロールを超越して、コミュニティを構築する。プロセスは対立、議論、対話を通して他のさまざまなロールをコミュニティへと結びつけ強固にする。

あなたの家族・親戚関係を考えてみてほしい。独裁者のロールを担っている人がいれば、他の人に問題ないか確認せずにいつも自分の主張を述べるだろう。もし独裁者の振る舞いが度を越していたら、社会活動家のロールの人が声をあげるだろう。「私とあなたは合意できていません。他の人のところまで踏み込まないでください。ここは私の領域であってあなたの領域ではない。自分の領域にとどまっていてください」。そして、誰かがスピリチュアル・リーダーになり、ビジョン、夢、閃きに従って人々を再び一つにするだろう。

コミュニズムが存在しないなら、生み出さなければならない

あらゆる多文化集団では、歴史上の社会問題が再現されている。そこでファシリテーターは、グループ・プロセスを理解し、それがどこへ向かっているのかを予測するために、経済や人権の歴史に関する知見を持っておかなければならない。

コミュニズムの場合を考えてみよう。もしそれが存在しないなら、生み出さなければならないはずだ。コミュニズムは、富を分配し、経済的にパワーを持たない人々に働きかけるという試みにおいて、資本主義に対する必然的な反応と言える。コミュニズムが目指すのは、経済的特権が階級、人種、性別、年齢、学歴といった無形のリソースに依存していることを無視するような、視野の狭い考えを是正することだ。

コミュニズムの親であるカール・マルクスは、社会は奴隷の所有から封建制へ、資本主義へ、社会主義へ、そして最終的にはユートピアのようなコミュニストたちによる社会へ発展すると信じていた。彼は、十九世紀のヨーロッパとは眠れる巨人のように、一部の人によって従属させられ活動を停止している人々の集団であると捉えていた。

マルクスは、資本家は生き延びるために自分の労働力を売る必要がないことを認識していた。そうした人々は資本家階級（ブルジョワジー）と呼ばれる階級を構成している。もし資本がなければ、生き続けるために労働力を売らなければならず、労働者階級（プロレタリアート）に属していることになる。資本主義は、

資本家階級（ブルジョワジー）と労働者階級（プロレタリアート）の間の弁証法（対立）だ。マルクスは、もし社会の経済的な基盤が変化したら、文化もやがて変化すると考えた。もし人々が私有に対する信仰を放棄したら、一部の人々の利益と大衆のニーズの間にある対立は無くなるだろう。

ワールドワークの視点から言えば、マルクスの考えは社会活動家的である。彼は、ランクや貪欲な君主や独裁者を排除し、階級の平等というビジョンを追求することで、地上の楽園、つまり階級の区別がない社会が訪れると述べた。しかし私たちは、ゴーストを取り除くことに成功した人は誰もいないということを、歴史から学んでいる。せいぜい私たちにできることは、コミュニティをつくるためにゴーストを利用することなのだ。

レーニンの革命——急場しのぎの独裁

このような考えに到るのは、現在なら簡単だ。しかし、レーニンと周りの人々は、厳しい貧困ゆえに反乱を起こさざるをえなかった。ロシアは、少数の支配階級が莫大な富を持ち、土地のない農民が極度の貧困に苦しんでいた。レーニンは、この二〇世紀初頭のロシアの状況に合わせて、一八四〇～五〇年代のマルクスの考えを修正して適用した。マルクスよりも過激だったレーニンは、他者よりも豊かになりたいと望んでいる人は力ずくで倒されなければならないと信じていた。つまり、持つ者と持たざる者の対立を放っておいて無駄に時を過ごすことには、同意しなかったのだ。マルクスは抑圧された者はゆっくりと力を得るだろうと述べたが、レーニンはその移行期間を短縮しようとしたのだ。そしてレーニンと仲間たちは、かの有名な一九一七年十月のボリシェビキ革命を計画、実行したのだった。

労働者の名の下に権力を掌握したボリシェビキは、ロマノフ家の支配とその帝国文化に終止符を打った。数週間のうちに、土地、財産、産業は国有化された。この一体の動きで地球の六分の一以上の人々が共産党体制によって政治的に再編成されることになり、世界が驚愕した。

急速にレーニン主義運動は、「力を共有する」という当初の約束以上のところまで進んでいった。労働者たちは抑圧的な政党を新たに結成し、支配階級を再び生み出した。その支配階級は、独裁が物事を動かすなら、コミュニズムが目指すユートピアのような夢を犠牲にすることも厭わなかった。

革命家たちは、最初はほとんど気づかずにロールを交代していた。それまで独裁的な君主制があったところに、今度は全体主義の新しい形である共産党が君臨した。共産党は、言論の自由、集会の自由、礼拝の自由などの基本的な自由を禁じた。一九三〇年までには、最初の集権的な計画経済が生まれた。その経済とは、密かに一部の人にさらなる権力とお金を与える一方で、残りの人たちには少ししか与えないものだった。ロシアの人々は、再び抑圧を知ることになったのだった。

失われた正当性とソ連の終焉

コミュニストの運動は、すぐにイデオロギーに支配された。党は政治的正当性を主張した。私がワルシャワで出会ったポーランド人女性のボグナ・シンキエヴィッチは、共産党体制下で暮らすという状況が人々の心に与えた影響について、こう説明した。

ポーランド人はこの症状を「ポーランドの統合失調症」と呼んでいます。私は、思考の中では自由を感じています。問題は、思考の世界と行動の世界に大きな矛盾があることなのです。そしてどこか非常に深いところで、私は体制に対して何もできないことを確信していました。

私の内面の世界では、すべてのことが可能でした。好きなだけ創造的な自分でいられます。しかし外側では、あまりにも危険な状況に干渉できなかったのです。

革命が起こってから、外部の状況はより危険を増していた。レーニンは一九二四年に五四歳で亡くなった。ジェームズ・デフロンゾは『革命と革命運動』★の中で、レーニンが生きていれば、彼はより民主的に軟化していたかもしれないと指摘している。なぜなら、彼の頑なさは革命そのものが持つ問題によって引き起こされていたからだという。彼の継承者は、通称「鉄の男（アイアンマン）」と呼

★ 未訳。Defronzo, James. *Revolutions and Revolutionary Movements*. Boulder, CO: Westview Press, 1991.

ばれるスターリンだったが、その無能さが明らかになったのは、権力の地位についたあとになってからだった。スターリンは反対者を抑圧することにかけては容赦がなかった。

マルクス、レーニン、トロツキー、毛沢東といった人物は、君主や地主にひどく搾取されてきた人々の英雄だった。コミュニズムの思想はやがて中国という格好の土壌に行きついた。そこでは大半の人が封建制度の農奴として、社会的なパワーや財産を持たずに暮らしていたからだ。ロシアと同様に中国は工業化が遅れたため、西洋諸国に比べて貧困が広がっていた。

民主的な理想に火をつけられ、コミュニズムはロシアと中国を工業化と近代化に導こうとした。しかし、スターリンの冷酷な支配のもとであっても、ロシアは決して経済的な困窮から抜け出すことができなかった。その後、アメリカの核兵器開発に遅れまいとしたソビエト連邦は、国内需要を満たすための資金を軍備に充てるようになり、国民の欲求不満はそれまで以上に高まった。最終的に独裁政権は、新しく創造的なアイデアを抑圧して覆い隠し、国を硬直させた。その後のことは歴史が示すとおりだ。

一九八〇年代の終わりに、ゴルバチョフによる「グラスノスチ（情報公開）」と「ペレストロイカ（再構築）」の影響によって、ソビエト連邦は崩壊した。ポーランドの「連帯（独立自主管理労働組合）」の成功に勇気づけられ、他の東欧諸国はソビエトの統治から離脱した。しかしながら、国の硬直化とそれによる抑圧に関する教訓を、人類は学んだわけではなかった。

歴史の教訓――復讐の存在を忘れてはいけない

マルクスと彼の支持者たちは、世界の歴史の大部分がお金のある人々を中心に回っていることに気づいた。共産主義者たちは、誰もが利己心を手放して他のみんなのために働くユートピアを作り上げることを望んだ。しかし、国家の問題は武力によってのみ解決されると宣言したレーニンは甘かった。彼が一時的な手段として終わることを望んだ武力革命は、結局のところ常態化してしまったのだ。

絶望に駆り立てられた人々は、飢餓を終わらせるためにはどんな手段を使っても構わないと思っていることを、彼は理解していた。社会主義の土台はパンを見つけることだと信じていたのだ。しかしすぐに明らかになったのは、この革命が見つけようとしたのは、労働者がパンを手に入れられなかった前時代への復讐であるということだ。実際に、共産主義者たちは、権力者たちをその座から下ろしただけでなく、首を切り落としたのだった。[1]

つまり現在において、もし旧ソビエト連邦諸国の民主主義改革が人々の生活向上に成功しなかったら、新たな血なまぐさい革命が待ち構えているだろう。このような国々では、今でも特権や安全の平等な分配が求められているため、コミュニズムの理想が立ち返ってくるに違いない。私がこの本を書いている一九九五年にはすでに、旧東欧圏のいくつかの街で、自治体の要職に共産主義者たちが選出されている。

私たちは歴史から何を学ぶことができるだろうか？　憂鬱、絶望、貧困は人々を自暴自棄にする。彼らは生き残るためならあらゆる手を尽くそうとするだろう。そして、速やかな救済を約束する人ならほとんど誰にでも従うだろう。最初は、生きるか死ぬかの問題だ。しかし、いったん復讐が動機になると、自分自身を救うために必要としたまさにその力に酔いしれる。打倒したかったはずの奴隷の所有者に、彼ら自身がなってしまうのだ。グループ・プロセスの結果を予想するときは、復讐の力を忘れてはいけない。

どんなに理想的なビジョンでも独裁を生み出す

コミュニズムに関するこの歴史的見解が示しているように、最も素晴らしい民主的なビジョンであっても、たやすく新たな形の独裁政権に取って代わる。新しい「理想」による支配は、あらゆる場所で起きている公然の虐待と同じ影響を及ぼし、人々が打ちのめされるのだ。

以前私が行った旧ソビエト連邦に関する講義で、モスクワから来たルバ・イヴァノワ＝サーキンとポーランドのグダニスクから来たアリーナ・ウローナという二人の女性が、共産党の独裁政権下での経験について話してくれた。アリーナは、共産党体制は言論の自由が許されない以上の社会だと語った。考えることすら許されないという。

それはあなたの想像すら超えたものでしょう。他の人に同意しないと、仕事を解雇され、所有するものすべてを失います。この自由の欠如によって、自分の内側で検閲を強め、あなたは変わってしまいます。考えることができないように、自分をシャットダウンするのです。社会には公的な検閲官がいますが、あなたの心の中にもいるのです。それをポーランドでは「内なる移民警察」と呼びます。自分の思考を持つことはとても怖いので、あえてしようとはしません。

私がアメリカへ来たときに最初に感じたのは、こんなに自由があるなんて、というものでした。信じられないほどです。あなたは外に出て、「私は賛成しません！」や「私は気に入らない！」と言うことができます。テレビでさえ、法律への反対を堂々と話せることに、私は驚いています！

モスクワで育ち、一九八九年の革命前に亡命したルバ・イヴァノワ＝サーキンは、ロシアでとるべき振る舞い方を次のように語った。

……じっと口を閉じて、何らかの感情や考えがあったとしても、胸の内にしまっておいてください！　それが最も安全な場所です。実際のところは、どんな感情でも持たないに越したことはありません。日常生活を脅かすかもしれないからです。ましてや誰かに話すなんてもってのほかです！　危険すぎます。でも、そうした現実に逆らわない泳ぎ方を身につけたあとに、その流れに逆らって、自分を静かな善人から反抗的で力強い存在に変える方法を学ぶでしょう。抑圧されているときはいつでも、あなたは自分を守るために「内側」にとどまらなければなりません。生きるためには、現実に逆らわずに泳いでいる振りをする必要があるのです。あなたの世界のすべてが全体主義政権に支配されているとき、その現実に逆らうのは最も難しいことです。反抗者になって攻撃を受けるか、内面的に窒息するかしかないでしょう。

共産党体制の国々に住む女性たちの内面の体験と、アメリカで生まれたアフリカ系アメリカ人歌手のバーニス・ジョンソン・リーゴンのそれを比較してみよう。

私は闘争の文化の中で育ちました。そこでは、とくに具体的に注意されているわけではないのに、私の人生のすべての側面に越えられない境界線、つまり破ってはならないルールがあるという明確なメッセージを受け取っていました。私はこれらのメッセージを内面化し、自由な行動を抑制する基本的なメカニズムを心の中に築きました。私は、不適切だとみなされそうな振る舞いをしたと思ったら発動する、この内面の警告ライトやブザーと一緒に人生を歩んできたのです。私の頭の中では、「そんなことをしたら、殺されてしまうよ」と唱えるテープがいつも再生していました。私が話しているのは、不適切な行動をすれば追放され孤立させられるのではないかという恐怖についてです。家庭や学校や教会の中であなたは、こうした境界線の構造を築いたのは、自分のことを気遣って人生の成功を願ってくれる人たちなのだ、と感じるのです。[2]

歴史は繰り返される。君主制の打倒を目指したコミュニズムは、全体主義体制をつくり上げた。一つの階級による支配の克服を目指したアメリカの民主主義は、特定の人々を抑圧する新しい封建主義的な境界線をつくった。これこそが、社会活動家やファシリテーターがアウェアネスを最も優先すべき理由だ。復讐をあおる社会的ランクやスピリチュアルなランクを、見落としてはいけないのだ。

世界の死

バーニス・ジョンソン・リーゴンは、どのようにして彼女の内面にある抑圧の感覚を克服したのだろうか？

現在……私の活動は、「私自身がアメリカ合衆国である」「私はこの国で起こっている、すべての有意義な物事の中心にいる」という前提に立っている。私は、自分は目を向けられない存在だ、ということを認識しています。私たち（黒人）の歴史、貢献、文化は重要です。……ところが私たちは、他者からはまるで外側の存在であるかのように、サブカルチャーとして扱われます。つまり、本体から失われても生命への脅威はない、外部との接触部位や手足のようなものなのです。[3]

アメリカの主流派の文化は彼女に、自分が余計な手足であるかのように感じさせた。あなたが白人の主流派なら、民主主義社会での生活と独裁政権下での生活は比較できないと主張するだろう。それはひどい考えだが、心理的には抑圧の影響は同じだ。アウェアネスのない民主主義社会は、結果的には独裁制と同じ内的体験を生み出すのだ。周縁化されたコミュニティにいる人々はそれに従わなければならず、そうでなければ彼らの人生が価値のないものになってしまうのである。

バーニス・ジョンソン・リーゴンは、彼女自身が世界であり、そして彼女をはじめとするすべてのアフリカ系アメリカ人がいなければその世界が死んでしまうことに気づくことで抑圧を生き残った。同様に、どのような部分であれ切り捨ててしまうなら、地球全体のコミュニティの活気が失われてしまうだろう。先住民族や黒人コミュニティといった、あらゆるコミュニティと個人なしには、世界はスピリチュアルな意味で生き残ることはできない。持続可能なコミュニティ、つまりディープ・デモクラシーは、もし誰かの視点、物語、アイデアが否定されたら死んでしまうのだ。このような否定があまりにも頻繁に起きるため、私たちの多くは、世界は何度も死んだと感じている。

あなたのビジョンを見てみよう

ユートピア的なビジョンは、専制政治を別の専制政治に置き換えるか、その力を地下に追いやってしまう。支配を支配することに成功した者は誰もいないのだ。私たちが人々の怖れ、ランク、抑圧、内外の検閲者による虐待の存在に気づかない限り、どんなビジョンや政治形態であっても成功しないだろう。

あなたの理想とビジョンについて、次の問いについて考えてみてほしい。

Exercise

① どのような人たちを支持したいだろう？　思い浮かぶグループを一つ挙げよう。

② そのグループはどのようなビジョンを公言しているだろう？　それらのビジョンが変えようとする信念は何だろうか？

③ そのグループにとって、実際であれ想像上であれ、敵対する相手は誰だろう？　そのビジョンはどのような人々や出来事による問題を克服しようとしているのだろうか？　そのような出来事や人々は、あなたのグループのビジョンによってどのように扱われるだろうか？

④そのグループは対立する意見にどのように対処するだろう？　グループのビジョンに反する視点を持ち込んだときに起こるグループ・プロセスの様子を想像してみよう。あなたのグループはどのように反応するだろう？　あなたはどのように対立が解決されてほしいだろう？

⑤そのグループに、場にあるさまざまな意見を代弁する立場を設定し、代弁者どうしのやりとりを扱えそうかどうかを考えてみよう。

⑥「私が支持するグループ」の代わりに「私自身」という言葉を使って、これらの問いをもう一度探求してみよう。人生のビジョンとして好むものを一つ挙げるならどれだろう？　あなたのどの部分がそのビジョンに同意しないだろう？　あなたはその同意を拒む部分にどのように対処するだろうか？

ディープ・デモクラシーの成否は、ビジョナリー（明確なビジョンを持つ人）と「非信奉者」の間のやりとりをファシリテートできるかにかかっている。民主主義がなければ、その集団は持続的にはなれない。なぜなら、全体の場だけでなく私たち一人ひとりの中に常に存在する非信奉者のタイムスピリットによって、集団は最終的に弱体化され破壊されるからだ。歴史は、集団のビジョンにまつわる課題をファシリテートすることが、あなたにできる最も重要なことであると教えている。

理想に魅せられる

エイミーと私が一九九〇年代初頭にベルリンとモスクワを訪れたとき、どちらの都市も旧ソビエト連邦による支配の影響で貧困と麻痺した経済に苦しんでいた。誰もが苦痛の中にいたのだ。人々は身代わりを探していた。東ドイツでは、秘密警察が非難されていた。モスクワの赤の広場では、ユダヤ人がロシアの財政問題を引き起こしたのだと声を張り上げている人がいた。

私たちが発見したのは、コミュニズムを嫌う人がいる一方で、多くの人がまだコミュニズムを愛していることだった。モスクワでは、「同志」が研究所や調査機関の公用出入り口前の机に座って険しい顔で身元確認をしており、それはまるでソビエトがまだ権力を握っているかのようだった。

私たちがファシリテートした集会では、感受性が高く知的な人が何百人もいて、彼ら自身についての情報を探していた。彼らは必死になって、心理学や外の世界について学んだ。ソビエト独裁政権の結果、人々は個人的なニーズについて話すことを怖れるようになっていた。そしてまた、自分たちの政府の失敗のために劣等感を持っていた。それでもなお、コミュニズムの思想を大切にするプライドは残っていたのだ。

ベルリン滞在中、私たちは、旧ドイツ民主共和国（東ドイツ）のドイツ人である「オッシー」と西ドイツ人である「ヴェッシー」の話し合いに参加した。ベルリンの壁が崩壊したとき、共産主義者と資本主義者はお互いに、未解決の問題を抱えたままに向き合うこととなった。歴史はセメントの壁だけでなく、疑念や痛みの心理的障壁をも築いていたのだ。

　両者が顔を合わせる初めての大きな集会の中で、一人の西ドイツ人男性が立ち上がって、コミュニズムを受け入れた道徳的な弱さについて東ドイツ人を非難した。「なぜ、あなたたちは彼らに従ったのですか?」と、正義を振りかざすような口調で問い詰めたのだ。するとある東ドイツ人女性が立ち上がり、落ち着いて言った。「でもあなたたちだって道徳的に弱かったでしょう。西側の理想は死にました。お金や派手な車や大きな建物は理想ではありません。あなたたちは倫理感のない物質主義者になってしまったのです」

　双方が非難し続け、叶わなかった希望についても話し合っていくにつれ、この議論は激しくなっていった。突然、東ドイツ側のある男性がエッジを越えた。彼は、東ドイツの秘密警察「シュタージ」がいる社会で暮らすことの苦痛を吐露したのだ。誰もが凍りついたように見えた。

　私たちはホットスポットにとどまった。いくばくかのためらいや不安を感じたあと、別の東ドイツ人が、共産主義の本来の理想は、彼がこれまでに出合ってきた何よりも魅力的であることを認めた。理想、それが問題だったのだ！　突然、彼らはもはや二つの立場ではなく、一つのグループとなってビジョンや理想が持つ催眠術のような効果について語った。ある西ドイツ人女性は、ある指導者（グル）が説いた宗教上の信念を信じるあまり、彼の人々への残忍な行為が見過ごされてきたことについて自分がいかに盲目的だったかを、情熱を込めて話した。そのプロセスの最後の問いに答えはなかったが、私たちを団結させるものだった。

なぜ私たちは偉大なビジョンを信じ、ビジョナリーが持つ私たちを抑圧するパワーを見落とすのだろうか？　おそらくあらゆるビジョンは、その価値に関係なく、その実現の過程で起こることに対して、私たちに意欲を与えもするし、盲目にもするのだ。

基本的な弁証法――貪欲 vs 愛

歴史が示しているのは、強欲や、地球を支配しようとする野心や、権力者になりたいという意志を、人類は抑制できていないということだ。マルクス主義やレーニン主義は、人間の性質からこうした傾向を根絶できてはいない。ただそれらを抑圧しただけだったのだ。コミュニズムは自己中心性を一掃できていないし、西洋は悪を抑え込めていない。民主主義がもっと深化しない限り、そして私たちが自分のエゴイズム、強欲、権力への渇望に気づいて、それらを取り上げて対処しない限り、民主主義は実現できない。もし私たちがそうした欲を単に抑圧するだけなら、歴史上のあらゆる革命の種を再生産するだけとなるだろう。

驚くかもしれないが私が言いたいのは、エゴイズムを尊重し、それを明らかにしようということだ。同時に、お互いへの愛を称えよう。偉大な力を出合わせよう。これら二つのタイムスピリットに、互いのプロセスに入り込んでもらおう。過去の価値観と未来の価値観、理想論と運命論、リーダーシップとテロリズム、愛と強欲、それぞれの代表者や代弁者の集まりを開く必要があるのだ。

強い偏見とコミュニティ、強欲と愛を浮上させて、それらと共に炎の中にとどまってみよう。エゴイズム、偏見、運命論、強欲によって、必ずしも文化が妨げられるわけではない。もしそれらを明らかにしてそこに入っていければ、私たちは先へ進むことができるのだ。強欲と愛のタイムスピリットの間の弁証法によって、常に私たちに何か新しい予期しないものがもたらされるだろう。その新しいものとはすなわち、コミュニティなのだ。

宗教――多くの人が選択する麻薬

革命が起こるのは経済的なニーズが満たされないからだ。マルクスは、労働者階級（プロレタリアート）が権力者からの便宜によって簡単に盲目になる様子を見ていた。便宜とはたいていは財産に関係することだ。マルクスが今も生きていたら、反乱を抑制するために政府が出す報酬について指摘するだろう。それは例えば、住む場所、ビデオ再生機器、自家用車などの所有を許すことだ。これらの提供物は人を中毒にし、そのような中毒状態の中では、政府の明白な過ちに気づかなくなるのだ。

基本的な経済的ニーズが満たされているとき、自分のアパートやテレビなどの快適さを享受しているとき、私たちは社会問題を無視する傾向がある。それらを手に入れるとすぐに、特権やランクを忘れてしまう。空腹を満たす十分な食料と退屈しないための十分な物質を享受しているとき、私たちは帝国主義政策について政府に反抗しようとはしなくなるのだ。

マルクスは人々が宗教を麻薬のように使うことを指して、「宗教は民衆のアヘンだ」と言った。今日の私たちの文化では、彼の見解を支持する例がたくさんある。多くの心理的およびスピリチュアルなグループは政治を避けている。彼らが好むのは、瞑想し、夢を扱い、古い儀式を再現し、神や無意識や愛する人との関係性に焦点を当てることだ。彼らは社会の変革に巻き込まれることを望まない。彼らが興味を持っているのは、統合された人間や調和や平和につながるインナーワークであって、対立に耐えなければならないワールドワークではないのだ。彼らは、怒りを禁止したり、森やニシアメリカフクロウを守ったりする「コミュニティ・プロセス」をつくり出すが、一方で低所得地域における有害廃棄物の影響やエイズに関しては無関心なままである。

食料は肉体のために、意味は精神のために

しかしマルクスとレーニンは、彼らの非心理学的で反宗教的な教義が原因となって不況が起きることを予見していなかった。彼らはコミュニティを強調したが、私たちが住んでいる夢のような領域（ドリームフィールド）を否定した。階級のない家族を望んでいたが、すべての人類が生まれながらに持つ、人と精神のコミュニティは禁止したのだ。

確かに彼らの言うとおり、恵まれず、虐待され、貧しいとき、人々はお金への欲求によって目がくらみ、復讐心に駆り立てられる可能性がある。社会における貧富の格差が大きいほど、貧しい人々の怒りはますます激しくなったり、絶望がさらに深まったりする。しかし、マルクスとレーニンは間違ってもいた。神々とのつながりは、絶望を超越させる力なのだ。

このつながりを禁じようとする政府は結局、個々人が持つ「意味の感覚」を衰えさせることになる。この意味の感覚は時代にとらわれないものであり、最終的には食料と同様に必要かつ重要である。

コミュニズムは資本主義に似ている。つまり、少数であれ大勢であれ、財産の所有権を誰かに渡すという意味で、どちらも西洋的、ヨーロッパ的、物質主義的なのだ。どちらも、経済に関係しない美的・知的経験の価値を低くしている。どちらも、人々を取り巻く環境を否定している。どちらも、すべての存在へのつながりが基盤となる精神性を持つ、先住民のスピリチュアルで神秘的な伝統を無視している。

アメリカ先住民のオグララ・ラコタ族の活動家であるラッセル・ミーンズは、マルクス主義とアメリカ先住民の信仰やスピリチュアルな伝統を対比させてこう述べた。

> 人間が人間をいびつなほど重要視するという、関係し合うあらゆる物事の性質を超越しているかのように振る舞うヨーロッパの傲慢さは、全体の不調和をもたらすだけです。そして、傲慢な人間に身の程を思い知らせる反動が生じ、彼らは理解とコントロールを超えた現実を味わうことになるでしょう。……これを実現するために、革命的な理論は必要ありません。それは人間のコントロールを超えたものなのです。[4]

グループ・プロセスのパラドックスは次のとおりだ。そのプロセスをうまく活かすためには、すべての人の社会的な問題やランクの問題に取り組む必要がある。誰がお金を持っているのかという問題にも対処しなければならない。そのとき、それぞれの側の正しさや間違いだけに焦点を当てるなら、コミュニティは死んでしまうだろう。ラッセル・ミーンズが言ったように、コミュニティの関心事が人々だけであるならば、やはりコミュニティも消える運命にある。もっとも大事になるのは自然という霊(スピリット)だ。それは神秘的で燃えるようなプロセスであり、私たち自身の多様なあらゆる側面を扱ったり、共同体としてのコミュニティに存在するあらゆるロールに取り組んだりすることに、私たちを駆り立てるものなのだ。

第13章　エルダーのメタスキル

エルダーはリーダー以上の能力を持っている。対人支援のときに必要となる、感情に関する特別なスキルや態度のことを、エイミーは「メタスキル」と呼んでいる。[1]

今まであなたは、「強いリーダー」「良い教師」「良い親」「優秀な組織開発の専門家」「素晴らしい政治家」でありたいと考えてきたかもしれない。あるいはあなたは、都市や世界を変える方法を計画し、計算し、論理的に分析する戦略家や、アウェアネスではなく武力のことを第一に考える軍事リーダーであるかもしれない。とはいえ、心の深い奥底では、どれだけ計画や分析や構想をめぐらせても、決して十分ではないと疑念を抱いているのではないだろうか。

あなたは、まったく異なるレベルのスキルが必要だと感じているかもしれない。そして、そのようなスキルを活かすポテンシャルを自分は持っている、と感じたことがあるかもしれない。さらには、自分の人生だけでなく、もっと大きな舞台にも適用できるパワーを持っていることにも、薄々気づいているかもしれない。

最も重要なことは、あなたが関わるコミュニティに役立つ自分自身のエルダーシップを見出すことだ。あなたは、力強く存在するエルダーになるだろうか？　物事を自然の流れに任せることができるだろうか？　何かを急いでやるべき時と、何もしないほうがよい時があるのだ。

- リーダーはロバート議事規則に従うが、エルダーは「霊（スピリット）」に従う
- リーダーは主流派の支持を得ようとするが、エルダーは全員の味方をする
- リーダーはトラブルに注目して止めようとするが、エルダーは「トラブル・メーカーとは可能性を秘めた教師である」と捉える
- リーダーは自分が正直であろうと努力するが、エルダーはすべての中にある真実を示そうとする
- 民主的なリーダーは民主主義を支持する。エルダーはさらに、独裁者やゴーストにも耳を傾ける
- リーダーは自分の仕事をうまくこなそうとするが、エルダーは他の人たちもエルダーになるよう促す
- リーダーは賢くあろうとするが、エルダーは自分自身の考えを持たず、自然の出来事に従う
- リーダーは考える時間を必要とするが、エルダーは何が起こっているかに一瞬で気づく

- リーダーは知っているが、エルダーは学ぶ
- リーダーは行動しようとするが、エルダーはなるがままに任せる
- リーダーは戦略を必要とするが、エルダーはその瞬間から学ぶ
- リーダーは計画に従うが、エルダーは神秘的な未知なる川の流れを尊重する

学ぶことを学ぶ

以前私は、経営状況が深刻に悪化する組織で大人数の対話をファシリテートしたことがあるが、そのなかの小グループには、ワールドワークの研修生が一人参加していた。あるとき、その研修生の男性と組織に所属する中間管理職の女性との間に、一見して組織の問題とは何の関係もなさそうな対立が起こった。研修生の男性は、中間管理職の女性に「私が話すときはいつも、あなたは私に怒りを向けますね」と指摘した。

その女性は「あなたがそう思っているだけよ」と反発した。

研修生は深呼吸し、中央に出てこの対立についてワークすることを提案した。「ことによったら、これは他の人にとっても意味があるかもしれないですよ」と彼は言った。しばらくためらったあと、彼女は同意した。二人は輪になった人々の中央に出た。

「紛争解決のアドバイザーである私にとっての第一段階は、傾聴することです。どうぞあなた

から話してください」と彼は彼女に言った。

彼女に火がついたようだった。「私の考えでは、この組織には多くの対立があります。エイミーもアーニー（著者の愛称）も、あなたたちのチームは、それらを解決するために雇われたんです。他の人たちが自分で問題を解決することを待つのではなく、あなたたちはもっと明確な姿勢で解決策を示すべきです！」。このときの彼女は、顔を真っ赤にしていた。そして激しく「私はあなた方に平和構築の模範となることを期待しているんです！」と言った。

彼は動揺して、「もし私たちが問題を解決したら、あなたたちは自分たちで対処することを学べないでしょう。それに、今陥っている問題を、すぐに解決することはできません」と弁解するように述べた。彼は、皆さんがその問題と向き合ったほうがいいし、それを避けないようにしてください、と提案した。

女性は真っ向から反論した。「そのご立派な手法に従うことはやめて、紛争解決についてあなたが知っていることを形にすべきです。でなければ、私たちはどのように学べばいいのでしょうか？」

彼女の言葉に彼は納得した。彼は礼を言うと、受身の姿勢をやめて大胆になった。彼は「わかりました。あなたは私の先生です。先ほど教えてくれたように、私が最初にすべきことは断固とした態度を取ることです。今から私たち二人の間の不和を解決しようと思います！」と言った。

彼女は彼の毅然とした態度に笑顔を見せた。同時に、彼女は妙に悲しそうにも見えた。彼は「あなたは微笑んでいますが、あなたの瞳には私には判断できない表情が見えます。あなたは何を感じているのですか?」と言った。

「別に……」と彼女は答えた。そして彼女は泣き始めた。数分後、彼女は「輪の中央でワークするために私を選んでくれたことに心を動かされました。この組織では誰も私を尊重してくれないのです」と語ったのだった。

誰もが彼女の言葉に驚いた。研修生も口ごもってしまった。何と答えていいかわからなかったのだ。彼は、自分も他の人々も、彼女の考えに十分に注意を向けなかったことを謝ろうとした。彼は彼女に、もっと自分を出すよう促してくれたことに感謝していると伝え、ずっとそれが自分自身の問題だったとも語った。彼は今後、傍観して他者を励ますのではなく、自分ももっと積極的になることに決めたのだった。二人とも泣いていた。

何という光景だろう！　その組織の経営陣の一人は、これまでこんな光景は見たことがないと言った。別の中間管理職の女性は、「これよ！　この会社でいつも問題なのは、誰も感情を見せないことなのよ。私たちはみんな彼女から学ぶべきです」と言った。

部屋は静かになった。しばらくして、人々は自分の心の奥底にある気持ちを表現し始めた。はじめは照れながら、次第によりオープンに。ひとたびさまざまな深い感情や気持ちがオープンになると、人々は自然に、組織の経営悪化の問題に一緒に取り組み始めた。一時間ほどで、管理職も社員も協力して、財務的な危機を解決する方法を考え出した。それは、もっと顧客の心に寄り添うというものだった。

私たちの研修生が用いたメタスキルの中で最も重要だったのは、中間管理職の女性を先生として捉え、そのプロセスの生徒になったことだ。

ディープ・デモクラシーへ到るドリーミング・プロセス

エルダーは常に、どのタイムスピリットが発言をしているのか、あるいはしていないのかを意識していなければならない。アウェアネスというメタスキルは、物事を感じとり、パワーを明確にし、言葉にするのが難しい気持ちに気づくのに役立つ。復讐心やテロリズムに対する怖れだけでなく、超越的なビジョンや言い表せない願いにも耳を傾けよう。多くの人々は、どう表現すればいいかわからない強力な内的経験を持っている。そのすべてが言葉にされるわけではない。祈りの中でしか聞かれないメッセージもあれば、歌われたり、踊りによって表現されたり、沈黙の中に現れるメッセージもある。エルダーは、そうした無意識的な、夢のような、トランスパーソナルな状態を、集団が活用できるようにするのだ。

人々が集まる場所ならどこにでも、先住民のいう「ドリーミング・プロセス」が必ず存在する。この変性意識状態に入ると、現在の問題のすぐそばに潜む空想や直観や洞察に気づくことができる。それらが言葉や踊りや歌に表現されると、雰囲気は変化し、驚くべき解決がもたらされるのだ。

社会の雰囲気により敏感になるほど、ドリーミング・プロセスに対しても敏感になれるだろう。あなたがファシリテートする集団には、「おとなしすぎる」「人を苛立たせる」「変わり者」「空想的すぎる」「独特の言葉づかいをする」「独自の世界に住んでいる」などと周りから思われているために、意思決定などのプロセスで取り合ってもらえなかった人がいるだろう。あるいは、反乱者、神秘主義者、超能力者、霊能者のような、強い意志を持った別世界の住人であるがゆえに、実際に集団から追放された人かもしれない。刑務所や「精神障害者」のための施設で過ごした人かもしれない。医師によって寝台に縛り付けられ、屈辱的な扱いを受けた人かもしれない。家族から見下されてきた人かもしれない。

あなたはエルダーとして、そのような人々こそ潜在的な教師なのだと気づくかもしれない。彼らを尊重することによって、集団の他のメンバーが、夢に似た体験を大切にし、次のステップを示す風の中の声に従うことを学べるように支援できるだろう。

民主主義からディープ・デモクラシーへと移行するために必要なのは、次のような問いかけだけだ。

- 何か興味深いことに気づいているのは誰だろうか？
- ここはどんな感じがするだろうか？
- 気づくのが難しい何かを夢見ているのは誰だろうか？
- 今、大地の霊（スピリット）は何と言っているだろうか？

- 他にどんな霊(スピリット)が存在しているだろうか？
- あなたは何を感じているだろうか？
- 誰が居心地が良いと感じ、誰が居心地が悪いと感じているだろうか？

私たちはいつでも、特にグループ・プロセスの最中には、夢見る自由を必要としている。ディープ・デモクラシーが意味することは、自分が感じていることが何であれ、誰もがそれを認めて表現するよう促されなければならないということだ。それは、自分の内面で変性意識状態が起こることを、誰もが受け入れるという意味である。ディープ・デモクラシーにおいては、公然あるいは密かな社会問題や周縁化されている人々に注意を向けるが、それとまったく同じように、私たちに馴染みがないために周縁化されてきた意識状態にも注意を向けなければならないのだ。私たちは、そのような意識状態が何を言おうとしているかを問わなければならない。世界の変化は夢と共に始まることがあるのだ。

なるがままに任せる

リーダーは勝つための戦略を練るのに対し、エルダーは他者を認め、彼らの生徒になる。リーダーは問題だけに焦点を当てるが、エルダーは感情にも焦点を当てる。リーダーは人々を変えようとするが、エルダーは、私たちはなるようにしかならないという前提に立っている。リーダーは、未来はどの政党が政権をとるか次第だと考える。エルダーにとって未来は、未知なるものを出現させられるかどうかにかかっている。そのためエルダーは、どちらか一方の支配や成功ではなく、見え隠れする極の両側にいる者どうしの相互関係に、焦点を当てる。

根深い社会的な対立が生まれたとき、つまり当事者がそれぞれ異なる立場をとって問題があることが明らかになったとき、エルダーはプロセスに委ねる。たとえ解決策が見えなくてもだ。終着点はないと受け入れることが、人々を安心させることもある。ときには、自分がリードすべきだと感じることもあるだろう。それでも、あなたが未知なるものに従うという模範を示し、人生は自分よりも大いなる力に動かされていると感じ取っているなら、あなたがファシリテートしている集団の人々もまた、このアウェアネスと敬意を学ぶだろう。

私がファシリテートしたあるセミナーで、黒人女性と白人女性の間に激しい対立が噴出したときのことだ。黒人女性は白人女性に詰めよって叫んだ。

「あなたはいつも自分のことばかり考えているし、自分の問題ばかりに集中して、私の問題を無視していることに気づいていないわ！　あなたは人種差別主義者よ！」

白人女性は「私は人種差別主義者ではないわ。あなたのほうこそ、とんでもなく威圧的だわ」と答えた。

二人の女性は向かい合って言い争った。彼女たちは叫び、体を近づけては離れ、また叫んだ。解決は見られず、対立したままだった。私は二人のダブルシグナル、すなわち互いに目を背けていることに気づき、対立は一旦保留にして、翌日まで待ちませんか、と提案した。「少しの間、問題から目を背けましょう。それが現状のプロセスです」と私は言った。そのダブルシグナルは二人の本当の気持ちを表していたので、彼女たちは対立をそのままにして、ひとまず問題から離れることができたのだった。

次の朝、白人女性は、開いた扉の近くにヨガ行者が座っている夢を見たと言った。彼女はそのイメージによって気づかされたことがあると感じ、「目が覚めたとき、あなたが言っていたのは『白人は自分たちの苦痛だけに焦点を当てていて、そうすることで他の世界への扉を閉ざしてしまっている』ということなのだとわかったわ。昨日はそれを理解できるだけのデタッチメント（客観性）を持てずにごめんなさい」と黒人女性に謝ったのだった。この言葉に、黒人女性はとても心を動かされていた。

エルダーはダブルシグナルに注目し、自然に従い、なるがままに任せる。自然には物事を解決する方法が備わっているのだ。

タオとエルダー

第1章で私は、プロセスワークの土台となったのはユング心理学の洞察と老荘思想であることを述べた。そして、プロセスワークからワールドワークへと発展した。地球上で最も古い書物の一つである『道徳経』は、集団をファシリテートしたり、人々や自然な流れと良い関係を築いたりするために必要な能力について多くを論じている。

『道徳経』は、儒教が登場する前の中国で紀元前六〇〇年頃に著されたとされ、日常生活で自然の流れに従うことを説いている。その伝説的な著者である老子は、あらかじめ決められた計画ではなく、その瞬間に従うことを勧めている。彼の目標の一つは、「手放す（ルーズ）」★を学ぶことだった。これは現代のリーダーや組織開発の専門家には馬鹿げていると感じられるかもしれないが、これには対立している集団とワークする際の深い洞察がある。『道徳経』の各章には題が付けられていないが、私は第四八章を「手放す勝者」と呼んでいる。★

手放す勝者[2]

学（がく）を為（な）す者（もの）は日（ひ）に益（えき）し、
道（みち）を為す者は日に損（そん）す。
之（これ）を損し又（ま）た損し、
以（もっ）て無為（むい）に至る。
無為にして而（しか）も為さざる無し。
天下を取るは、常に事（こと）無きを以（もっ）てす。
其（そ）の事有るに及びては、以て天下を取るに足（た）らず。

★手放す（ルーズ）：原文は「lose」で直訳は「敗れる」であるが、勝敗の結果ではなく、あえて物事を失うことでエルダーシップを発揮できるようになるという意図をより示すために「手放す」と訳した。

★『道徳経』：本書の漢文と和訳は以下から引用。『老子』老子原著、蜂屋邦夫訳注、岩波書店、2008年

（学問を修める者は日々にいろいろな知識が増えていくが、道を修める者は日々にいろいろな欲望が減っていく。欲望を減らし、さらに減らして、何事も為さないところまで行きつく。何事も為さないでいて、しかもすべてのことを為している。天下を統治するには、いつでも何事も為さないようにする。なにか事を構えるのは、天下を統治するには不十分である。）

古代中国の長老（エルダー）や賢人の概念は、従来の西洋的なリーダーシップの考え方を覆すものだ。西洋的なリーダーは、次に何をすべきかを見出すために情報を集める、すなわち「日に益す」のに対し、賢人はいかに「専門的な」知識がその瞬間の現実にそぐわないものになりうるかに注意を向ける。賢人は、今進むことができる以上に物事や人間を推し進めることはできないと知っている。自然は彼らに、手放す者となり、何もせずに待ってアウェアネスを高めることに集中せよと教えているのだ。

ワールドワークのエルダーなら、環境や人が発するシグナル、すなわち夢、ボディシグナル、風、木、自然が示す動向を待ち、それに従わなければならない。さもなければ、私たちが抱える多くの個人的・世界的な問題の原因である「支配」を試みているのと同じになってしまうだろう。

老子が言う「無為」とは、必ずしも完全な受身であることを意味しない。無為とは、強引に推し進めない、すでに存在しているものに従う、無理強いするのではなく今の出来事が持つエネルギーを活用する、ということだ。初期の段階においては、自分のやり方で物事を強引に推し進めようとするのは自然なことかもしれない。しかし、それでうまく進まなくなったら、すなわち自然が後押ししてくれないときには、自分のやり方を疑おう。疑ってみることで、自分がエッジにいるかどうかを確認しながら、もう一度自分のやり方を試そう。何度か試しても思い通りにならなければ、なるがままに任せよう。

強引な人は、手放すことを学ばなければならない。自然こそが動かす力を持っており、唯一の効果的な介入方法は、グループ・プロセスの全体の流れに従うことだけだ。古くからの知恵は、人々の内面にあるリーダーの性質が危険であることを私たちに教えてくれる。その性質は、自分が計画したとおりに進めたいと願っている。これが、人々がその瞬間に持つ体験を無視してしまうことにつながるのだ。リーダーとしてのエゴの持ち方、そしてその手放し方を学ぼう。死を思い起こそう。永遠に生きる人はいない。自身のやり方を試したあとに、自分自身や、自分が立てた計画や戦略を手放すことを、死から学ぼう。そのときあなたは、手放しながらも勝者になるのだ。

水

人々と協働するために、『道徳経』では水のような性質を持つメタスキル、すなわち自由と慈愛心を身につけることを勧めている。次の言葉は『道徳経』の第八章にあるものだ。

慈愛心[3]

上善は水の若し。
水は善く万物を利して争わず、
衆人の悪む所に処る、故に道に幾し。
……与るは仁を善しとし、
言は信を善しとし……

（最上の善なるあり方は水のようなものだ。水は、あらゆる物に恵みを与えながら、争うことがなく、誰もがみな厭だと思う低いところに落ち着く。だから道［タオ］に近いのだ。……人とのつき合い方は思いやりを持つのがよく、言葉は信であるのがよく……）

　水が慈しみ深いとはどういうことか？　水は争うことなく、どこにでも流れてゆく。水はただ流れ、もっとも低い場所を見出すまでただ待つのだ。それに対して私たちは、低くて未知の場所のような怖ろしい領域へと踏み込む時にはたいてい立ち止まってしまう。水の慈愛心とは、判断を下さないことであり、他人が行くのを怖れるようなところへも流れていくことなのだ。
　変化や変容はそのような場所から生まれる。慈愛に満ちたエルダーは、ただ自分らしくあることによって、不思議なことを言うことによって、突飛な行動をすることによって、つまり水のような自由と慈しみを実践することによって、それまで決して行ったことのない場所へ人々が思い切って入れるようにするのだ。公衆の面前で泣き、個人的なことを話し、自分を笑い、人前で瞑想し、子どものように遊び、床を転がりまわる自分を想像してみよう。力強く、そしてあるがままのあり方に逆らわない自分を見てみよう。

いかなるコミュニケーションであれ自然が望む形に従えば、公の場での言動がどうある「べき」か、またはどうある「べきでない」かに制限されることなく、自然をファシリテートできるようになる。人として、社会問題や人々を尊重できるようになる。そして水のように、自分の心に浮かんだことならなんでも、言動に移せるようになるのだ。

エルダーとは、自然の大いなるポテンシャルから流れ出す情報を、日常生活の瞬間に注ぎ込むチャネルの役割を担う存在だ。メタスキルを使うことで、最低レベルのおぞましいことも、最高レベルのスピリチュアルなことも言えるようになる。そうしてエルダーは、「不可能」が起こるようにするのだ。

世界のエルダーたちは、自分自身や他者がエッジを越えるよう促すことで、人々を分断する境界を越えてコミュニケーションが流れることを可能にする。立場を否認されてきた人々はときに、自分の意見を通すために強引に集団を乗っ取るしかなくなることがある。彼らが最終通告を突きつけて集団を脅すときには、水を思い浮かべよう。抑圧されたり脅かされたりしたとき、水なら何を感じるだろうか。水は侮辱されたと感じたりはしない。水はそびえ立って、「私に向かってよくもそんなふうに話したな」とは言わない。水は水のままで、ただ反応し、岩にぶち当たって砕け、その周りに溶けていく。水は敵対者を包み込み、相手が高すぎるときには引き下がるのだ。

風

『道徳経』の第五章は、私が「宇宙の息吹」と呼ぶメタスキルについて述べている。

宇宙の息吹[4]

天地は仁ならず、
万物を以て芻狗と為す。
聖人は仁ならず、
百姓を以て芻狗と為す。
天地の間は、其れ猶お橐籥のごとき乎。
虚にして屈きず、動きて愈いよ出ず。
多言は数ば窮す、
中を守るに如かず。

（天地には仁愛などはない。万物をわらの犬として扱う。聖人には仁愛などはない。人民をわらの犬として扱う。
天と地とのあいだは、ふいごのようなものであろうか。からっぽだが尽き果てることなく、
動けば動くほど、ますます万物が出てくる。
言葉が多いとしばしば行きづまる。虚心を守るのが一番よい。）

ここでいう「仁ならず」とは、残酷であることを意味するのではない。それは文化と対照をなす自然を意味している。「仁ならず」とは夢見ること、すなわちデタッチする（執着から離れる）能力や、文化や階層にとらわれない振る舞いを指しているのだ。[5]「万物」は日常的な現実と文化の形式を指している。多文化的なエルダーは、文化的な制約から自由だ。古代の儒教の賢人たちは、礼儀や適切な形式を重視したが、老荘思想のエルダーたちは異なる。彼らは礼儀を芻狗（わらの犬）、すなわち虚ろなものとみなしている。エルダーは、自己の深い内面から力づけられ、自由に動くことができる。意味のない言葉や、「虚にして屈きず」な習慣によって燃え尽きることはないのだ。

物事を強引に推し進めるのではなく、風が吹くまで待ち、それに従おう。そうすれば、「ふいご」のように息が吹き込まれ、自分で呼吸する必要がなくなる。つまり、宇宙の息吹に従っている状態になるのだ。

ワールドワークは、風に従うという点で、交渉の手続き、社会運動、政治、組織開発などの厳格な形式を持つものとは異なっている。また、仲裁、調停、当事者参加、事前協議、調停者など

から成る紛争解決法とは異なる。プロセスワークにおいてもそれらの方法が使われることはあるが、勝利や解決はあくまで文化の形成であると捉えられている。

第5章で紹介したモスクワでのエピソードを覚えているだろうか。コーカサス地方の代表者たちが、彼らが抱える対立について話し合うためにサークルの中央に出たときのことだ。私たちが、独裁者、テロリスト、ファシリテーターのロールを演じてもらうことを提案した途端に、「じっと座って、他人が話している間は礼儀正しく聞きながら自分の番を待つ」という、政治的な集まりで使われる礼儀作法は破られた。ここに、新しい洞察が浮かび上がるようなゲームが生まれたのだ。水や風のメタスキルによって私たちは、社会的なコミュニケーションの礼儀作法の重要性を尊重することとそれを相対化することの両方ができるようになる。そのような礼儀作法の多くは、対立が表立つことを避け、解決策が生み出されることを困難にしてしまうのだ。

風や水は勝利しない。動き、流れ、行き来するだけだ。風や水は、慈愛の心と共にコミュニケーションの境界を行き来し、コミュニティ創造へと向かっていく。ワールドワークのエルダーなら、自然に基づいた持続可能な文化に惹かれるだろう。これは、礼儀正しさ、政治的な正しさ、あるいは中立性以上のことを意味しているのだ。

無心

『道徳経』第四九章には、私が「無心」と呼ぶものについて述べられている。

無心 6

聖人は常に無心にして、
百姓の心を以て心と為す。
善なる者は吾れ之を善しとし、
不善なる者も吾れ亦た之を善しとす。
徳は善なり。
信なる者は吾れ之を信とし、
不信なる者も吾れ亦た之を信とす。
徳は信なり。

（聖人は、いつでも無心であり、万民の心を自分の心としている。善良な者については、わたしも善良とし、善良でない者についてもまた、わたしは善良とする。こうして万民の徳は善良なものとなる。誠実な者については、わたしも誠実であるとし、誠実でない者についてもまた、わたしは誠実であるとする。こうして万民の徳は誠実なものとなる。）

無心のメタスキルとは、人々を評価するのではなく、受け入れて彼らの視点で物事を見ることだ。最も広く一般に支持されている理想は、みんなが「善」であるべきだというものだ。すなわち、対立せず、仲良くし、他者に合わせ、そして何よりも、社会的に受け入れられている規範から逸脱しないことである。この理想は、多様性や人間の本性を抑圧するような文化的な硬直を生み出してしまう。善と悪に分断することで、私たちは自分自身のさまざまな側面を隠さざるをえなくなってしまう。文化は善人には良い待遇を与え、悪人に対しては刑務所や精神病院に入れるか、あるいは単に彼らを無視しようとする。

しかし、「善」と「善でないこと」はどちらも絶対に必要なものだ。両方が共にあるからこそ出現しようとしているプロセスを浮上させられるのである。晴天も暴風雨も、良いか悪いかで片付けられるものではない。雨が降るときには、私たちは嵐に怒りを向けたりしない。それは無益なことであり、嵐はいつも私たちと共にあるのだ。

エルダーは、「善」と「悪」という言葉が、あるコミュニティにおける相対的なものでしかないことを知っている。人々が「悪」と呼ぶものは、「善」がトラブルを抱えているタイムスピリットにすぎないのだ。エルダーにとっては、「悪は善と同じように善」である。エルダーに必要なのは、人々への慈愛だけではない。自然に対する寛容さが必要なのだ。自分にとって不利に思えることでも、それを受け入れようとしてみよう。目に見えないプロセスも含め、実際に起こっていることに注目しよう。あなたは、怒り、嫉妬、競争、性差別、人種差別といった、他の人々が「悪」と呼ぶプロセスに対して寛容になれるだろうか？　それらを浮上させよう。浮上するのを待ち、注意深く見てみよう。チベット仏教徒であれば、一見するとひどい対立であっても、やがて氷が水になるような変化をすると言うだろう。

もし出来事に逆らおうとすれば、それらは個人的にも文化的にも虐待を振るう形へと硬直化してしまう。たとえ人々があなたのやろうとしていることを奪っているように思えても、そのままに任せるのだ。学び、手放し、水となり、風となろう。おそらくあなたの時代は終わったのだ。そのようなときは、新たな、よりよいファシリテーターを見つけよう。

現在に至るまで、ほとんどのリーダー、ファシリテーター、心理療法家や組織開発の専門家は、世界の問題は愉快なものではないと言ってきた。その通り、対立を扱うのは難しい。抑圧に関して楽しいことなど何もない。しかし、対立が起こることに反発してしまえば、もっと苦しむことになるだろう。ただ今ここにあり、アウェアネスを保ち、人を評価しないようにすれば、文化が対立と呼ぶものは、あなたを導く「霊（スピリット）」になるのだ。

どのようにしたら、このような執着から離れたデタッチメントの境地に到達できるだろうか？私たちは、人生を受け入れるまでに、何年も川の流れに逆らい、悪戦苦闘してもがいてしまうことがあるが、その逆のことを行おう。

ワークはみんなのもの

西洋の多くの文化は、英雄を求める個人主義が幅を利かせている。個人が持つ力やカリスマ性が称賛されるのだ。しかし私たちは、集団の中で仕事ができる人物に価値を置くような、コミュニティ指向の文化から学ぶ必要がある。西洋では個人に仕事の責任を負わせるのに対して、例えばアジアの多くのコミュニティでは、与えられた仕事への責任は集団全体にあるという前提がある。そのような文化におけるエルダーが敬意を集めるのは、長いスピーチができるからではなく、短い言葉で必要なことを適切なタイミングで言ってくれるからだ。

集団の注意を強引に自分へ向けさせてはいけない。それは、メディアが注目を集めるためにパワーを乱用するのと同じだ。白人の西洋的な振る舞いを踏襲すると、集団の時間をあまりにも長く占有してしまうかもしれない。自分は重要だという自惚(うぬぼ)れを抱いていると、どれほどあなたの言葉が思慮深いものであっても、なんとかうまく進めたいと懸命になる姿がみんなを苛立たせるかもしれない。そうすることで他者に、自分を抑圧したり奴隷扱いしたりした人々の存在を思い出させてしまうだろう。逆に、あなたが劣等感にとりつかれていると、必要なときに声をあげてもらえなかったという最悪な記憶を人々に思い出させてしまうだろう。

エルダーは、アウェアネスやデタッチメントには波があることを知っている。アウェアネスを保つことや、対立の内側と外側に同時にいることは常にできることではない。炎に包まれた多文化間の対立に一人で取り組むことができる人はほとんどいないし、そうすべきでもない。チームで取り組むほうがより楽しいだろう。特に、事前にチーム内の人間関係の問題を解決していればなおさらだ。私たちは人々のアウェアネスを高めることができる。逆に、人々に私たちのアウェアネスを高める手助けをしてもらう必要もあるのだ。

チームワークには、すべての人の観点をコミュニティの一部として捉えるということを、自発的かつ有機的に合意しておくことが必要だ。そこでは、コミュニティに受け入れられない意見などない。このコンセンサス（合意）は、一つの観点を押しつけて他の観点を抑圧するようなものではない。それは、当分の間はある方向に進むという合意であって、それ以上の意味はない。オープンになろう。しかしオープンになることを他の人たちにも押しつけてはいけない。その代わりに、どのように自然に従ったらいいかの模範になろう。

コンセンサスとスピリチュアリティ

チームワークが機能するかどうかは、コミュニティであるという感覚と、起こっていることに対する全員の関心とコンセンサスにかかっている。コンセンサスには少なくとも三つの様相がある。それは状態であり、目標であり、ある種のアウェアネスだ。最も一般的に「コンセンサス」が意味するのは、全員が何かに合意している状態のことだ。つまりコンセンサスとは、ある特定の方向に人々が満場一致で共に進むときの、集団の特殊で一時的な状態だと言える。

しかし、コンセンサスは目標にもなりうる。そのとき、満場一致の合意は一時的な状態ではなく、定められた方向、私たちが求める最終結果、私たちが行くべき場所となる。そのような目標には長所も短所もある。もし、私たち全員が合意できれば、摩擦は少なくなる。一方、合意しない人がいたら、その人たちはコミュニティを乱していると非難され、周縁化されてしまう可能性が高い。そうなると、コンセンサスを目標とすることは、ディープ・デモクラシーのプロセスとは反対の方向へ向かってしまう。

最後に、コンセンサスはアウェアネスの一側面にもなりうる。この場合、ファシリテーターは自分のアウェアネスを全員と分かち合う。例えば、「私が気づいたのは、グループ全体がこちら／あちらの方向に進んでいるのではないか、ということです」や「多くの人がこちらの方向に進んでいますが、別方向に進んでいる人もいるようです。次はどちらに進んだらいいでしょうか？」のように、全員の賛成意見や反対意見を代弁する発言をするのだ。このような発言によって、集団にいる人々が自分たちの気づきを分かち合うよう促せるだろう。

ワールドワークには、状態や目標としてのコンセンサス以上のものが必要だ。アウェアネスのプロセスに取り組むチームワークが求められるのだ。

リーダーはどのように合意を引き出すかを知っている。それに対して、多文化的なエルダーはスピリチュアルだ。アウェアネスに焦点を当てることにより、エルダーは奇跡のようなことを起こす。然るべきときに、思いもよらない解決策が現れるのだ。

エルダーは、他の人々が身動きできなくなっている瞬間の向こう側を見て、私たちが忘れていた物事を思い出させてくれる。また、ランクや文化の存在を認めながらも、一つの文化やランクのシステムが絶対ではないことを認識している。エルダー以外の私たちは、文化と呼ばれる無数の事柄に関わりながら、ランクの梯子を登り、それによって自分たちが住んでいる世界に問題を作り出してしまっている。あるいは、他人を撃ち落とし、世界を憎んでいるのだ。

　高みに登る、すべり落ちる、お互いに踏みつけ合う、自分の行為に気づかない――そんな私たちが何者であるか、何をしているかに関わりなく、エルダーは全員が自分の子どもたちであると捉える。運命によって、眠って沈黙することを強いられる人もいれば、抑圧やランクや苦しみに満ちたこの世界を変えるために力を行使して、対立しなければならない人もいる。それでも、エルダーのおかげで、私たちはときに笑うこともできるのだ。

第14章　暴力や怒りと向き合う

暴力を扱うことは、あなたの最も深い信念の中で揺るがされるものがあるかもしれない。コミュニティという炎の中にとどまるために必要なスキルを学ぶためにも、その信念が何であるかを再考する必要がある。

水のようになってタオ★に従うというメタスキルは、どんな問題であっても、あらゆる対立を解決するのに役立つ。しかし多くのファシリテーターは、老荘思想の理念を受け入れてはいるものの、実際にはそのプロセスに背を向けてしまっている。例えば、どのファシリテーターも一度や二度は、意地悪で怒っている人は「善」ではない、と言ったことはあるだろう。

怒りが反感を引き起こすのを防ぐ

交渉人、政治家、組織開発や心理療法の専門家は、人々に怒りを乗り越えるべきだと説くことがある。彼らは、自分がスピリチュアルなランクや社会的ランクを持っているかのように振る舞

★ タオ：老荘思想、特に老子が説いた「道」のこと。自然の中、森羅万象の背景に働く力であり、コントロールを手放してその自然の働きに従うこと。ミンデルが何より大切にしている概念。

いながら、人々はこうすべきだという処方箋を授けようとしている。このような人々はたいてい、「汝よ、激しい怒りを超越すべし。汝よ、非難することなかれ、貪欲であることなかれ！」と言うのだ。

実際のところ、「非難してはいけない」という言葉をはじめ、どんな内容であっても振る舞い方を示す処方箋に従うことができる人はほとんどいない。他者の怒りは、私たちのあるスイッチを押す。他者の怒りによって、私たちは過去の虐待の問題を思い出し、問題を解決する代わりに人々の怒りを止めようとする。怒れば自分の価値を下げ、その怒りのために罰を受けることになるだろうと警告するのだ。

怒りと暴力に対処するための技術やメタスキルを身につけるためには、どうすればよいだろうか？　まずは、これらの状態のことをよく知り、驚かないようにする必要がある。怒りに詳しくなることで、個人としての自分の安心感や信頼感が高まる。自分自身や他者の怒りの状態を知っておくと、極限の状況や、日々の生活や、大人数の集団での対話の中でそうした状態が現れたときに、あなたは驚いたり、怖れたり、圧倒されたりすることが少なくなるのだ。

怒りに対するあなたの怖れに取り組む

次の問いは、怒りや激情の性質について再確認するのに役立つだろう。過去の虐待の問題が関わってくるので、答えるのが難しいかもしれない。しかしここまで読んだ読者であれば、すでにそのような問題に対してある程度は取り組んでいると想定している。

Exercise

① 怒りによって、あなたをとても緊張させたり怖がらせたりした、人物やグループを思い出してみよう。

② それによってあなたは、驚いたりショックを受けたりしただろうか？　彼らの行動は、あなたが想像していたものとどのように異なっていただろうか？

③ あなたは彼らに対して道徳的な処方箋を出しただろうか、あるいはあなたが抱える虐待の問題を話しただろうか？

④ 彼らがどんな様子だったかを、思い出してみよう。彼らがあなたや他者を攻撃したとき、彼らはどのように振る舞っていただろうか？　あなたは彼らのことをどのように思っただろうか？　あなたの身体はどのように反応していただろうか？　この出来事を思い出している今、どのように反応しているだろうか？

⑤ その人物やグループはどんな問題を抱えているかを、想像したり思い出したりしてみよう。何が彼らをそのように怒らせたり乱暴にさせたりしたのだろうか？　彼らはどんな感情を抱いていたのだろうか？　彼らが虐待や復讐の被害者になったのはいつだろうか？　彼らは何かを怖れていたのだろうか？　彼らはどのように傷つきやすかっ

たのだろうか？　あなたは彼らの傷つきやすさをどのように見ただろうか、あるいはそれは隠されていただろうか？

対立の渦中でどう振る舞うかは、その人のすべて、つまりその人自身の全人格を表すものではないことを覚えておこう。怒りや復讐心は世界によって引き起こされるものであり、それらは正当な理由があるから生じるのだ。

前述の問いに対するあなたの回答をよく探求しよう。自分自身や他者を理解できれば、暴力にもっとうまく対処できるようになるだろう。

ハイドリームとロードリーム

怒りに我を忘れている人や、誰かの怒りにショックを受けたりしている人について探求していくと、別の問題としてあなたの「ハイドリーム」に出くわすかもしれない。エイミーと私の造語だが、これは人々が抱いている最も深い信念や最高の願い、あるいは「みんながこんなふうに理想に向かって生きてほしい」という期待などを指して使っている。例えば、人々は常に優しくなってほしいという考えだ。ハイドリームは、あなたが創造したい世界を表している。あなたは、人々がいつもあなたに対して親切でいてくれて、驚かせたり傷つけたりせずにいてほしいという ハイドリームを持っているかもしれない。あるいは、人々がいつも公平で腹を立てずにいてほしい、と望んでいるかもしれない。

ハイドリームのおかげで人生と向き合えるようになるかもしれないし、ハイドリームがあなたを現実から切り離す夢物語になってしまう可能性もある。前者の場合は、ハイドリームがあなたの世界観を下支えして補強してくれる。しかし後者の場合、ハイドリームがあなたを共依存にさせる。夢を見ることで物事は良くなるだろうと信じてしまい、虐待的な状況や人をそのままにしてしまうかもしれないのだ。これらの夢に気づいていないと、あなたの世界を徹底的に揺さぶることが起こったとき、いつか絶望と共に目覚める朝を迎えることになるだろう。これまで個人も集団も社会全体も、例えば「階級のない社会」というハイドリームが砕け散るたびに傷ついてきたのだ。

幻想が壊れると、あなたは「ロードリーム」に陥る。ロードリームは、人々や集団や人生の本性を目の当たりにしてショックを受けたときに生じるものだ。落ち込んで具合が悪くなる。希望を失う、居場所から立ち去る、薬物に再び手を出す、二度と人間に近づかないと誓う、あるいは自殺したいような気持ちになるのだ。

例えば、あなたと付き合っている人があなたのニーズを理解してサポートするようになってほしい、というハイドリームを持っているとしよう。ところが、ちょうどあなたが誰かに頼りたいと思ったときに、パートナーには仕事の重大な締め切りがあり、あなたの期待に応えられなかったとする。そのとき、あなたはロードリームに陥るのだ。以前は自分がパートナーの人生の最優先事項だと思っていたのに、今のあなたは、自分は最も優先度の低い存在だと「見ている」。そしてあなたは最後の言葉を残し、荷物をまとめて立ち去る。これが、ほとんどの人が人間関係の中で行っているやり方だ。うまくいっているときは、地上の楽園というハイドリームの中にいて、誰もが自分を愛してくれていると思っている。そのハイドリームが打ち砕かれると、苦痛を抱き、なんて愚かだったのだろうかと自分を責めるのだ。

ビジョンが打ち砕かれたり、リーダーに失望していたりする集団をファシリテートするときは、ロードリームのことを思い出してほしい。そうでなければ、なぜその集団のメンバーがそれほど落ち込んでいるのか理解できないだろう。あなたのハイドリームを一つ思い出してみよう。その夢が破壊されたのであれば、それはどんな感じだっただろうか。ロードリームに入っていくとき、どのように感じられただろうか。こうしたワークは、あなたが他者への共感を育むのに役立つだろう。

企業や組織、街や国がなんらかの紛争解決の実践者を雇うとき、その場は通常、ロードリームに支配されている状態にある。彼らはこのように言うだろう。「私たちには素晴らしいビジョンと熱意がありました。しかし、今は希望がありません。トラブルや負の感情がありすぎて、対処できないのです」

ファシリテーターは、暴力、無気力、グループの自信喪失といった症状から、ロードリームを認識できる。多くの人がすでにあきらめており、立ち去って行こうとしている。彼らのハイドリームが何だったかを明らかにしなければならない。おそらく彼らの最大の精神的信念が打ち砕かれてしまったのだろう。

私は以前、世界を変えるようなハイドリームを持ち、多くの成功を収めてきた大組織と仕事をしたことがある。その経営陣の横領が判明したとき、何百人もの社員がロードリームに陥った。彼らは自分たちのことを「機能不全組織」と呼んだ。彼らのロードリームは、今や誰も信用できないと言っていた。身体の不調を訴える人も多くいた。ロードリームの中では、何もかもが不可能で絶望的に見えていたのだ。

ファシリテーターとして、自分自身のハイドリームに気をつけてほしい。それらは、人々に変化を求めてしまっていないだろうか？　前章で指摘したように、エルダーは、人々はなるようにしかならないという前提に立っている。人々は、貪欲、妬み、復讐心、虐待的な感情といった低俗な面を多く持っているかもしれない。あなたはそれらを受け入れられるだろうか？　さらには、それらを愛せるように自分を変えられるだろうか？

あなたの敵、友人、隣人たちを、あなたがこうあってほしいと望むようにではなく、その瞬間のありのままの姿で見てみよう。彼らは、今日はあなたの友人だとしても、来週はあなたを攻撃する者になるかもしれないことを覚えておこう。歴史において、暴君、絶対君主、抑圧者、虐待者、復讐を求める者の側面を自分自身の中から断ち切れた人はほとんどいないということを思い出そう。今こそ、負の側面が存在することも受け入れて、それとともに行動することを学ぶときなのだ。

幸運なことに、ハイドリームが粉々に打ち砕かれたとしても、必ずしもうつ状態が永久に続くわけではない。後から振り返ってみると、自分たちのハイドリームが爆発してしまったのは、世界をより広い視野で理解するための土台を整える出来事だったかのように思えるかもしれないのだ。

スピリチュアリティと対立は、太陽と雨のような関係にある

自分自身や世界の問題と向き合っていくと、負の側面と攻撃性は愛と同じくらい人間の本質であるという結論に、ゆっくりと導かれていくだろう。善か悪かはもはや問題とは思えなくなるのだ。そして、霊（スピリット）、つまりあなたが命の起源と呼んでいるものはなんでも、敵対する力（フォース）以上のものであると考えるようになる。それは両極性の間で生まれる動きのプロセスだ。最終的には、そのプロセスが両極性を消し去るのだ。

もはや、怒ることは罪だ、あるいは悪い人だけが大声をあげるのだと思うことはなくなる。その場の空気の中にあるものを表現するためには、すべての人の手助けが必要だと理解するのだ。

霊（スピリット）という存在を、多くの色彩や動きをともなった多様なエネルギーとしてとらえる信念体系は多くある。例えば私が思い浮かべるのは、インドの人々が創造も破壊も司る者として崇めているシヴァ神。自然の霊（スピリット）やエネルギーが、問題やあらゆる大惨事を引き起こすのは、何か新しい物事を生み出すための地ならしとしての側面もあると捉えるのだ。

人生へのハイドリームを無意識に抱いていると、自然を刺激して、トラブルを引き起こすことがあるかもしれない。そのときに平和をただ願うだけではうまくいかないだろう。私たちはランクへの意識を高められるようにと願う必要もあるし、権力者から周縁化された人々を苦しめる

不公正を是認しておきながら、古い感覚のままで平和を追い求めることもやめる必要があるのだ。平和を尊重しながらも怒っている人々を見下している、というようなハイドリームを永続させてしまっていることに注意を払わなければ、何も変わらないのだ。

人々が自分たちの周囲にある怒りや激情を批判する一方で、エルダーはそれらを自然の一部として受け入れる。バーニス・ジョンソン・リーゴン（第11章）を思い出そう。彼女は、ほとんどの人は癒やしの水について歌うが、自分は激流（トラブル・ウォーター）について歌うと言った。そして彼女はこうも述べた。

「トラブルが私たちを一つにする」

もし私が禅の師だとしたら、私の紛争解決の公案★は次の文言を理解することだろう。

「晴れれば必ず雨も来る」

リニア（線形）とノンリニア（非線形）のコミュニケーション

緊張と混乱を受け入れることから、コミュニケーションの新しいパラダイムが開かれる。従来のパラダイムは、調和を目指すあまり対立の解決を急ぎ、対立し合う人々をはっきりとわかりやすい立場に固定していた。

新しいパラダイムで目的となるのは、対話だ。そこに永続的なロールはない。誰もがどのようなロールにもなりうるし、ロール自体も流動的だ。グループ・プロセスの物理的な設計もまた多

★ 公案：禅における問答を指す仏教用語。

様である。例えば、人々がテーブルの両側に相対して座るような、伝統的な配置もあるだろう。あるいは、あなたを含む全員が円形や同心円状になって座る方法もある。このとき人々は、輪のどこから話してもいいし、一人ずつ話しても大勢が一斉に話し始めてもいい。何人かが中央に出てきて話し合うかもしれない。あるいは、中央にいる人と周辺にいる人の間に対話が起こるかもしれない。

新しいパラダイムでは、混乱が発生している時でさえも交渉できるようにならなければならない。正しいか間違っているか、有罪か無罪か、善か悪かといった内容に評価や判断を下そうとせず、一瞬一瞬のプロセスがどんなものであるかに気づこう。あらゆる対立には、二種類の基本的なコミュニケーションが生じる。一つはリニア（線形）で、もう一つはノンリニア（非線形）だ。

リニアな状態は冷静だ

リニアなやりとりは「より冷静」なスタイルだ。対立するグループどうしのコミュニケーションにおいて、一度に話すのはどちらか一方で、定められたテーマから離れることはない。そうすればファシリテーターは、非難の応酬が起こる前に、一方の側の声に対処できるようになる。人々は怒るかもしれないが、そこでは明確さが優先されているのだ。

多くの文化やコミュニティは、東洋か西洋か、国際的か土着かを問わず、リニアを好む。そのようなコミュニティでは、対立を抱える人々は話し合いの場から切り離され、自分自身が変わるよう求められる。企業や政府においてヨーロッパ中心主義的なスタイルを用いる西洋の調停者たちは、たいてい感情的な人を無視したり、軽視したり、罰したりする。心理学研究所やスピリチュアルな施設もまた、彼らに対して不寛容な態度を取りがちだ。

リニアなコミュニケーションには、食いちがう意見の内容や詳細な背景を扱えるという利点がある。また、暴力から守られたいという人々のニーズは尊重される。そして、争いの中にいる人もその外側にいる人も何が起きているかを理解できる。長期にわたって対立してきた人々が相互理解を求めているときや、誰もが安全と保護に関して合意する準備ができているときには、リニアなスタイルを使おう。

リニアの欠点は、強い感情が抑圧される可能性があり、周縁化されたグループの感情やスタイルが無視されるかもしれないことだ。このスタイルでは、一度に一人だけが話し、他の人たちは声をあげるのを待たなければならない。これが、対立しているグループどうしの交渉がしばしば失敗する理由だ。交渉の場では少数の人々がリニアなスタイルを用いて和解するが、その一方で、背後にいる何百万もの人々が抱く本当の気持ちは無視される。交渉人は、意見だけでなく感情を代弁することを忘れなければ、よりよい結果を生み出せるはずだ。

ノンリニアには動きがある

主流派の人々は、ノンリニアなコミュニケーションは激怒したり落ち込んだりしたときにだけ起こるものだという理由で、このスタイルを怖れることがある。しかし、このコミュニケーションのスタイルには利点もある。

一般的に、この場合の対話は直線的ではなく、円を描くように進行するのが特徴だ。ノンリニアなコミュニケーションをもたらすのは怒りや落ち込みだけではない。人々が同時に話したりしながら、さまざまな感情によって、思考がとりとめもなく進むようなリラックスした雰囲気が生まれることもある。そこであなたが理解できるのは、全体としてのトーンや居心地の良さだけだ。

ノンリニアなやりとりは、議題にない未知の体験だけでなく、暴力を引き起こすこともある。例えば、一方の側が対立する相手の何かを非難し、言い終わるのを待たずに非難された側がその攻撃者に対して、同じあるいは別の非難をすることで自分を弁護しようとするときに、暴力が起こる場合がある。もし最初に発言する人が他の人の意見を聞くことができないか聞きたくない場合、次に発言する人はそのメッセージを伝えようとして、より激しく攻撃的になってしまう。どちらの当事者もますます攻撃的になっていくのだ。そうして、誰もが耳を傾けることを拒否するようになる。問題ではなく感情に焦点が当たるようになる。怒りがエスカレートしていく。誰かが立ち去るか身体的な暴力で脅かすまで、脅迫やそれに対抗する声があがるのだ。

最後には、誰かが勝ち、誰かが負ける。しかし、ファシリテーターがホットスポットやエッジに気づくことができれば、ノンリニアな状態は本当の平和を導くことができる。ノンリニアなコミュニケーションには多くの利点がある。紛争解決の現場でも、ノンリニアなコミュニケーションが促進されることで、復讐心や怒りのような根本的な感情が表現されやすくなるだろう。同時に、人々は一対一のリニアな進行がもたらすような不満を抱くことなく、自分自身を表現できる。ノンリニアな状態によって、ただ友好的だっただけの人々が、感情面でお互いを知ることができるようになる。感情的な交流は、将来に起こる暴力に対する予防薬となりうるのだ。

ノンリニアなコミュニケーションの促進における一つの欠点は、その問題について合理的な議論をするためには、物事が落ち着くまで待たなければならないことだ。さらに、ファシリテーターがノンリニアなコミュニケーションの訓練を受けていない限り、暴力が振るわれる危険がある。怒りの応酬に慣れていない人は、怖ろしくなり、話し合いへの参加に抵抗しがちだ。ノンリニアなやりとりには、リニアなプロセスの進行よりも、ファシリテーターに人の心を扱う能力と経験が求められるのだ。

リニアな状態とノンリニアな状態は交互に現れる

どちらのコミュニケーションのスタイルを使うか、あなたはどのように決定すればよいのだろうか？　実はそれを決めるのは、あなたではない。その場にいる人々、そのときの状況、問題、そして国が決めるのだ。あなたの仕事は、そのスタイルに気づき、それを参加者に説明し、プロセスに取り組むことだ。

ヨーロッパとアメリカでは一般的に、リニアなスタイルが取られるのはタウンミーティングやオープンフォーラムであり、それらがテレビで公開されている際は顕著だ。そのような集会は、習慣的に主流派のやり方に従っているようだ。このスタイルは、激しく敵対している当事者どうしを引き合わせ、お互いの話を聞く機会を与えるもので、それが当事者たちにとって初めてのこともある。第3章で取り上げたオレゴン州の集会の例を思い出してほしい。そこでは、ゲイとレズビアンの活動家たちがオレゴン市民同盟という原理主義者グループと対面した。そのとき、双方が初めてお互いの言い分を聞き合うことができたのだ。多くの人が、敵対する相手のことを理解できて幸せだと言ったのだ。

ノンリニアなコミュニケーションが増える状況は、主流派にとっては混乱しているように見えるし、主流派の許容範囲よりも間違いなく感情的だ。ノンリニアなコミュニケーションがエスカレートするのは、リニアなコミュニケーションが失敗したときや、そのリニアな会話の中でエッジをとらえてそれを深く進めることを可能にするファシリテーターが誰もいないときだ。

一方の当事者が誰かを非難して相手が非難し返すような場面において、ワールドワークのエルダーであれば、両者に対して、まずは一つ目の非難を扱ってから二つ目に移るように促すだろう。そうでなければ、両者は自分の声が届くようにどんどん大きな声をあげるようになってしまう。そうして、ノンリニアな状態が生じるのだ。第11章で触れた人種問題を扱うオークランドでの集会では、紛争解決の手順を説明しようとするリニアなスタイルに続いて、全員が一度に話し始めるノンリニアなスタイルに移行した。そこでエスカレートしたあとに、全員が本当に一つになったのだ。

すべてのグループがリニアとノンリニアの両方を必要としている

ここで思い出されるのは、アメリカの集会で、ラテン系と白人の間で起こった激しい対立だ。そこでは三百人ほどが集まり、ラテンアメリカからカリフォルニアに入る移民労働者の問題について議論していた。何時間にもわたって、人々は礼儀正しく話し、お互いを尊重していた。誰もが他者の意見に対してオープンであることを望んでいた。リニアな状態を保ちながらも、場の空気には怖れの感覚があった。どういうわけか、その問題について感じている本音まで掘り下げられていなかったからだ。

ラテン系の移民労働者たちは、農場での臨時雇用にありつけない「ガラスの天井」について話していた。あるときラテン系の女性が、一人の白人女性について、自分の本心が全く伝わらないことに怒っていると訴えた。これがリニアな議論を終わらせることになった。突然、ラテン系の男性が前に出てきて、彼がどれほど苦しんできたか、そしてそれを一度も表現してこなかったことについて大声で訴えた。何年もの間、彼は生き残るために良い人でいることを強いられていた。彼は理解を求めたが、まだ誰もそれに応じることができなかった。彼がちょうど話し終えようとしたところでレズビアンの女性が立ち上がり、もう辛抱できない、私も自分が抱える問題に苦しんでいると訴えた。彼女もまた周縁化されていたのだ。ラテン系の人々が自由に感情を主張したことで、今やあらゆる感情を出すことが許されるようになった。

そのミーティングはノンリニアな段階に入り、多くのことが同時に起こった。白人たちは、自分たちを白人ではなく、肌の色には関係なく個人として理解され愛されたいと言った。ラテン系の人々は、白人は自分たちのことだけしか考えないじゃないかと、再び不満を言った。状況はエスカレートしてますます混乱し、この巨大な集団の中で何十人もがそれぞれに自分の話を訴えていた。それでも一定の注目を集めていたのは、当初からグループの中心で白熱していたラテン系女性と白人女性の間のリニアなスタイルの議論だった。二人とも、相手に理解してほしいと主張していた。私たちファシリテーション・チームは、彼女たちがお互いを受け入れられるようになるまで、エッジを越える手伝いをした。

すると、雰囲気が変わり始めた。対立というよりもお祭りのような様相を呈し始めたのだ。誰かがまさにリニアなスタイルで叫んだ。「昼食の時間ですよ」。するとその場全体が上機嫌な雰囲気になり、話し合いが終わりを迎えたのだった。昼食後には、誰もが満足気に、少人数のグループで落ち着いて座り、目下の民族紛争や個別の問題に対する解決策をリニアなスタイルで話し合っているように見えた。後に、白人の大企業オーナーが、かつてこれほどラテン系の人たちを理解したことはなかったと私に言った。今では、彼はラテン系の人たちを大好きになっていた！だから彼は会社を変えると約束したのだった。

リニアとノンリニアを理解することで、激しい状況でもワークできるようになる。しかし、変化の霊(スピリット)を完全に理解することは決してできない。それは移ろいやすく、予測不能で、とても驚くべきものなのだ。

戦争と道場

このワークに必要なスピリチュアルなメタスキルを身につけるトレーニングは、どこで受けられるだろうか？　それには**道場**が必要だ。道場とは、武道家どうしが鍛え合う部屋を意味する日本語である。大きな集団でもノンリニアについて学ぶことはできるが、私が知る中で最高の道場は、あなた自身が持つ人間関係だ。あなたが私生活の中でリニアなコミュニケーションとノンリニアなコミュニケーションの行き来を巧みに扱うことができるようになったら、ファシリテーターとして十分な準備ができていると言えるだろう。

摩擦を感じたら、霊（スピリット）の動きを観察しよう。対立を扱う練習をしよう。深刻にならないうちに、その対立に入っていこう。自分がどんなときに、リニアあるいはノンリニアなコミュニケーションのスタイルを使っているかに気づこう。一方からもう一方へただ移るのではなく、意識を向けながら切り替えてみよう。意図されたメッセージや隠れたメッセージであるダブルシグナルを扱ってみよう。エッジとホットスポットに注意しよう。

対立や争いは私たちを様変わりさせる。ロードリームとハイドリームが思いがけず現れてくるとき、自分自身が見知らぬ他人のように感じることもある。ほとんどの人が、対立によって被害者か狂気の攻撃者になってしまうのではないかと怖れているが、あなたがエルダーであるならその状況は対立の中で自分自身を知る機会と捉えて歓迎するべきだ。おそらく、次の問いが役に立つだろう。

Exercise

① あなたは最近、誰と対立したか？

② あなたはそこでどのように振る舞ったか？

③ あなたの典型的なダブルシグナルは何だったか？　つまり、直接的に表現することを怖れている経験は何か？　そのなかで、自分でも認めることを拒んでしまった経験はどれだろう？

④ あなたのダブルシグナルは、あなたのランクや復讐心とどのように関連していただろう？

⑤ 他者との関係の中で、自分の一番好きなところと一番嫌いなところは何だろうか？一番嫌いな部分を知ろう。それに話しかけて、心を開いてみよう。それについて考えてみよう。それは何を望んでいるだろう？　それはどのように感じているのだろう？想像したり演じたりして、それについてもっと発見してみよう。

⑥ その人間関係のプロセスにおける、リニアな状態とノンリニアな状態はどんなものだっただろうか？　どちらのスタイルがあなたにとってより自然だろう？　もし一つだけを使っていたとしたら、もう一つも役立つ可能性があったかを考えてみよう。

あなたのパートナーに、あなたたちの間で起こっていることのダイナミクスを分析するのを手伝ってもらおう。対立において、あなたたち二人はどのような感情の変化を経験するだろうか？ワールドワークの探究は一人ではできない。あなたに最も近い人たちの中から、このワークの師となる人を探してみよう。

一面的になることは霊(スピリット)を抑圧する

友人があなたの振る舞いはこうだと言うのに対して、あなたは違う振る舞いをしていたはずだと感じている場合、あなたは自分自身の一部を抑圧しているかもしれない。これは、タイムスピリットを抑圧するし、他者を刺激することにもなる。例えば、あなたが親切に振る舞いながらも自分の激しさを否認していると、その代償に周りの人たちがあなたを激しく攻撃するかもしれない。あるいは、自分はオープンであると主張しながら内心では他者の行動に対して説教や非難をしたいと感じるとき、周りの人たちが防衛的になった際にあなたは混乱するかもしれない。自分自身を知り、自分の意見を直接話したほうがよい。それがオープンな議論につながるのだ。

重要なのは、あなたが全体性を持ってバランスが取れているかどうかではなく、自分の一面性に気づいて、その気づきをプロセスの中で活用できるかどうかだ。夢を観察して、自分自身の忘れている部分を探してみよう。そうすることで、他者と共に変化のプロセスに入っていくことができるのだ。

私がスイスで学生だったとき、ある教師と一緒にチューリッヒの街を歩いていると、別の学生が近づいてきて、試験が厳しすぎるとその教師を批判し始めた。その教師は自己弁護しなかった。その代わり、突然笑いだして、その学生に彼が見た夢のことを話したのだった。試験の前の晩に彼は、学生たちへの厳しさが足りないという夢を見ていた。その夢は正しかった。彼はいつも心優しすぎたのだ。

その学生は納得せずに話し続けようとしたが、教師はそれをさえぎって、これまで学生に対して、本来の自分よりも寛大に振る舞っていたことを謝罪した。「自分の厳格な部分をきちんと認識できていなかったのだから、私は偽物でしたね。申し訳ない。しかし喜んでください」と彼は言った。「次回、君がもっとうまくやらなかったら、落第にしますよ！」

私たちは皆、突然彼が毅然とした態度をとったことに驚き、笑った。それで議論は終わった。その学生は自分の状況を知り、最終試験に向けて徹底的に準備をしたのだった。

私の先生は自分自身のことをよく知っていた。彼は多くの心理的ランクを持っていて、それをみんなの利益のために活用したのだ。何よりも、彼は人間関係という道場で、どのように自然に従い、物事が一方から他方へと動くことに身を委ねればよいかを示してくれた。このやりとりでは、先生と学生の双方が、優しさと厳格さというその瞬間の霊（スピリット）を表していたのだ。

デタッチメント——攻撃を受けた結果、執着から離れられる

関係性のワークや公の場でのワークをすると、攻撃にさらされることになる。これらの道場は極度の緊張の場であり、死と再生の場でもある。ありったけの攻撃や集中砲火を受けると、自分にいくつかの穴が開けられてしまったかのように感じるものだ。すると、物事を受け入れやすくなり、自分のアイデンティティが軽くなる。そして自然と、より中立でデタッチメント（執着から離れた状態）になれるのだ。

ワールドワークでは、自分の薪を燃やすことで、完全なデタッチメントに到達できる。いったん怒りを燃やし尽くせば、対立の中で冷静さを保てるかどうかを心配しなくなる。自然と執着から離れられるようになるからだ。攻撃を受けて自分のアイデンティティへの執着から離れられると、最も理解できない人や最も好戦的な相手の中に勇気を見出し、称賛や少なくとも尊敬の念を抱くのだ。

ダブルエッジを越える

ほとんどの組織は、自分たちの一面性や、それがいかに混乱を引き起こし、コミュニティをバラバラに分断するかを認識していない。企業は、自社がいかに労働者を虐待しているかに気づい

ていない。文化は、主流派に沿わない人々がいかに周縁化されているかに気づいていない。私たちは人間関係に行き詰まり、世界も世界自身に行き詰まっている。つまり、霊(スピリット)が流れられずにいるのだ。これは、対立状態にある人々がエッジに立っているからだ。コミュニケーションのシステムには少なくとも二つのエッジが存在する。これらは私が「ダブルエッジ」と呼んでいるものだ。行き詰まっている危機において、ダブルエッジは水が再び流れるようにするための鍵となる。

ある男女の関係性を例に考えてみよう。女性のほうがエッジを越えて、すべてのニーズを叫んで表現したが、男性のほうは侮辱されたと感じているのにただ黙って座っている状況だとする。そのとき彼女のほうはほっとしているかもしれないが、彼のほうはわだかまりを抱いているだろう。このシステムには二つのエッジが存在している。水が再び自由に流れるようにするには、その両方を越えなくてはならない。彼女は彼女のエッジを越えたが、彼はまだ彼のエッジを越えることができていないのだ。

集団でも同じことが起きる。二つのサブグループが対立していて、一方はエッジを越えているがもう一方はそうでない場合、ファシリテーターは後者のグループから、前者のグループを優先していると非難されるだろう。後者のグループは侮辱されたと思い、復讐を企むのだ。

これは、主流派に周縁化されたグループが声をあげるときによく起きることだ。アメリカでの市民集会なら、アメリカ先住民、ラテン系、アジア系、黒人がエッジを越えて人種差別の痛みについて話すかもしれない。もし白人が「ごめんなさい、罪悪感を抱いています」と言う以上の反応を何も示さなかったら、すぐにバックラッシュ（揺り戻し）が起きるだろう。

バックラッシュ（揺り戻し）

主流派の人々は、表向きには倫理的な行動をとるが、その背後では、反感を抱いて狡猾（こうかつ）に自身のパワーを行使している。すべての当事者がエッジを越えなければ、誰のためにもならない。見えないところで主流派は、「人種差別撲滅を目指す大義」を支持する世界を非難しているのだ。バックラッシュは避けられないものではないが、ファシリテーターがダブルエッジを見逃していると起こってしまう。ファシリテーターは、抑圧されたと感じた人が声をあげたときに、「抑圧者だと非難された側が自分たちの感情を共有することで応答しなければ、後でバックラッシュが起きてしまう」と、その場にいる全員に警告すべきなのだ。

一方の当事者だけでなく、すべての人に自分の経験を話してもらうことが重要だ。ダブルエッジを越えるためには、主流派が「倫理的であろうとすること」をやめるように手助けしなければならない。彼らは、自分たちが現状維持を望んでおり、平穏がかき乱される状況に腹を立てていることを認めなければならない。彼らが「このトラブルメーカーたちは、なぜいつも不平不満を言っているんだ？」とはっきり言わない限り、真の理解は起こり得ないのだ。企業においても同じことが言える。もし中間管理職が上層部に向かって発言する場合、バックラッシュはランクの低い人が解雇されるという形で起こる可能性がある。エルダーになろうとするなら、ダブルエッジの存在を覚えておこう。

誰もが自由を必要としている。コミュニティが一つになれるのは、抑圧されていた声が発せられ、抑圧していた側の声も発せられ、その信念をさらけ出せたときだけだ。そうでなければ、抑圧された人は抑圧されたことを主張し、主流派の人も自分たちは抑圧されていると主張するだろう。奇妙に思うかもしれないが、パワーを持つ側も、自由のために反乱を起こさなければならないと考えている。パワーを持つ側が自分たちの見解を明確に共有するとき、抑圧されている側はテロリスト的な戦術を変えるように求められる。このようにして、誰もがパワーに気づき、かつての敵が盟友になることもあるのだ。

ダブルエッジに取り組むことは予防薬になる。つまり、問題が問題になる前に解決できるかもしれないということだ。エッジを越えられるように人々を導くには勇気が必要だ。道場で訓練をして、自分を知り、ノンリニアな状態とホットスポットを覚えておく必要がある。そこにエッジがある。しかし、もし組織や街中のどこであっても、誰もが自分を表現することが許され、エッジを越える勇気が与えられれば、対立は解消し、暴力は不要になるだろう。その瞬間、すべての人が雨と太陽は交互にやってくることに気づく。コミュニティ全体が悟りを開いたようになる。そして再び川が流れるのだ。

炎の輪の中で信念を持つ

スピリチュアルな心構えができれば、怒りを容認したり、ダブルエッジを乗り越えて世界の本質を理解したり、さらには悟りに至ったりすることも容易になる。問題は、人間どうしのプロセスを紐解くときに非常に役立つこの心構えを、どのように身につければよいかを知ることだ。超越に到達するために、多くの宗教やスピリチュアルな伝統が推奨するのは、修行だ。例えば、仏教やヒンズー教ではさまざまな流派が、膝が痛くても蓮華座（れんげざ）でじっと座ることを勧めている。こうした修行は、痛みに集中すれば、いつかはそれが和らぐことを教えてくれる。

痛みに耐えながらそのような修行を続けるには、偉大なパワーや力（フォース）の存在を信じなければならない。スピリチュアルな実践者は、痛みに満ちた瞬間の中で座るという行為そのものが、逆説的に痛みを緩和するための基礎であると考えている。

インドの伝説的なスピリチュアリティの歴史家であるパタンジャリが記した最古のヨガ文書が、次に何が起きるかを示唆している。いわく、「ヨガがヨガを教える」。つまり、小さい修行からでも始めれば、自然とアウェアネスと集中力を高め、それが元の修行を向上させるのだ。ワールドワークの目的と照らし合わせるなら、修行はアウェアネスを与え、最終的には暴力に対処する方法を教えてくれるということだ。修行とアウェアネスは、あなた自身について、そして他者が使うリニアとノンリニアのコミュニケーションについて教えてくれるだろう。

コミュニティの炎の中にとどまることを可能にする、プロセスへの信念は、どのように見出せるだろうか？　私は、この計り知れない問いに対する最終的な答えを持ち合わせていない。おそらく、エルダーとして対立の炎にとどまるという行為は、一種の「天命（コーリング）」、つまり逆境のさなかで平静さを保つことがあらゆる人に役立つはずだ、という内なる感覚を抱くことなのだ。

第15章　戦争状態（ウォー）に関する、テクニックとタオ

戦争は世界の歴史の流れの一部だ。これまで「戦争」と言えば、何百万もの人々を殺害して世界のパワーバランスを変える惨劇のことを話していた。このような戦争が差し迫っているような危機的状況は、ファシリテーターが扱うにはあまりにも複雑なプロセスである。そのため、その対処方法はほとんど知られていない。そこに潜む暴力への脅威には、どんな人でも怖れを抱くし、問題を避けて通りたいと思うものだ。しかし、待つことは解決策ではない。

国家どうしだけでなく、家族などあらゆる規模の集団は戦争状態（ウォー）に突入するし、中にはそれを頻繁に繰り返す人もいる。小規模の対立には良い面がある。そのような対立によって、私たちは良い意味での戦士になる練習ができるからだ。

ファシリテーターの最初のステップは、戦争状態（ウォー）に気づくことだ。ワールドワークでは、戦いとは何よりも意識の状態であるとみなす。戦争状態（ウォー）には、少なくとも五つの特徴がある。

① 相手が絶望を感じている

当事者全員が、やれることはすべて試したと感じている。問題を解決できるという希望をあきらめている。敵対を避けるために本能を抑えることをやめてしまう。

② **相手を敵とみなす**
お互いを敵として扱うことを決めてしまっている。お互いを快く思っていない。人々は敵どうしであるかのように話したり振る舞ったりして、実際に敵となる。

③ **どちらの側も、より多くのパワーを求める**
どちらの側も、自分たちのほうが不利な状況にあるため脅かされていると感じている。自分は相手よりも心理的、社会的、身体的なパワーを持っていない。十分な愛、敬意、土地、お金を持っていない。自分たちが恵まれていないのは相手側の責任だと主張する。お互いに交渉から退き、最後通牒を出し、相手の犠牲によって強くなっていく。双方が、物事は自分に不利に働いていると感じ、相手に打ち勝つためのより大きなパワーを求めるのだ。

④ **学ぶことはこれ以上ない**
戦いの当事者たちは、友情を育んで学び合おうという希望を放棄している。たとえ自分自身の一部を相手に投影していると指摘されたとしても、どちらの側も否定するだろう。「邪悪な他者」は外側だけに存在し、自分の内側には存在しないと思っているからだ。迫りくる

対立によって雰囲気にピリピリとした緊張感が走るようになる。

⑤ 暴力が目の前まで来ている

コミュニケーションが乱れ、混沌とし、怒りに満ちたものとなる。それは究極のホットスポットだ。全員が一斉に話し、誰も耳を傾けないため、感情が激化する。双方は暗黙のうちに策略を企て、そして脅威を取り除くために行動に移すときが来たと宣言する。友情の構築ではなく、暴力の行使が選択される。安全のバリケードから離れるときが到来する。誰もが自らの意志で、自身の歴史と人生を失うリスクを取ろうとする。

戦争状態は神聖な出来事となる

対立を扱う人の多くは、戦争状態になると手を引いてしまう。しかしもしあなたがエルダーなら、当事者たちに思いやりを持つだろう。当事者たちはその状況下で最善を尽くしているのだ。あなた自身も戦争状態を経験してきたはずだから、そのことを知っているだろう。

道教の古典である『易経』または『変化の書』の第49章は「革命（沢火革）」と呼ばれている。それは次のような壮大な展望を提示している。

このように言われている。「時代は変化し、そして時代が求めるものも変化する。このように、年間を通じて季節は変化する。世界のサイクルでも、人々と国家の生活には春と秋がある。そして社会においても同じように変化が必要なのだ」[1]

戦争状態になると、最初にあらゆる変化が停止し、誰もが凍ったようにそれぞれの立場を固持するようになる。深刻な対立は固まった氷だ。意見の隔たりによる憎しみがあまりにも大きいため、当時者たちは凍りついてしまうほど冷えきっているのだ。しかし思い出してほしい。氷は凍った水であり、溶かすことができる。あなたが氷に焦点を当てれば、溶け始めるだろう。例えばこんなふうに伝えてみよう。

「今は、凍傷になりそうなほど深刻に冷えきっています。今ここで、戦争が起こっているのです。戦争状態では、合意していたことも台無しになってしまうでしょう。みんなが傷つく可能性があるのです」

誰もが憎しみで動けなくなっているその瞬間を捉えて明確に状況を指摘することには、驚くべき効果がある。アウェアネスを最前列に引っ張り出すのだ。すると、怒りを和らげることができる。人々は、人生には戦争以上のものがあることを思い出すようになる。敵対する相手に、前述した戦争状態の五つの特徴がいかに表れているかを伝えよう。これを公明正大に行おう。みんなに対して、すべての当事者が、自身と相手の両方のために最善を尽くせるはずだと信じていると伝えよう。

アウェアネスを物事を捉える枠組みとして活用するようになると、やがてあなたの仲間に加わる人が出てくるだろう。このようにして、激しい争いに発展する可能性があるものを、神聖な出来事に変えることができる。ディープ・デモクラシーでは、戦争状態もまた神秘的なタオの一部となり得るのだ。

非暴力的な戦争状態のエクササイズ

ファシリテーターは、対立の渦中にある人々やコミュニティを見下してはいけない。私たちは誰もが、戦争状態を経験しているはずだ。例えば、親、教師、上司、配偶者、元配偶者、子ども、隣人、政敵、行政機関、宗教的指導者などと戦ったことがあるだろう。戦争状態は、私たちが認めたくないほどにありふれているのである。

私たちは、どれほど激しい戦争状態を経験しても、それを内から理解していなければ、その状態を永続させてしまう。これから述べる問いのリストは、当事者が今まさに戦いを起こそうとしているときに、氷を溶かすのに役立つだろう。また、あなた自身の戦争行動に関して洞察を得るエクササイズとして、いつでも利用できる。

「非暴力的な戦争状態のエクササイズ」は、日常にありふれた憎悪や戦争状態を、神聖でスピリチュアルなアウェアネスの高い状態に変容させる儀式だ。戦争状態は克服しようとすべきものではない。戦争状態は、目の前にある出来事は、荒々しくても意味のあるものだと理解するのに役立つのだ。スピリチュアルな戦士は、目の前にある出来事を未知への入り口として尊重する。その未知を理解する唯一の方法は、その中に完全に入っていくことだ。

Exercise

①　**戦争状態の瞬間を思い出そう**

親密な人や仕事相手などとの人間関係で起こった、深刻な対立について考えてみよう。戦争しかないと感じた瞬間や、相手と共に成長することをあきらめて、相手が敵にしか見えなくなったときを思い出そう。その人に対する見方はどのように変わっただろうか？　その人に初めて会ったとき、相手についてどんな風に言ったか？　戦争状態のときに、あなたは何を言っていたか？

②　**あなたの暴力的な状態について思い出してみよう**

相手が目の前にいたときや、相手について考えたり話したりしているときのあなたの状態を思い出そう。あなたはその人に何をしたかったのだろう？　その人に何が起きることを望んでいただろうか？

③　**戦争状態を演じてみよう**

リニアのコミュニケーション・スタイルを使って、実際の敵に話しかけるか、友人にそのロールを演じてもらい、あなたがその敵を完全な悪者だと見なしていることを認める練習をしよう。客観的でいることや交渉がもはや不可能であることを想定して実験しよう。自分の力ではどうしようもないほどの痛みがあり、あなたにできるのは自分の感情を守るか相手を攻撃するかだけだ。

さて、このエクササイズの怖い部分がやってくる。あなたの中心とアウェアネスをしっかりと保つと同時に、あなたの最悪の感情を抑圧しないようにしよう。あなたがプロセスに入れば、すべてが変わる可能性があることを覚えておこう。例えば、「私はあなたをどうやったら無理やり変えて、破滅させることができるかを考えている」と言ってみよう。そこで一度止まって、相手があなたに同じようなことを言うのに耳を傾けよう。

④ **ノンリニアのスタイルに切り替えよう**

あなたの内側で何が起きているのかに意識を向け続けよう。自分を感じよう。お互いに激しくやり合うことに制限時間を設けておこう。五分くらいがいいだろう。物理的な危害は与えないことを約束しよう。

あなたが攻撃を決断する瞬間を見極め、すかさず実行してみよう！　激しく、壮絶で、怒りに燃えた気持ちを表現することを自分自身に許そう。自分の中心を保ちながら、相手への非難があなたから溢れ出るのに任せよう。

この流れに、あなたは問題なく入れるかもしれない。あるいは、抵抗を感じるかもしれない。その両方の間で心を決めかねるかもしれない。誰かを傷つけたいと思う人などいるだろうか？　普通、誰かを無理やりこき下ろしたい人はいない。このエクササイズによって、相手自身や相手が所属するグループに対してあなたが抱くあらゆる偏見が表面化するかもしれない。そうなっても、正しくあろうとしてはいけない。

激しくやり合う実験をしながらも、戦いの間に瞑想して自分を見つめてみよう。知識を得にいくときのように、強烈な学びの体験として戦争状態に入ろう。あなたの激しい感情が解き放たれるように、自分に従おう。十分にアウェアネスを保ち、自分の振る舞いと相手の振る舞いを注意深く見てみよう。声の変化に耳を傾けよう。あなたの姿勢の変化に気づき、それを次のような言葉で表現してみよう。「私はとても怒っているけれど、あなたを傷つけたくないので、その怒りが落ち着きつつあるのを感じている」「気持ちがとても沈んでいて、怒りが抑えつけられている」「あなたを殴り倒すこともできたんだ！」

戦っているあなたも相手も、アウェアネスを失わないように注意しよう。変化のシグナルが現れたらそれに従い、いつもの自分に戻ろう。自分自身や相手とつながり続けよう。何よりも、トラブルに従い、トラブルの手綱をとってリードしようとしないように。トラブルを抑圧しないようにしよう。それはトラブルを悪化させるだけだ。

これらはすべて、行うより言うが易しだ。私が意識的に戦いに入っていく実践を始めた頃に起こった、ある出来事を思い出す。なんという困難な場面だっただろうか！　私はあるクリニックで、死にかけている人々のために働いていた。多くの人々が病気のためひどく苦しんでいた。そのなかで、エイズで余命わずかの一人の男性が目に止まり、話をした。彼は苦痛のために自分の中で劇的に変わってしまったことをすべて話してくれた。彼の精神状態は、健康だったときから変わり果てていた。彼はいつも好戦的だった。彼は向精神薬を服用していたが、それは助けにはならなかった。彼はひたすら話し、他の人に暴言を吐き、からかい、周りの人々を傷つけることをやめられなかった。

私は、彼をなだめ、他の人を守るためにできることをした。エイズが引き起こしうる激しい苦しみについて知っていたので、できる限り寛容に彼の話を聞こうとした。クリニックの医師は、彼に精神安定剤をもっと処方したいと私に頼んできた。私は、自分にはエイズの男性の怒りが理解できると答えた。彼は過去に傷つき、今もとても苦しんでいるのだと。私は我慢の限界が来るまで、彼のことを理解しようとした。医師の申し出を受け入れて彼を薬で抑えようとはせず、私は気持ちを落ち着けてエイズの男性にこう言った。

「もう結構です。あなたは暴言をやめないでしょうから、私たちは戦うしかありません。それ以外に方法はないでしょう。私たちは協力できそうにありません。あなたが変わるべきなのです」

彼は、皆がどれほど愚かであるかをわめき続け、私のことも能無しだと主張した。ついに私は自制を解き放った。「黙って座りなさい。あなたは皆を傷つけ、皆の人生の最後の瞬間を無駄にしています。あなたは呆れるほど愚かで、私はもう我慢できません。黙りなさい！」

私はもっといい判断があるはずだという感覚に反して、自分のランクをすべて使った。私はセラピストで、彼はクライアントだった。なんという瞬間だろう。私はこの状況全体に対する悲しみでほとんど打ちひしがれていた。私が怒りを爆発させる原因となった彼を嫌いになっていたし、実際にそうしてしまったことで自分自身を嫌悪した。

彼は一瞬、間をおいた。それからこう続けた。「弱虫だ、あなたは弱虫だ。あなたは臆病者だ！」

私は言った。「もしあなたが座らないなら、私が座らせますよ。私には戦う準備ができています。気をつけなさい！」

私は彼に危害を加えることはないとわかっていたが、今やほとんど我を忘れていた。突然、彼の頭がうなだれるのが見えた。私は『易経』のことを思い出し、「ああ、季節が変わりつつある」と思った。私は言った。「あなたは傷つきましたよね。私が怒鳴ってしまったのは、私が愚かすぎて他に何をしたらいいかわからなかったからです」

彼は沈黙し、私も沈黙した。私たちはしばらくそのまま座っていた。そして、私が思い切って彼に一インチ近づくと、彼は私に向かって近づいてきて、私たちは抱き合った。私は彼を嫌っていたが、心から愛してもいた。私は彼にそう伝えた。

その日のところは、そこで私たちは病院を去った。翌日、私は謝罪をするために彼のところに行ったが、彼は気分を悪くしないでほしいと私に言った。彼は、私が彼の命を救ったと言った。「この躁状態が、自分は失敗者であることを証明しているように感じていたので、私は自殺するつもりでした。精神安定剤をさらに無理やり服用させられていたら、私はそうしていたでしょう」

恐ろしい戦争のようなやりとりをするたびに、それが初めての経験のように感じるものだ。しかし、心理的にはあなたの中で何かが変化する。あなたは悲しみを抱えて戦争状態に足を踏み入れなければならないかもしれないが、それでも外側で傍観し続けるよりは良いだろう。何らかの形で運命がすべてを握っていると気づくため、あなたは謙虚になるのだ。

怖れと膠着状態――ファシリテーターの盟友

あなたが戦争状態をファシリテートしていて、人々が怒りを爆発させたときは、傷つくことへの怖れを示す表現がないか、注意深く探そう。自身の内に引きこもろうとするサインに気づこう。それもまた怖れから生じるものだ。

怖れは重要だ。激怒している相手は強引に行動することに固執し、彼ら自身の怖れを抑圧する。怖れが明らかになると、変化が受け入れられ、実際に変化を起こせるようになる。沈静化（ディエスカレーション）が起き、物事がより安全になるのだ。

当事者が戦争状態を続けてもいいか不安に思うようになったら、彼らは傷つくことへの怖れを表現する必要があるかもしれない。これはノンリニアなスタイルがそのまま激しくなるのを止めたいというシグナルの可能性がある。リニアのスタイルに切り替えることを勧めれば、当事者たちはほっとして、自分を守りながら非難に応じることができそうだという安心感を持てるかもしれない。

対称的な非難合戦に注意しよう。暴力的な議論においては、たいてい人々は、同じことで非難し合う。

誰かが言う。「あなたは悪だ」

もう一人が応える。「あなたはもっとひどい」

一人目が言う。「あなたより悪い人はいませんよ！」

次のような最後通牒に耳を傾けよう。「もしあなたが変わらないなら、私はあんなことやこんなことをしますよ」。そして、それが最後通牒であると明言しよう。そうすれば、皆のアウェアネスが高まる。最後通牒は、膠着状態を打破するための必死の試みだ。ときには、最後通牒を出した人に「私は聞いていますよ。耳を傾けていますよ」「あなたはとても勇気があり、力強いと思います」と伝えることで、彼らの役に立てる。

膠着状態は危険だ。膠着状態はときに、誰もそれに気づいていないために起きる。耳を傾け続け、例えばこう言ってみよう。「膠着状態です。まさに今ここで行き詰まっています。立ち去る以外の方法を誰も知りません。この瞬間、私たちは行き詰まっているのです」

このようなアウェアネスは、皆が変化し前進するのに役立つ。どちらかが最終的に非難を認め、行き詰まりを打破するだろう。あるいは、先ほどのエイズの男性との戦いのように、感情的なやりとりが起こり、それによって皆が問題を手放し、これまで表現されたことのなかった感情に焦点が当たるようになる。

膠着状態を含め、戦いの中で起こることはすべて、コミュニティという川の一部だ。強引に物事を動かそうとして、膠着状態に働きかけてはいけない。

第13章で触れた二人の女性の対立事例で、戦いの最中で膠着状態となったときに私たちが立ち止まったことを覚えているだろうか？　一人は家に帰ってヨガ行者の夢を見た。解決策はさまざまな形でやってくるのだ。

分離と集合のタオ

深刻な対立は、コミュニティを分離させる脅威にもなれば、ファシリテーションによってコミュニティを一つにするものにもなりうる。カップルや家族の間で起きる戦争状態が、まるでそれらを取り巻く全体の中心的な霊（スピリット）に変化したように思えることもある。特定のグループや組織で起こった、関係性の問題や戦い、確執や対立の中で、コミュニティ全体や世界全体にとって中心的な問題に変化した事例について思い当たるものはあるだろうか？　世界の他の地域で起きている民族対立が、いかにあなたの国にとっても中心的な問題であるかを考えてみよう。

メネンデス裁判、クラレンス・トーマス対アニタ・ヒル公判、ロレーナ&ジョン・ボビット裁判★、O・J・シンプソン裁判★のような、一九九〇年代初頭にアメリカ中のメディアが注目していた裁判は、人種差別や性差別に関する国全体の問題に対処するために、当事者のカップルや個人を国が利用していることを示している。当事者たちは、自分たちを取り巻く世界の中心的なタイ

★ O・J・シンプソン裁判：アメリカンフットボール選手のシンプソンが殺人容疑で訴えられたが無罪判決を勝ち取った事件。検察・警察側の人種差別的な捜査手法が問題視された。

★ ロレーナ＆ジョン・ボビット裁判：ロレーナが夫ジョンの性器を切断し、裁判で性的虐待を訴えた事件。

ムスピリットになることを余儀なくされているのだ。

それは個人的な戦いのように見えていても、組織全体を扱う場に変化しうる。そうなると、プライバシーを確保できなくなる。目の前にある問題を回避するのではなく、そこに踏み込んでいかなければならない。大きな組織では、少数の人が関わっている中心的な対立をファシリテートできるような、フレームワークや器をつくるといいだろう。その戦いが進行する間、他の人たちは外側からそれに注目する。すると、対立している当事者たちは、その組織のロールとして明確に観察されるようになるのだ。

大きな集団の対話では、参加者たちが集中できないときがある。当事者たちの対話に邪魔が入り続けてしまうのだ。例えばある男性と女性が中心にいて、彼らの個人的な問題やリーダーシップの問題をめぐって対立している場面を想定しよう。その組織では以前からあちこちで彼らについての噂話があった。今、二人はその噂の内容のことで戦っている。しかし、対話の参加者が次々に口を挟む。誰もが、自分が一番よく知っているかのように振る舞っている。当事者たちがエッジに差し掛かっているので、他の参加者たちは二人がコミュニケーションの障害を越えるように後押ししようとしているのかもしれない。あるいは、人々はあまりにも抑圧されているので、感情的に自分自身を表現したいという欲求があり、対立を解決しようとする二人を見たくないのかもしれない。

このような状況のとき、エルダーなら、グループがその中心にいる人々を抑圧する傾向にあるかどうかに気づくだろう。他の人も輪の中心に入って、議論に加わるように勧めてみよう。エッジやホットスポットに注意し、人々が注意を保てるようにしよう。
また、傍観者どうしが議論を始めて、場の中心で展開されているテーマに集中していない状況でも、それはグループ・プロセスの流れの一部なのだと捉えることもできるだろう。その場合は、小グループに分かれて、それぞれで目の前の対立について話し合って解決策を探す分科会を提案してみよう。

小グループに分かれることで参加者は、中心で議論されていた問題が、実際には自分自身の問題だったのだと感じるようになる。グループワークではときおり休憩を挟んだあとに解決策が現れるが、それは休憩中に自然と生まれた小グループの話し合いがきっかけになることもある。

あるサブグループが全体の注目を集めたいと思っている場合、そのサブグループは中央に出ることを選択するかもしれない。そのときあなたは、分離するかこのまま全体で進めるかの、どちらかだけを支持してはいけない。どちらも、単にコミュニティの流れにおける二つの極にすぎない。集合すべきときもあれば、全体が行き詰まったり、エッジに達したり、時間切れになったり、それ以上進むことができなくなった場合には、分離すべきときもあるのだ。ときには参加者自身が物事をよく考えてみることが必要かもしれない。全体の対立が、自分の内側の葛藤を反映しているかどうか、内省してみたいのかもしれないからだ。あるいは物事は解決したといって、人々が解散し始めるかもしれない。集合や分離の自然な流れに従おう。戦争、混沌、平和のタオに従おう。

サムライと雨

エイミーと私がエサレン研究所から支援の依頼を受けて初めて訪問したのが、一九八〇年代のことだった。この組織についての詳細は拙著『うしろ向きに馬に乗る』★に記している。当時のエサレンは、精神的な成長を研究するコミュニティとしてアメリカ国内では最先端の場所だった。フリッツ・パールズ、ゲシュタルト心理学、ロルフィングをはじめとした、人間性心理学のムーブメントに関わるたくさんの人材や方法論を育てていた。その精神的なリーダーであるディック・プライスが亡くなったあと、エサレンのコミュニティは険しい道のりを歩んだ。経営陣とスタッフが対立して、崩壊の危機に瀕していたのだ。

私たちはコミュニティの全メンバーが集まる対話の場を企画したが、それは対立をめぐる噂話でこれ以上時間と創造性を無駄にするのをやめて問題を解決する、最速の近道であると考えたからだ。その最初の夜、人々は未解決の争いで積もった怒りを怖れていた。話し合いが始まると、雨が降り始めた。北カリフォルニアは何年も渇水に苦しんでいたので、これは注目に値した。

するとエサレンの人々がスピリチュアルな戦士になり、戦いに入り込んでいった。それはまるで、成長できる状況を求めてあらゆるものに踏み込んでいくかのようだった。「経営陣」と「スタッフ」というタイムスピリットがエッジを越えて激しくやり合ったときは、まるで怒り狂った悪魔の全種族が解き放たれたかのようだった。実際に誰かを傷つけることはなかったが、その場

★『うしろ向きに馬に乗る』アーノルド・ミンデル、エイミー・ミンデル著、藤見幸雄、青木聡訳、春秋社、1999年

はほとんど戦争状態だった。

この全体のプロセスは二時間で終了したが、分科会は数日間にわたって引き続き行われた。雨は降り続いていた。その後コミュニティは、再びその中心を見つけることができた。エサレンは自らをほとんど一から創造しなおしたのだ。ずっと雨が降っていた。それはまるで、夏から秋へと季節が移り変わるのを、行き詰まったプロセスが妨げていたかのようだった。

一九九四年の夏に、日本でもそのようなドラマチックな出来事を経験した。その年、日本はひどい水不足で苦しんでいた。一部の地域では、一日の内に十六時間もの間、水を使用できなかった。

私たちがワークしたグループは、日本文化に必要な変化に焦点を当てていた。最初の夜に行われたセッションの一つで、日本人男性が日本人女性を下に見ているというテーマが上がった。保険会社に勤める一人の男性が、彼より遥かに年上で同じ役職にある女性でも、仕事では自分に仕えなければならないという話をした。誰もがショックを受けたように見えたが、その状況を変えるために何をすべきかは誰もわからなかった。

私は、かつてコミュニティのために戦ったスピリチュアルな戦士であるサムライの文化はどうしてしまったのかと尋ねた。日本人男性の中には、彼らの英雄的な本能は第二次世界大戦の終結とともに死んだと語る人もいた。今日サムライは、単なる企業戦士になってしまったのだ。

女性の中には、もし男性がその問題を解決しないのであれば、自分たちが解決すると言う人もいた。彼女たちが話したあと、再び沈黙がその場を支配した。すると、ある大柄で力強い男性が立ち上がり、喜んで女性を見下してきた男性支配者のロールを演じた。彼が「彼女たちを抑え込め」と言うと、再び沈黙が訪れた。

そのとき、サムライが命を吹き返したのだ！　突然、まさに空から降ってきたように、皆の目を引いて、一人の小柄な男性が現れ、とても恐ろしい金切り声をあげながら稲妻のように部屋を横切って飛び出してきた。彼は一飛びで支配者の正面にたどり着いた。二人の男性が向かい合って立っていると、サムライは支配者の半分のサイズに見えた。支配者は笑い、サムライに怖気(おじけ)づくわけがないと断言した。

サムライがまるで戦争であるかのような激しい動きをしたので、私でさえも彼が誰かを傷つけるのではないかと心配した。しかし、その支配者は動かなかった。サムライは、自分に集中し、アウェアネスを十分に使い、支配者の目を真っ直ぐに見て、大いなる意図を持って言った。

「私の敵よ、あなたは私を怖れています。あなたの足が震えているからわかります」

皆が喝采し、支配者は同意した。彼は喜んで自分を変えると言ったのだった。

対立に入っていき、戦争状態に入り、文化と変化のために戦うには、スピリチュアルな戦士が必要だった。誰もがそのメッセージを受け取った。激昂しそうになったときには、自分の中心にとどまるといい。さらにいいことに、このワークの最中に雨が降り始めた。雨は土砂降りとなり、激しく降り注いだ。水は再び流れ、乾いた貯水池を満たした。雨は、線路や道路が水浸しになるほど激しく降った。あまりにも激しすぎて、エイミーと私はアメリカに帰る飛行機に乗り遅れるところだった。

あのサムライは素晴らしかった。彼は権威に立ち向かう方法の手本を見せてくれたのだ。そのコミュニティ全体がスピリチュアルな戦士になっていた。コミュニティは手に負えない戦争のようなプロセスの中に入っていった。しかし対立の炎にとどまることで、氷を水に変えるのを助けたのだ。

コミュニティの川

ひとたびコミュニティがオープンな場に集まり、最も困難な問題を扱っていくと、新しい角度から自分たちを知ることができる。雰囲気も良くなる。コミュニティが扱うのは、アクションプランや事業目標や契約や社会問題などだ。

しかし、同様に重要なことがある。それは、暴力の存在が認められて対処されたら、暴力が抑圧された場合よりも破壊的ではなくなることを、そのコミュニティが実験を通して発見することだ。

意識的に戦いに参加することは強烈な体験だが、皆に新しい命を吹き込むものでもある。あなたは希望を新たにするだろう。問題の解決策だけでなく、もっと価値ある何かを見つけるだろう。そして、戦いは世界の終わりを意味するのではなく、コミュニティと呼ばれる川の始まりを意味することがわかるだろう。

第16章　アウェアネスの革命

ワールドワークは、あなたが街や国や世界の一市民としてどうあるかに影響を及ぼす。あなたがエルダーシップを育むと、コミュニティという川を解放し、再び流れるように促せるだろう。エルダーシップが育まれるにつれて、あなたは内面から変化する。ランクへの自覚が高まるとともに、あなたの人間関係が深まっていく。あなたが所属するグループや住む街は、あなたの参加を嬉しく思うだろう。課題や問題は、単に解決されるべき存在というだけではない。コミュニティへの道でもあるのだ。あなたが所属するコミュニティは、対立にどう取り組むかが歴史を決めることに気づいている。

エルダーシップを育むことで、あなたやあなたが所属するグループは、人類の意識に革命をもたらすのだ。

革命——改革よりも急進的なもの

改革は社会のある側面を変化させるが、革命とは違って、既存の社会的、経済的、政治的な構造の刷新を目標としていない。改革は徐々に進むもので、線形的、段階的だ。[1]例えば、一九六〇年代のアメリカにおける公民権運動は、改革のムーブメントだった。それは資本主義や民主主義のいくつかの側面を攻撃したが、それら自体を破壊しようとはしなかった。中心となる既存の制度は変えなかったのだ。少数派も完全に社会に参加できるよう、段階的に既存の制度を開かれたものにしようとしたものだった。

改革では十分な変化が達成できないときに、革命が起こる。これは歴史の教訓だ。プロセスワークの観点から言えば、統治するパワーを持つ側がランクや抑圧の結果に無自覚で、ホットスポットを無視するときに、革命が起こる。続いて、復讐やテロリズムが起こる。両極が硬直化する。システム全体がエッジに達し、そのアイデンティティが揺るがされる。周縁化されている人々、つまりエッジの向こう側にいる人々の存在に気づくことは難しい。そのため彼らはますます周縁化され、遠ざけられ、脆弱(ぜいじゃく)な立場に追いやられる。現在のリーダーを変えようとして失敗したあとに、周縁化された人々に残される選択は、権威者たちを転覆させるか、服従して内面の死を迎えるかだ。

不満は無気力に置き換えられ、それから絶望になり、怒りになり、最終的には暴力や戦争になるのだ。

革命の失敗

革命は改革よりもはるかに急進的なプロセスだ。革命は、すでに確立されている政治的、経済的、社会的な構造を突然かつ完全に転覆する。至るところで同時に変化が起こるのだ。例えば、共産主義者が率いた中国革命では、経済は根本から変わり、個人から国家に手渡された。ニカラグア、ベトナム、カンボジアで起きた最近の革命は、政権を転覆した。改革とは違い、革命は穏やかではない。それは反乱者と鎮圧者の暴力をともなうからだ。

革命によって、世界の重要な側面が変化してきた。例えば法制度としての民主主義は、これまでにないほど世界中で確立されている。しかし私たちは、ハイドリームに溺れてはならない。課題や問題は変化したが、私たちのありようは変わっていないのだ。プロセスワークの観点から見れば、社会構造に革命が起こっても、個人や集団が持つ関係性の意識までは変わっていない。アウェアネスや意識に関して言えば、革命だと思われていたものは、実際は改革でしかなかったのだ。これまでの革命は社会政策の変化を目指していて、持続的なコミュニティを創造するプロセスにはほとんど影響を与えてこなかった。結果として、人々の振る舞い方を新しく定義する処方箋や、切迫した課題への対症療法的な解決策が優先され、目の前で起こっていることに気づきそれに委ねるという「意識を持つこと」がおざなりになってしまっているのだ。

民主主義――血の道

なぜアウェアネスの革命が起こらなかったか、それを説明する政治理論はほとんどない。デモクラシーという単語が「市民のパワー」を意味するギリシア語のデモクラチア（demokratia）に由来することを思い出そう。今日の民主主義社会では、君主制国家よりは権力の共有が進んでいるが、それでごまかされてはならない。現在でも多数派は、多かれ少なかれ、かつての支配者と同じようなパワーを持っている。今日の民主主義は市民のパワーではなく、多数派や主流派のパワーなのだ。これが、打倒された独裁的なシステムよりも民主主義のほうが平和だとは言えない理由だと思われる。スモール、メルビン、シンガーの論文「民主主義体制の戦争傾向、一八一六～一九六五」★によると、民主主義は他のシステムと同じくらい頻繁に戦争を起こしている。

つまり私たちは、いまだ独裁制の時代に生きているのだ。民主主義への道はあらゆる人の血で染まり、私たちは今日もこの道を進んでいる。フランス革命を考えてみよう。一七九一年、フランスの愛国者たちは自由と理性について演説した。しかし一七九二年、彼らはギロチンを使ってこの理想を破壊してしまった。革命家たちは君主制を打倒し、宗教上の自由を実現しようとしたが、そのやり方は、カトリック教会などの敵対者を残忍に攻撃するものだった。彼らは普通選挙権を主張したが、それは男性のためであって女性のためではなく、フランス植民地の先住民のためでもなかった。アフリカ人を奴隷として扱う社会政策も残っていた。民主主義革命は、限られ

★ Small, Melvin and Singer, J. David. "The War-Proneness of Democratic Regimes, 1816-1965." *Jerusalem Journal of International Relationship*, 1976.

た人々のためになる社会の変化を少しずつもたらしたが、すべての人に完全な自由を与えたわけではなかったのだ。

ナポレオンは革命のために戦い、准将になった。この反乱の試みによって彼は、まずは軍隊の将軍になり、後には強大な権力を持つ第一統領となった。そして一八〇四年には、彼は自ら皇帝と宣言した。すべての人の自由と解放の名の下に、フランスは敵を粉砕し、太西洋からロシアまで、アドリア海から北海まで、ヨーロッパ大陸を征服した。ナポレオンは農奴を解放し君主を打倒した。それなのに、新しい自由を享受していたはずの国々は彼を支配者とみなし、運命を自分たちの手で切り開こうと決めて反乱を起こした。このことに彼は衝撃を受けたのだった。

イギリスの哲学者であるヒュームとロックは、人々を自由に目覚めさせようとした。しかし彼らは、イギリスよりもフランスや新しい植民地で名が知られていた。アメリカ独立宣言のあと、一七八七年のアメリカ合衆国憲法、一七八九年にはフランス人権宣言が続いた。これらはすべて、人権は奪うことのできない普遍的かつ絶対的な権利という考えに基づいているが、やはり限られた人のためであって、すべての人のためではなかった。

アルジェリア、中国、ロシア、メキシコ、ベトナム、キューバ、ボリビア、アンゴラ、モザンビークなどにおける現代の革命は、奪うことのできない権利が普遍的に受け入れられるにはまだ程遠いことを示している。これらの革命は、農民たちが主導する農業の文化が、高学歴のエリートと手を組んで、軍による支配に反乱を起こしたものだ。政府と行政機関は解体したが、パワーの問題は依然として残り、むしろさらに隠されてしまった。目に見える独裁制や君主制は消えたが、抑圧は残っているのだ。

私たちは何を変えるべきか

今日、人類の懸念事項は、核廃棄物の増加や化石燃料の不足などの問題だ。それぞれ別のトピックではあるものの、人間の性質は変化していない。私たちにはいまだに偏見、利己主義、貪欲、権力欲がある。これまでは社会革命も民主主義の地道な改革プロセスも、その解決策は個別の問題に向けられていたが、それでは偏見などのさまざまな問題に対しては機能しない。そこでアウェアネスが必要なのだ。

実際、ほとんどの改革や革命は、問題を見えないところに潜らせてしまう。経済のグローバル化や、統合を望まない多様な民族集団に対する強制的な国境の線引きなどは、確実に問題の長期化を起こしている。人種的、経済的に不利な国や集団の、何百万もの人々に積もった復讐心を考えると、何かが変わらない限り、二一世紀にも少なくとも過去と同じくらい戦争が起こりそうだと簡単に予想できる。

また、特定の政治や環境の問題についてだけでなく、どのようにして共生していくかに関するアウェアネスについても変化が必要だ。ワールドワークのファシリテーターは、地域全体の視点で物事を捉え、あらゆるグループ・プロセスにおいて急進的な革命が迫っていることを理解しなければならない。

このようなことは、小さな部族においては簡単だっただろう。しかし多文化的で巨大な舞台では、共通の儀式などないし、爆弾は爆発寸前だ。自分が所属する主流派のコミュニティだけで生活することによって、多くの人は国内や国どうしのランクに対して盲目になっている。主流派のコミュニティに属さない人々は苦しみ、怒り、自分を卑下し、虐待に反応し、変化を求め、物事を改革しようとし、反乱を起こし、必然的に主流派の立場を乗っ取ろうとする。私たちの協力のあり方を変えられるのは、意識、つまりその瞬間瞬間のアウェアネスにおける革命以外にないのだ。まず私たちは、変化に対する態度を変え、問題に心を開き、パワーがどのように使われているかに注意を向けなければならない。

二一世紀における大きな仕事は、大いなるビジョンや革命があったにもかかわらず私たちが生み出してしまった地獄と向き合うことだ。それはあなたにとって、どのような意味を持つだろうか？　あなたが行うことはすべて、世界に影響を与える。たとえ隠者であっても、場の一部であることからは逃れられない。だからアウェアネスを活用するのだ。世界をよりよくしよう。

世界を変える10のステップ

たとえ少人数であっても、次のようなステップをやり抜く人が現れれば、世界は地獄ではなく家（ホーム）のような場所になっていくだろう。

①「自由を望んでいるのは誰か？」と問いかけよう

あなたの基本的な意図を明確にし、それを前面に浮上させよう。そうすれば、他のことも浮かび上がりやすくなるだろう。あなたは、自分の全人格の自由を求めているのか？　それとも自分の一部だけの自由か？　同じ自由を、誰かには望み、他の人々には望まないことがあるだろうか？　敵や嫌いな人のことを考えてみよう。あなたはその人の自由を望むだろうか？　真実を語ろう。それが始まりだ。

②自分たちがいる場に気づき、受け入れよう

自分自身や他のあらゆる人々を観察しよう。人々は何と言っているか？　それは彼らが行っていることと、どのように違っているだろう？　自分たちの発言や行動を見ることから始め、その両方に価値を置こう。それから、グループの中で二次的に起こるあらゆる無意識の出来事に注意を向け、それらに従おう。グループ自体がリーダーとなることに委ねよう。

③隠れたランクとダブルシグナルに注意しよう

ランクの高い人がそれを隠しているのは、必ずしも悪意があるからではなく、その存在を見えていないからであることを思い出そう。このような「悪人」でさえも、理解を必要としている。「悪人」にやさしく接するのが難しいときには、自分が持つあらゆ

るランクをどれくらい意識的に活用できているかを自問してみよう。あるいは社会活動家のロールをとって、他の誰かが行うファシリテーションをサポートしよう。全体のどの部分も必要であり、どれかが他の部分よりも優れているということはないのだ。

④ 復讐のダイナミクスを思い出そう

ランクは復讐を引き起こす。甘い考えは捨てて、テロリストは出現すると想定しよう。彼らを悪と呼ぶ人もいるが、自分はテロリズムとは関係ないと考えている人が、必ずしもテロリストよりも善人なわけではない。そのような人は、隠れたランクを持っているかもしれない。

⑤ あなたの声や霊（スピリット）を知ろう

トラウマを抱える人の多くは、怖れるあまり声をあげることができない。彼らに注意を払わなければ、民主主義など実現できない。彼らは虐待のワークを行うよう勇気づけられなければならない。そしてそのスタート地点として、あなた自身以外に最適な場所はない。沈黙する人、テロリスト、あるいはリーダーのロールにあなたが囚われているとき、アウェアネスの革命を起こせているとは言えない。どんなロールであってもそれに囚われているとき、アウェアネスの革命は起こせていないのだ。

⑥ **歴史とその課題を知ろう**

どの集団や国でも繰り返し現れる基本的なテーマがある。それは「愛」「自尊心」「誰がお金を持っているか」「誰が優れているか」だ。これまで、これらのテーマに関する問題を解決できた人はいない。これらをきっと解決してみせると主張するなら、あなたは人類の上に立った敵対者とみなされてしまうだろう。ワールドワークの目標は、対立のない世界をつくることではない。つまり、コミュニティを創造するために残り続ける問題もあるのだ。ワールドワークの目標は、個人、集団、自然、タオに従うことだ。あなたの神に従おう。

⑦ **スキルを育もう**

あなたはエッジを捉える方法を学ぶべきだが、そのときはダブルエッジの存在を忘れないようにしよう。ホットスポット、ロール、タイムスピリットに気づこう。誰も認めたがらない隠れたロールであるゴーストに注意を向けよう。感情的な争いの最中に、リニアのコミュニケーションとノンリニアのコミュニケーション、改革と革命について考え、あなた自身と他者への意識を保ち続けよう。

⑧ **メタスキルを育もう**

物事をはっきりと見られるようにメタレベルまで視点を上げない限り、そしてメタスキルを身につけない限り、あなたが普段使っているスキルがうまく働くことはない。それでは誰もあなたを信頼しないだろう。エルダーシップが持つ魔法のような効果を思い出そう。それだけでいいのだ。あなたの最も崇高な信念を、緊張や問題が持つ意味と結びつけよう。でなければ、自然に逆らってしまうことになる。グループ・プロセスでは、雨のあとには晴れが来ることを思い出そう。水や風を思い起こそう。あなたの内なるリーダーは計画に従おうとするかもしれないが、エルダーは神秘的な未知なる川に従うということを意識しよう。

⑨ **混沌を見守り、炎を消さないようにしよう**

どんな集団でも、少なくとも一年に四度の季節ごとに、定期的に自分たちの状況を見つめ直す必要がある。あらゆるグループ・プロセスが、世界の困難で未解決の問題に取り組んでいる。規模の大きさに関係なく、集団の問題は常にグローバルだ。それらの問題は途方もなく大きいのだ。混沌を見守ろう。混乱や無秩序が起こる期間を受け入れよう。炎を消さないようにしよう。その熱を認識しよう。問題や感情と向き合えるすべての人たちと共に、コミュニティの炎の中にとどまろう。

⑩ **始めよう**

シンプルに始める、ただそれだけだ。あなたが何かを後押しする必要はないことに気づこう。それはすでに起こっているのだ。あなたの次の呼吸、次のやり取り、次のミーティング、次のグループに向けて、ただ目覚めていよう。

集団の中で不自由を感じたときは、人々にそれを伝えよう。彼らがランクをいかに無自覚に乱用しているかを示そう。彼らがあなたの振る舞いに不満を言ってきたら、あなたを注意深く見てくれたことを祝福しよう。そのうえで、あなたの意見を主張しよう。あるいは、あなた自身もランクに無自覚でありうることや、自分の知識やアウェアネスを無分別に乱用しうることを示そう。それがエルダーシップだ。それは、立ち上がって強くあること、弱さを認めること、自分自身や他者を尊重しながら自分の無自覚さを公の場で見出す模範となることである。自然の中で重要なのは、完璧さではなくプロセスなのだ。

悟りとは、無自覚であることは流れの中の一時的な部分であると受け入れることだ。無自覚なことや権力者といったあらゆる「悪」を根絶しようとするのではなく、アウェアネスを使って問題と向き合う場合にのみ、人間の歴史の行く末を変えられるのだ。

曹洞禅の教えは、ディープ・デモクラシーにも当てはまる。悟りは、道をどのように進むかについてのアウェアネスから生まれるのであって、究極の目標の「達成」によってもたらされるものではないのだ。

個人は常に悟りを目指してきた。集団も悟りを目指すべきではないだろうか？　集団にとって大切なことは、自分たちのプロセスを断つことではなく、それに気づくことだ。人を殺すことはできても、その人が持っていたランクやロールを消すことはできない。社会の仕組みに関する新しい法律ができても、経済的な不均衡は消えない。お金を盗む人をなくすことはできない。不倫をしたり、麻薬におぼれたり、公共のニーズを犠牲にして自分の私的な利益を得たりする人々を根絶することはできない。そのような行いを前面に浮上させ、それを認め、それと向き合い、議論を交わし、有効に活用し、それと戦わなければならないのだ。そのような姿勢で取り組めば、問題こそがコミュニティ創造への最良の道であることがわかるだろう。

「民主主義の前進」への警告

抑圧者を殺すこと自体が抑圧的だが、それがなくなることを期待してもいけない。「目には目を」の法律においては、復讐は避けられないとされている。あなたがやったことは自分に返ってくるのだ。このような法律が、歴史を支配してきた。

ロシア革命の指導者たちは、大衆に再教育が必要だと考えた。しかし、その教育を強制したときに、彼らは、それまで彼らがロシア皇帝に投影していたゴースト・ロールを、無意識のうちに大衆に対して演じてしまったのだ。一九六〇年代のヨーロッパやアメリカで起きた学生運動に参加したヒッピーたちも同様だ。これは驚くことではない。なぜなら彼らは、ローザ・ルクセンブルク、トロツキー、ジノビエフといった共産主義者たちから影響を受けていたからだ。これらの思想家は、ある判断に影響を受けるすべての人が、その意思決定が行われる場所や意思決定者について、関与できるようになるべきだと考えた。ヒッピーたちは、自分たちに関係するすべてについて投票すると主張した。彼らは大学におけるすべての意思決定の場に立ち会うことを求めた。ルクセンブルク、トロツキー、ジノビエフの思想を踏襲して、ヒッピーたちは多数派の望みに基づいた行動はしなかった。コンセンサスを追求して、決定されたことに集団全体が合意するまで抵抗し続けるというのが、彼らの考え方だった。彼らは議会制民主主義を拒否した。議員によって代弁してもらうのを拒絶したのだ。

これは聞こえがいいことだ。しかし最終的には、ヒッピーたちは独裁者のように抑圧的になった。彼らが模範とした共産主義の過激な指導者たちのように、ヒッピーたちが求める民主主義は急進的すぎたため、物事を強引に進めようとする人に対して抑圧的になったのだ。「悪人」たちが最悪の問題なのではない。それよりも問題なのは、私たちの「悪人」との接し方であり、法律、抑圧、強制的な「教育」、そして何よりも彼らこそが変わるべきだという前提を振りかざすことなのだ。未来の民主主義のあり方に気をつけよう。意識を高く持たなければ、民主主義は革命には至らず、せいぜい改革で終わるだけだ。

革命の基本的な要素

新たな革命へのステージは整っている。これから革命を引き起こす要因について述べるが、あなたが所属している集団や世界に存在するかどうかを考えてみよう。

◆大衆の不満

一九一七年以前には、ロシア皇帝によって何百万人もの労働者階級（プロレタリアート）や農民が否定され、無視され、虐待されていたことを考えてほしい。それが革命を引き起こしたのだ。今日、大衆の不満はあるだろうか？　私は、世界各地の問題にまつわる不満は、ほとんどグローバルに広がっていると思っている。

◆地位の高い人からの革命への支援、あるいは反体制派のエリートからの支持

パワーを持ちつつもこれまで認識されていなかった人の中には、大衆の側につく者もいる。例えば、初期の共産主義革命においては、学者が重要な役割を果たした。国連を含む多くの政府には、今日そのような人々が数多く存在する。

◆大いなるビジョンや高い目標

階級を超えて、自由を目指す戦いに向けて人々を一つにするもの。例えばベトナムの抵抗運動は、民族意識に触発された人々が団結して、フランスやアメリカに立ち向かった例だ。私たちは今日、階級や国を超えたビジョンを持っているだろうか？　実はある。宗教の教え、先住民の知恵、現代の理論は、まさにグローバルなものである。

◆統治の失敗

革命を引き起こす危機は、大災害、戦争の失敗、経済的な破綻、あるいは外国の支援撤退によって助長されることがある。例えば、一九八〇年代後半に旧ソビエト連邦での革命が可能になった理由の一つは、政府が経済的に破綻し、国家を支えられなくなったことだ。あるいは、一九七二年にニカラグアの首都マナグアを襲った大地震は、政府を弱体化し、革命を引き起こすきっかけになった。内外からの破滅の脅威は、革命の素地となるのだ。今日、そのような状況は存在するだろうか？　存在する。超大国は崩壊しつつあり、あちこちで破綻する政府について報じられている。

◆外側からの支持

外側の集団や国が急激な変化の邪魔をしなければ、革命を達成するのは簡単だ。一九八〇年代後半から一九九〇年代前半に東ヨーロッパの多くの国々で革命が進んだのは、ロシアもアメリカも干渉しなかったからだ。外側の関係者が革命に対して協力的か、少なくとも受動的な場合、コミュニティにおける突然の変化は進むのだ。

エルダーは世界の外側に立つことができる

私たちの地球村には問題がある。世界の外側に立てる者が誰もいないことだ。世界の革命を促す他の要因はすべて揃っている。意識の巨大な変化が起ころうとしている。そして、すでに民主義は機能していない。

しかし、生死の輪廻の外側に座すことができる覚者（ブッダ）は、あまりにも少ない。外と内の両方に存在できるエルダーはどこにいるのだろうか？　あなたは、多文化と触れるトレーニングを積み、メタ視点を持ち、燃え尽きることなく対立の炎にとどまることのできるエルダーになることが求められている。「外側」からのサポート、すなわちエルダーシップなしには、本当の意味での革命は始まらないのだ。

反体制派の劇作家で、チェコの革命に精神的な影響を与えたヴァーツラフ・ハヴェル大統領は、一九九〇年にアメリカ議会で、はっきりとこう述べた。「人間の意識の領域で地球規模の革命が起こらなければ、もっと人間味のある社会は現れないだろう」

しかし彼は、私たちに足りていないのは、必要な変化を捉えるようなエルダーシップであるとは言わなかった。この多文化的なエルダーシップが欠けていることで、第三の千年紀を迎えた今でも、本当の革命はもちろん、ディープ・デモクラシーへの改革さえもほとんど実現できていないのだ。

人間の意識という領域で革命を目指す第一歩は、とてつもなく大きい。あなた自身がエルダーとなって、グループ・プロセスをファシリテートする危険に踏み込まなければならない。対立の熱の中へ入っていこう。あなたも10のステップをやり抜こう。この当面の目標こそが、私たちが実現しなければならないすべてだ。

歴史は、他者に起こった抽象的な出来事ではない。歴史とは、あなたの日々の個人的なプロセスやグループ・プロセスを、いかにファシリテートし、いかに生きるかなのだ。

変化を起こせないという考えは、ただのエッジにすぎない

一九六〇年代にアメリカで起こった公民権運動や反戦運動のことを考えれば、勇気が湧いてくるはずだ。実現できなかった変化もあるが、巨大な政府に政策を直ちに改めさせるのは可能であることは示された。変化を生み出したのは、刑務所に投獄される危険をいとわない個人やグループだった。このような、交渉がすべて失敗した状況でも社会を変えるためには刑務所に行っても構わないという社会活動家たちが示したのは、正しいと思う心や犠牲をいとわない意志を持つ少数の人が集まれば、変化を起こせるということだ。アラバマ州や南アフリカの黒人たち、エルサルバドル、ニカラグア、ベトナムの農民たち、東ヨーロッパや旧ソビエト連邦の労働者や知識人たちを思い出そう。

彼らの例から得られる教訓は、たった一人の個人でも、団結した集団ならなおのこと、世界に大きな飛躍をもたらせるということだ。何百万人という大海の一滴にすぎない存在だという理由で、自分が個人としてできることをおろそかにしてはいけない。世界を変えることができないと感じるのはただのエッジであるし、そのエッジは乗り越えられるのだ。

アウェアネスの政治学

グローバルに考えることで、私たちに必要な視点が得られる。ナショナリズムへの傾倒が続けば、二〇一〇年には三〇〇もの独立した国家が存在している可能性がある。ここ数年、世界で同時に起こっている大きな軍事紛争の数は三二から四〇に増えた。その結果、四〇〇〇万人が難民となった。難民の数は二〇〇〇年までに一億人を超えるかもしれない。

国際政治のシステムは機能していない。新しいシステムが必要だ。保守でもリベラルでもない、ディープ・デモクラシーを支えるアウェアネスの政治学が必要なのである。これは、資本主義や社会主義を標榜したり破綻を願ったりする私たちの執着を手放すことをも意味するかもしれない。それによって、ランクや欲が明確になるだろう。この新しい政治学は、いかに一方のパワーが別のパワーに取って代わるかを適切に理解する行為以上のものだ。これは、対立がいかに両者を変容させるかに注目する行為なのだ。

多文化主義

アウェアネスの政治学は、多文化を研究し、それぞれの文化の立場に立つ視点を支持する。例えばアメリカで言えば、アメリカ先住民、アフリカ系、ラテン系、日系、中国系、イスラム系、ユダヤ系、キリスト教徒、トランスパーソナル派、無神論者などの視点を支持することを意味する。それは、「人種のるつぼ」といういわゆる主流派の西洋中心的な概念の中に、彼らを覆い隠すことではない。

両極性がアウェアネスの基本だ。私たちはお互いについて教科書を読むだけではいけない。私たちには、集まり、議論し、問題に取り組み、感情的な状態に入り、アウェアネスを使える場所が必要だ。共に夢のような領域を扱い、これまで未知だったものの中へ入っていける場所が必要なのだ。夢のような領域を扱うとは、コミュニティという未知なる川と共に流れていくことを意味する。

この新しい政治学は、未知なるもの、怒り、復讐心、愛、洞察のための場所を創造する。多文化的な生活とは、コミュニティ全体の体験と同様に、サブグループの深い経験も歓迎することを意味する。それは、凍りついて硬直した意見や態度をあためて、それらを結合したり組み直したりするということだ。

場(フィールド)のアプローチ——すべての人の、すべてのことが大切

新しいパラダイムでは、あなたはリーダーであり、政府であり、上司であり、ファシリテーターであり、犯罪者であり、救済者であり、夢見る人である。それらはすべて、他の誰でもない、あなたなのだ。さまざまな場面で、あなたはそれらすべてのロールに入っていき、演じなければ

ならない。

私たちは感覚的に、大きな問題があまりにも相互に絡み合っているため、それに取り組む方法は場（フィールド）のアプローチしかないと知っている。場という観点から考えれば、市民は投票権などの権利を持つだけの存在ではない。市民は個人であり、コミュニティの何かを独自に表現する存在でもある。すべての人の、すべてのことが大切なのだ。

場が私たちを導く。そしてあなたは、場に現れるものをファシリテートできる。問題、支配、抑圧、感情、夢の存在も大切だ。それらは、単にあなたやあなたのグループが前進するために克服すべき、道に立ちふさがる障害物なのではない。それらに向き合うこと自体が前進なのだ。

リーダーのロールに立つなら、攻撃を受けることを想定しよう。他の人々が怒る理由は、あなたの行為にあるだけではなく、あなたが社会的に認められているロールを担っているからでもあると覚えておこう。何かについて非難されたら、前に進み出て、テレビ番組のように誰もが見える場所に持ち出し、人間関係のワークをどのように進行できるのかの手本を、人々や国全体に示そう。その場に攻撃者たちを招こう。勝っても負けても、そのときあなたは、リーダーを卒業してエルダーへと変容するのだ。

身体や行動は世界のエネルギーを表している

新しい政治学では、社会へのアウェアネスが健康問題を癒やすだろう。現代において多くの病が治らないのは、現代医学が、原因→結果→治療という病理学に基づいているからだ。私たちの病は単なる病理学的なものではない。病は敵であると同時に、潜在的な盟友でもあるのだ。それらは、世界のエネルギー、タイムスピリット、プロセスを表しているのである。

病は、抗生物質によって殺されるべきテロリストではない。頭痛はアスピリンだけでは治らず、人生に新しい変化を求めて脈打つエネルギーに触れることも必要なのだ。身体は世界に反応している。あなたは身体のことを徹底的に知る必要がある。そうすれば、身体は世界と同じように、問題やタイムスピリットに満ちており、それらが働きかけを待っていることに気づくだろう。

アウェアネスの政治学は、医学よりも、症状に潜む個人の素晴らしいパワーに注目するよう促している。そして政策や軍事よりもダブルエッジについて学び、法律やメディアよりも紛争の心理学を理解することを促している。

そうすれば、犯罪の数が減少してもっと多くの人々の声が尊重され、銃で撃たれた人を運ぶ救急車も減るだろう。

「悪人」に対する法的措置、公的機関をチェックする市民レビュー委員会や、人種差別廃止、犯罪調査、刑務所運営などは、古い民主主義の施策だ。敵対関係を想定したシステムにおける法的措置は、犯罪者とコミュニティの関係性を無視することで、問題を悪化させている。新しいパラダイムでは、犯罪はコミュニティの問題だ。問題は、殺人がはびこる街や国のホットスポットだけにあるのではない。新しいパラダイムでは、犯罪者は多数派が支配する現状と戦っているタイムスピリットだ。犯罪者は「悪」や罰を受けるべき人ではなく、どこにでもある霊(スピリット)なのだ。これは、ほぼすべての刑務所の終焉を意味するかもしれない。

国や自治体への最良のアドバイスは、人々がどうしたら良い関係を築けるかを探求する活動を最優先事項に置いて、継続的にお金をかけることだ。賢明な政治家は、インナーワーク、関係性のワーク、社会へのアウェアネスを促進するだろう。これらなしでは、私たちの身体的な健康は緊張によって危険にさらされ、日常生活は犯罪と戦争によって侵害され、隣国から自国を守るという名目で軍事費が増え続けることで、国家経済は崩壊するだろう。

革命のモデルとなるリーダー

新しいパラダイムからすれば、政府(ガバメント)とは誤った名称だ。なぜなら、本来のガバメントとは、人々や環境のプロセスを指すからだ。そこでは、「リーダー」の存在は小さくなる。彼らは、たまたま人前での演説がうまい普通の人々なのだ。資本主義下の現在の「リーダー」が長けているのは、関係性の技術よりもマーケティング戦略だ。新しいリーダーの姿とは、メディアに登場し、市民と協力しながら関係性の問題にオープンに取り組むエルダーだろう。エルダーが取り上げる問題自体が、私たちすべての変化を支えるだろう。

私たちの新しい世界では、教師がアウェアネスのモデルとなるだろう。近年のオルタナティブ教育では、教師は自分のパワーを最小限に抑えることで、教室を平等な場にしようとする。つまり生徒に力を与えるのだ。それに対して、新しいアウェアネスの政治学では、教師の振る舞いは権威的でも控えめでもなくなるだろう。自分のランクを表現し、起こっていることに注意を向ける。彼らは他者に対して、物事の中身だけでなくプロセスにも焦点を当てるように促す。あるいは断固たる態度を取ることで、革命のモデルとなることもある。そして批判者を招き、グループ・プロセスを行うこともある。これは簡単なことだ。私たちはみんな、幼稚園でグループ・プロセスを学んでおくべきなのだ。そうすれば、今日の私たちの生活はもっと楽しくなるだろう。

全体性（ホールネス）とは、起こっていることに開かれていること

日々の体験において何が変化するかは、一人ひとり異なる。とはいえ、人生には予測可能な側面もある。

これまで社会の無意識による操り人形だった教育や心理療法は、もはや大きな目標は主流派への統合であると謳うことはなくなるだろう。私たちの内的な生活を形成する社会的、政治的な要因を見せないようにすることもなくなるだろう。心理学者たちは、インナーワークは歴史の流れと切り離せないことに気づくだろう。それを可能にする方法は、妻のエイミーが執筆した論文の「個人ワークにおけるワールド・チャンネル」★で語られている。フェミニストや社会心理学者たちは、内的な抑圧と外的な政治支配の関連について何年も前から気づいていた。彼らの革命が目指すのは、この気づきによって解放の感覚がもたらされることだ。

世界への奉仕のあり方は新しい次元に入るだろう。キリストや仏陀といったスピリチュアルな

★ Mindell, Amy. "The World Channel in Individual Work." *Journal of Process-Oriented Psychology*, Vol. 5, No.1, 1993.

力を持った宗教指導者、ガンジーやキング牧師やダライ・ラマといった今の時代の人々、そして多くの宗教グループは、精神的(スピリチュアル)な発達が現実世界への奉仕とどう関わっているかの理解を深めるのに貢献してきた。「解放の神学」が重視する奉仕のあり方とは、歴史の理解と抑圧された人々の解放を土台とすることだ。それはつまり、内的な自由の感覚と、社会・政治的な解放を統合するものだ。

今では、世界への奉仕は、インナーワークの形をとることもあるだろう。そこでは、内的な状態と外的な雰囲気とのつながりに注目する。つまり、自分の夢がどのように世界の諸問題であるランクとロール、人種、ジェンダー、暴力、女性の権利、戦争、核の脅威、環境破壊などとつながっているかに注目するのだが、そのときインナーワークはワールドワークになる。そして医療と癒やしの専門家たちが、「個人の問題を世界の問題から切り離して診断する」という自分自身の病を治すことができれば、心理療法と政治学は一つになり、両者はもっと大きな意味での健全な政治や環境に貢献できるようになるだろう。

全体性(ホールネス)とは、その瞬間に起こっている状態に開かれていることを意味するのであって、自身の内面部分を統合して終わりということではない。全体性とは、外的な多様性を明確に捉えた状態を指すようになるだろう。それは、場に関するアウェアネスであり、抑圧者、犠牲者、癒やす者の存在に気づくことだ。アウェアネスがあれば、犠牲者を神格化することもなくなる。なぜなら、次の瞬間には、犠牲者は別の問題における抑圧者になる可能性もあるからだ。人種差別、性差別、同性愛嫌悪、年齢差別などの問題をそれぞれ関係ないものとして、いつまでも切り離して捉える状況はなくなるだろう。

全体性は、非常にエキサイティングなものになりうる。私たちはそれぞれの職場において、お金を得るためだけでなく、現実の人間としても、さまざまなロールとしても、街、州、国、世界の市民としても、私たちの精神に深く影響するスピリチュアルで心理的なものを含めた環境の支援者としても振る舞うようになるだろう。私たちは、企業がどのように資金や時間をコミュニティのために使えるかの検討にも関わるようになるだろう。そこで私たちが主張するのは、企業自体がコミュニティのメンバーであり、企業が繁栄するのはコミュニティが繁栄するときだけであり、企業の成功のバロメーターは稼いだ通貨ではなく、より大きな社会という身体における一つの器官として活力を示すことではないか、ということだ。何よりも私たちは、トップの人間だけを悪人だとみなすことにうんざりするようになるだろう。機会さえあれば、自分も同じように悪になりうることを知っているからだ。

家庭では、子どもたちは子どもとしてのランクを尊重されるようになるだろう。両親は自分たちのランクを自覚し、それを誤って乱用したときには気づくようになる。誰もが、自由、権威、愛、自立といったことに関わる感情やロールや問題に、深く入っていくように促される。もはや、片方が子どもを無視するロールを担い、もう片方が良い親のロールを担うようなことはなくなるだろう。すべての人が、すべてのロールを担っているのだ。家族を対象とする心理療法の専門家は、この未来が訪れることを喜ぶだろう。彼らが長年提唱してきたことだからだ。

拡大家族とは、叔父や叔母だけではなく、岩、川、植物、動物、すべての人類を含めた環境全体のことを指すようになる。家族は、身内の死者だけでなく、自分たちよりも前に生きていたすべての人間を敬うだろう。すべての人が大切なのだ。歴史は今ここにも存在し、現在を見て、参加しているのだ。

シャーマン的なサークルからワールドワークへの小さな一歩

おそらく、私たちはみな一つの家族なのだ。人類の起源は、最古の人類が発見された東アフリカだという主張もある。とはいえ、私たちの祖先がどこから来たにせよ、人類が小さな集団で生活し、シャーマニズムの精神、神秘的な感覚の共有、霊的な祖先、トーテム、さらには誕生、思春期、結婚、狩猟、農作、収穫、死などの儀式によって結ばれている時代があった。私たちはみな、夢を介して、コミュニティを導く土台になっていたのだ。シャーマンは一人ひとりのことを、部族という場（フィールド）におけるロールとみなしていた。そのような場は、各個人の中にも存在していた。癒やしの儀式はサークルの形で行われた。シャーマンの夢の扱い方は、私たちが共有する過去なのだ。

アウェアネスの政治学が実現すれば、そのような、コミュニティの豊かでダイナミックな特性を取り戻せるだろう。現代社会には、人々が共にいるという古くからあった神聖な体験が欠落している。それを見つけることができるのは、私たちが最も怖れている大きな集団、すなわち、物事について深い感情を抱いている人が数多くいる集合体の中だ。そのような集団に存在する霊（スピリット）

は、私たちが切望している創造性、躍動、コミュニティの感覚になりうるものだ。

シャーマンや部族の人々が変性意識状態に入る場である古代の部族のサークルと、周縁化されたプロセスが浮上して人々が怖れや興奮を抱くワールドワークとの間に、ほとんど違いはない。呼び方は変わっても、プロセスは基本的に同じだ。悪魔であれ、二次プロセスであれ、ゴーストであれ、政府であれ、コミュニティを創造するプロセスには常に、非常に困難なタイムスピリットや人々で満ちている。そこにいるのは、スポーツ選手や街のリーダー、狩人やビジネスパーソン、広告主やその広告に熱狂する人々、抑圧者や犠牲者かもしれない。コミュニティは共に夢を見ている。それは、夕方のニュースであり、日曜の朝の礼拝であり、みんなのビジョンなのだ。

ワールドワークと部族の生活には、重要な違いが一つある。部族の人々は、スピリチュアルなプロセスがどのように進むのか、というダイナミクスを自明のこととして話すことができる。デサナ族、ホピ族、コユーコン族、ダネザ族、チューウォン族、オーストラリアのアボリジニは、自分たちがすべきことは、人間のものとは決定的に異なるパワーとつながり、自分たちが生きる世界の雰囲気に役立つようにその力を見出して活用することだと言っている。

西洋文明に暮らしていて、夕方のニュースがタイムスピリットや夢のような領域に満ちていることに気づく人はほとんどいない。しかし、まもなくこのような考え方は一般的になるだろう。どんな街や国や政府でも、今進んでいる夢のプロセスを慈しむというメタスキルなしでは、存続できないだろう。

争いに寄り添って平和を築く

今日私たちを分断している世界的なテーマは、物理的な意味における生存のための闘いであり、地球の生態系の危機、抑圧に対する闘争、自由と平等の切望、あらゆる偏見を乗り越える必要性、価値や力があるという感覚である。何千人もの人々と積み重ねた私の経験から言えることは、対立、違い、問題、抑圧、偏見、無自覚、パワーをめぐる戦いなど、私たちを分断しているすべてのテーマそのものが、苦しみ抜いた先で目覚めに到達できれば、私たちを一つにするということだ。

組織やコミュニティは、抱えている問題があるから失敗するのでもなければ、それらの問題を解決したからといって必ず成功するわけでもない。問題は常に存在し続けるだろう。成功しているコミュニティは、危機の時期にあっても未知なるものに開かれている。私たちは、物事の循環に従うことによって持続的になり、大きな意味で成功する。コミュニティとして営み、問題に直面し、バラバラになりかけて、そして一つになる――その流れに従うことで、私たちは一つになれるのだ。このような組織は永遠に続き、死ぬことはない。組織はタオそのものであり、常に変化するのだ。

夢に入るためやタイムスピリットに出会うために、遠くへ行く必要はない。それらはすぐそこにある。あなたがまさに今感じていることが大切で、それがタイムスピリットなのだ。あなたの感情はコミュニティを完成させるために必要とされている。

世界は私たちの個人的な経験で構成されている。それは二人、数百人、あるいは何百万人の関係性のプロセスだ。世界とは、喜びであり、混ざり合う場所でもあり、対立が起これば私たちを吹き飛ばすような混沌でもあるのだ。しかし愛をもって向き合えば、物事はすばやく変化する。リーダーが引き下がり、エルダーが現れる。そして彼らも集団に溶け込み、その集団自体がエルダーの役割を引き継ぐのだ。

よりよい世界を創るために、タイムスピリットに注意を向け、それらを前面に浮上させよう。そのときあなたは、個人のワーク、関係性のワーク、ワールドワークを同時に行うことができる。トラブルに価値を認めよう。自然を受け入れよう。争いに寄り添って平和を築こう。そうすれば、傷つく人は少なくなるだろう。晴れの日も雨の日も享受しよう。残った仕事は、自然がやってくれる。

これが、私たちが必要としている革命なのだ。

謝辞

世界各地の集団と関わってきたが、私の考え方はいまだに自分の国籍、ジェンダー、年齢、経験によって制限されている。白人の中年アメリカ人男性という視座を同僚や友人たちが広げてくれたおかげで、本書の執筆に向けたよりグローバルな視点を持つことができた。

政治、グループ・プロセス、虐待、人種差別、さまざまな状況における特権などを扱う私のアイデアの実験場となってくれた、オレゴン州ポートランドのプロセスワーク・コミュニティ、そしてワールドワークのセミナーを後援してくれたグローバル・プロセス研究所に、特に感謝したい。

次の人たちにも感謝したい。人種差別に関する私の理解を助けてくれた、アーリーン&ジャン＝クロード・オーダゴン、ルビー・ブルックス、ジーン・ギルバート、ジョン・ジョンソン、デイビッド・ジョーンズ、ダイアン・ウォン、リタ・シマン。性差別や同性愛に関する問題への洞察を与えてくれた、ジュリー・ダイアモンド、サラ・ハルプリン、J・M・エミッチ、レア&マーカス・マーティー。虐待に関する文献を紹介してくれた、ニーシャ・ゼノフ、フィリス・タトゥム、パウラ・リリー。

私のアイデアをさまざまな文化で使えるように支援してくれた、世界中の人々に感謝している。アテネのアンナ・マリアとコンスタンティーヌ・アンジェロポウロス、ボンベイのアヌラダ・デブとJ・M・レバー、ベルリンのガブリエラ・エスペンローブ、東京の富士見ユキオと小川教授、パラグアイのベノ・グローザー、ポートランドのジョー・グッドブレッドとケイト・ジョーブとドーン・メンケン、モスクワのアンドレ・ゴステフとスラヴァ・ツァプキン、ブラチスラバのアントン・ヘレティック、ロンドンのロジャー・ハドソン、ナイロビのモーゼス・イキウグ、ワシントンDCのジョン・ジョンソンとボブ&ヘレン・ペリカンとチャールズ&アン・シンプキンソン、ベルファストのマイルス・オライリー神父、カナダのデイビッド・ルーミー、ワルシャワのボグナ・ツィムキウィーツとトーマツ・テオドレツ、そしてオーストラリア、ベルリン、ワルシャワのプロセスワーク・コミュニティのメンバーたち。

また、ナシーラ・アルマ、レイン・アリー、トム・アトリー、ピーター・ブロック、ジュリー・ダイアモンド、レズリー・ハイザー、ウルスラ・ホラー、マックス・シュバック、ジム・スピッカードには、本書のスタイルや校正のために編集に携わってくれたことを感謝している。ケイト・ジョーブとレズリー・ハイザーには、ラオ・ツ出版で本書の初版を制作してもらった。本書のタイトルを付けてくれたデイビッド・ジョーンズにも感謝している。

パートナーのエイミー・ミンデルは、本書の土台となっているすべての出来事を共にリードしてくれた。彼女は、本書における私の提案に不可欠な考え方であるメタスキルという概念の発案者だ。エイミーは、本書の執筆という途方もない仕事をやり遂げるための手助けから、さまざまな概念を明確化する支援まで、この仕事におけるすべての瞬間を支えてくれた。

解説

私が本書と出合ったのは、学生時代の恩師・青木聡先生からの勧めでした。青木先生は旧版の翻訳者でもあり、プロセスワークを日本に紹介した第一人者のお一人です。

当時の私は国際政治のゼミに所属しながら、ユング心理学に傾倒していて、世界の問題を真に解決するためには外側の側面だけでなく個々人の内面が深く変容する必要があると、ぼんやりとではあるものの直感的に感じていました。本書には、まさに自分の直感や願いと同じ方向性のメッセージが書かれていると感じ、その衝撃は忘れられません。

当初、本書でミンデルが提示した内面を探求するインナーワークは、私にとっては過激で少し突飛なものに思えましたが、個人の気づきがその場にいる集団の変容につながっていく様子は、生々しいリアリティをもって伝わってきました。

その後、ミンデルと妻のエイミーが来日を果たし、夫妻によるワールドワークに参加することができました。人々が変化していくさまは魔法のようで、私は驚きと緊張とワクワクが止まりませんでした。それから私は、プロセスワークの探求にのめり込んでいきました。

本書を読んでいただいた皆さんは、どんな感想をお持ちでしょうか。ご自身が抱いている問題意識に対して、何らかの希望を見出した方もいるかもしれません。一方で、本書で語られるアプローチや考え方は、哲学的あるいは難解すぎてまだ腑に落ちていない、という方もいらっしゃるでしょう。

私自身も、何度となく本書を味わうたびに気づきを得て、また実践と学びを深めていくということを繰り返しています。それはある意味終わりのないプロセスです。

この解説では、これから実践と学びを深めていこうとされる方のために、プロセスワークやミンデルの補足情報、私たちが役立つと思う実践のためのヒント、日常生活での実践事例などをお伝えしたいと思います。

プロセスワークの系譜

プロセスワークの一つのルーツは、深層心理学です。二〇世紀最大の思想家の一人でもあるフロイト、そしてフロイトに並ぶ深層心理学の二大巨頭の一人であるカール・ユングは、世界に現れる事象の背景にある、意識と無意識を探求しました。

フロイトの考えは弟子へと引き継がれ、その一部はゲシュタルトセラピーやサイコドラマなどの心理療法として発展しました。心理療法の枠組みにとらわれず、集団や社会における実践を目指して研究を始めたのがミンデルです。

ミンデルはＭＩＴ（マサチューセッツ工科大学）で物理学を学び、チューリッヒ工科大学大学院へ留学した時に、不思議な縁に導かれてユング心理学に出合っています。

当初からミンデルの関心は、サイエンスとしての物理学と、心的世界との関連性を見出すことにありました。後にミンデルは気鋭のユング派分析家として活躍します。そしてユングの積み残した課題であった、身体へのアプローチや、個人のみでなく人間関係や集団へ理論を応用することを試みました。長年の実践と研究の結果たどり着いたのが、プロセスワークなのです。

ユング心理学とプロセスワークの違いを簡単に見てみましょう。うつ症状は個人の心の世界に現れる症状です。ユング心理学では、うつ症状は単に除去すべきものではなく、その創造的エネルギーの意味を理解して人格に統合することで症状が消失あるいは緩和し、人格が成熟していくと考えます。

一方プロセスワークは、身体の病気も、人間関係のトラブルも、組織や社会の問題すら、その意味を探求して、そこから得られた理解を個人や社会が統合できれば、人と集団が変容し、新たな解決策が見出だせると考えたのです。そのときに必要とされるのがアウェアネス（気づき）であり、アウェアネスをもって場に介入する行為です。一見ネガティブに捉えられてしまう事象にも、アウェアネスという光が当たることで、変化と成長の道筋を見つけられるのです。

ワールドワークの発展とミンデルの現在

ワールドワークは、ミンデルの見た夢から始まったと言えます。一九七九年頃にミンデルはその後の人生に影響を与える夢をいくつか見ました。その一つが「神様が自分に新しいクライアントを連れてきた。その相手は、世界だった」というものでした。

当時からミンデルは国際的に活動していましたが、現在ではますます顕著になり、世界中から地球規模の問題が持ち込まれているようです。世界中の政治・経済・社会のリーダーが彼の下を訪れ、複雑な問題を解決するためのアドバイスを求めているのです。まさに、「世界」をクライアントにして、今でも仕事をしているのです。

ミンデルは精力的な著作家でもあるため、1~3年に1冊くらいのペースで書籍を発表しています。２０２２年現在は82歳になるミンデルですが、新型コロナウイルスの感染拡大以前は、年の半分くらいは世界中を講演しながら旅をしていました。その他の時間はアメリカのポートランドの自宅で過ごし、プロセスワーク研究所で講義をしたり、オレゴン西海岸の小さな港町ヤハッツの山間の別荘で静かにパートナーのエイミーと過ごしたりしながら、著作やセミナーの準備をしています。現在はオンラインでのコミュニケーションが中心になったので、彼のセミナーや講義には世界中から学習者が集うようになりました。

ミンデルは少しずつその考え方もアップデートしています。近年は、「エッセンス」という、より深い意識へ注意を向けることを促しています。これは、現実を三つのレベルで捉える考え方から来ています。私たちが目にする事実やデータの世界を「合意的現実レベル」、その背後にある表面に表れづらい願いや感情の世界を「ドリームランド」、そのさらに奥には、あらゆる物事の根源となる「エッセンス」のレベルがあると捉えるのです。そのレベルでは個人の枠も超越して、他者や自然とつながる感覚を得られると説いており、禅の思想にも通じるものがあります。

ミンデルは、人々がエッセンスレベルでつながったときに分断や対立を乗り越えることができ、あらゆるリーダーがその深い意識状態に目を向けて、そこから導くことが重要だと考えているのです。

対立の炎にとどまるエルダーシップ

本書の中では、激しい怒りの炎が渦巻くなかでも、ミンデルが対立を避けることなくファシリテートしてきた事例が何度も語られており、心を動かされた読者の方も多いでしょう。問題を扱うときに論理的に進めることはもちろん必要ですが、緊張関係や対立を癒やすという点で感情が果たす役割が大きいことは本書で繰り返し触れられています。

対立が絶えないカリフォルニア州コンプトンの街で人々の心を動かしたのは、若い女性の悲しみを訴える語りでした。紛争中のアイルランドで、敵対するグループのリーダーどうしが命懸けの想いを共有したとき、人々の心に変化が起きました。感情や深い想いは、対立を超えた共通の基盤へと私たちを誘います。炎の中に座してとどまるとは、そのような真理を深く経験しているエルダーの態度と言えるでしょう。

リーダーとエルダーの違いについて、ミンデルは次のように記しています。

リーダーは主流派の支持を得ようとするが、エルダーは全員の味方をする。リーダーはトラブルに注目して止めようとするが、エルダーは「トラブル・メーカーとは可能性を秘めた教師である」と捉える。リーダーは自分が正直であろうと努力するが、エルダーはすべての中にある真実を示そうとする。リーダーは行動しようとするが、エルダーはなるがままに任せる。リーダーは戦略を必要とするが、エルダーはその瞬間から学ぶ。

ここでは、リーダーよりエルダーが素晴らしいと捉えるよりも、リーダーもエルダーも大切な存在だと考えるとよいでしょう。ときには皆を導くリーダーとして、ときには自然に委ねるエルダーとして、あるいは自分や弱者の怒りや悲しみの声をあげる個人として振る舞うことこそが、場に変容をもたらすのです。エルダーシップとはある意味でこれらの振る舞いを統合する存在であり、リーダーシップの学びの先に位置づけられるものです。

ランクを自覚して、効果的に使う

ところで、リーダーもエルダーも、それに応じたパワー（影響力）を持っています。エルダーは、自分が持つ他者へのパワーに気づいている人でもあります。ランクを自覚して効果的に使うには、自分のパワーに気づき、かつ祝福する必要があります。

例えば、肩書や人種などの面で、あなたが相対的に他者よりも高い立場にいると、あなたのランクは相対的に高くなり、パワーも大きくなります。自分にたとえそんな意図がなくても、周りの人たちはあなたに対して話しかけづらいと感じ、距離をとることもあるでしょう。そして、そのランクやパワーが無自覚に使われると、ランクの低いほうの人たちを抑圧してしまうという、ランクの乱用につながってしまいます。

まずは自分のランクへのアウェアネスを高めるために、それが与えてくれている特権を、意識的に享受することが大切です。あなたのランクのおかげで、自分の意見が通るようになり、重要な意思決定ができ、部下を抱え、給与が増え、信頼や自信が増しているなら、その特権を謙遜したり、罪悪感を抱いて否定しようとしたりしないでください。自分の中で喜び、祝福してみてください。例えば「自分にはこんな特権があるから、安定的な人生を送ることができているし、それを活かすことができるかもしれない」と。

自分の得たパワーを喜ぶことができると、自分への信頼と安心感が高まります。そのあとに、「自分の特権やパワーを、周りの人たちのためにどのように使えるだろうか？」と考えてみてください。

例えば、意見を出しづらい雰囲気があるときは、そこにいる人たちが自分は意見を言えるほどランクが高くないと感じているからかもしれません。そのとき、あなたが「〇〇さんはどんな考えを持っていますか？」と優しく促してあげると、相手が声をあげやすくなります。

また、あなたが製造業の社長なら、苦境に立たされている工場があれば、そこにわざわざ出向いて、スタッフに日々の感謝と激励をするだけでも工場の士気が高まるでしょう。

こうしてあなたのランクを分かち合うことで、グループ全体の力を上げていくことができます。

自分のランクに自分自身で気づくのが難しい場合も多いので、周りの人たちに聞いてみるといいでしょう。特に自分とは違うランクの人に聞くと、適切なアドバイスをくれるはずです。男性の管理職であれば、女性や部下に自分がどんな特権を持っていて、どんなふうに使ってほしいかを教えてもらいましょう。

また、ランクは文脈に依存します。ある瞬間には高いランクも、別の瞬間には低くなることもあります。まえがきで触れたように、部下へのハラスメントをしていた上司が糾弾されたとき、その状況での上司の心理的なランクは相対的に下がっているかもしれません。逆に、声をあげて仲間を得た人たちは高いランクを持っている可能性もあります。

文脈上のランクを把握しようとするとき、「自分がどれくらい主流派の立場に近いのか」「今この瞬間は自分らしくいられているか、声を出しやすいか」といった点を意識してみてください。自分が主流派に近いと感じたらランクが高いというシグナルなので、そのランクをいかに周囲と共有していけるかを考えるタイミングになります。

逆に自分の不快感が強まったり、立場が弱く感じたり、言いたいことが言えないように感じるなら、ランクが低いというシグナルになります。そのときは、「ランクの高い人の力をいかに借りられるか」「自分のランクをいかに高められそうか」「自分が別の文脈で持つ高いランクの感覚につながることができるか」と探求してみると、次のステップの手がかりがつかめるかもしれません。

文脈のランクをうまく使って、流動的に自分のランクを変化させることもできます。例えば、

「今はこのランクから話しますよ」「今は個人として話させてください」のように、ランクや役割を明示して自分の考えを共有するのも、より自覚的なランクの使い方と言えるでしょう。

心理的ランクとスピリチュアルなランクは、特殊なランクです。肩書や人種などの社会的に決められるものとは違い、内的に獲得するものだからです。

社会的にランクが低い立場にいると、大きなパワーに圧倒される体験はランクの高い人よりも相対的に多くなるでしょう。抑圧体験は心に大きな傷を残す可能性もあり、それによって長く苦しむ人も多くいます。一方で、逆境を糧にして人間性を育み、高い心理的・スピリチュアルなランクを獲得している人もいます。辛い環境を生き延びる時に人は心理的に強くなり、大いなるものとのつながりを感じたときにスピリチュアリティを高めるのです。

どこで誰と話していても落ち着いていられる人は、心理的ランクやスピリチュアルなランクが高いといえます。そうした人たちは、誰かが不安になっている時に、安心感を共有できるでしょう。終末期ケアのような、厳しい現実と向き合う現場でこれから必要とされるのは、スピリチュアルなランクを持つ人が共有できる、死を受容する態度かもしれません。

集団を神聖なものと見る

エルダーは集団に働く大きな力、深層心理学で言うグループダイナミクスについて理解のある人です。グループダイナミクスについて本書では、先住民族が「霊（スピリット）」と呼ぶものの働きに近いと説明しています。

人は、自分の属性に近いグループに親近感を抱きます。逆に異質なグループに対しては不快感や嫌悪感を抱きやすくなり、行き過ぎると相手が悪だと決めつけてしまいます。歴史を振り返っても、善悪と呼び合う対立の例は無数にあります。

ミンデルが提案する考え方は、「あらゆる集団は神聖である」ということです。人の集まりには「霊（スピリット）」、つまりグループダイナミクスの働きがあり、それを人知を超えた畏敬の対象として、神聖な働きとして捉えよう、ということです。

桃太郎は人間側からすれば鬼を退治した英雄ですが、鬼ヶ島に住む鬼コミュニティからしてみれば、彼らの親を殺したのが桃太郎です。プロセスワークの教えは、中立を推奨しているわけではありません。なぜなら、人は本質的にどちらか一方の側に加担する傾向があると捉えているからです。

むしろ、「自分がどちらのサイドに加担しているか」に気づくことが大切だと考えます。同時に、相手側にも自分たちと同じように大切な守るべきものがあること、相手の側にある神聖さに想いを馳せること、そうした態度を持つことを提案しています。こうした大きな意識、俯瞰する目を持つだけでも対立の見え方が変わってくるのではないでしょうか。

プロセスワークはどんな場面で活かせるか

対立を扱うプロセスワークの知恵は、日々の日常の中でも、ビジネスや集団、組織においても役立ちます。私たちがよく経験する対立の場面に当てはめて考えてみましょう。

夫婦や家族・男女の対立

プロセスワークの学習者の間で、「家庭は、最高のワールドワークの道場である」とよく言われます。ここでは男女間のパートナーシップについて考えていきます。

男女の出会いは、男性と女性の対立の歴史に向き合うことでもあるとプロセスワークでは考えます。お互いのすべてがよく見えるハネムーン期間は永遠には続かず、どこかで意見や考え方、あるいは感性の不一致に直面するでしょう。実は、そこには個人どうしの対立だけでなく、男性・女性間の闘いの歴史が隠れているかもしれないのです。

例えば、結婚生活を築くということは、異なる家族の文化が出合うという意味も持ちます。二人が違う文化を超えて新たな文化を育むために、お互いの家族がどのような歴史を持ち、どんな家族の文化を築いてきたかを学ぶ意味はあるでしょう。

男女間で起こるあらゆる対立の背景には、ランクの問題も影響しています。ランクは文脈によっても変わりうるものなので一概には言えませんが、一般的に高いランクを持ちやすい男性のほうが自分のランクに気づき、相手との関わり方を変えることで、多くのパートナーシップが改善されます。

また、男女の問題は社会やビジネスの問題としても存在します。このテーマを表面的な事象にとどめず、その背景にある物語や痛みの声を浮上させるような対話ができれば、より柔軟で効果的な解決策が生まれる可能性があります。

実際私たちは企業を支援するときに、職場のジェンダーダイバーシティをテーマにしたワールドワークを行うことがあります。女性の声に耳を傾ける場を設け、主流派である男性側の戸惑いや痛みにも配慮しながら対話を繰り返すことのインパクトは、想像以上に大きなものです。

今後も、女性が持つ声や力がもっと組織や社会に認知され、出現するプロセスは続いていくでしょう。根本的な変化には忍耐と時間が必要かもしれませんが、主流派側がパワーを自覚的に享受し、アウェアネスをともなった支援が広がっていくと、多くの人にとって居心地の良い世界へと変わっていくでしょう。

階層間の対立

肩書やポジションによるランクやパワーがもたらす対立も、大きな課題です。複数の人がいれば、どこかに階層間の葛藤や対立が存在します。ここに意識的にアプローチするのもプロセスワークの特徴といえるでしょう。

よくリーダーは孤独だと言われますが、その理由の一つがランクの高さにあります。山の頂上から見える景色は素晴らしいのですが、スペースが限られているため全員がそこに同時に立てるわけではありません。

また、上から下へ向かう声のほうが届きやすいので、ちょっとした言動が本人の予想以上に大きな影響を与える可能性があります。部下たちがまったく本音を話せなくなっているなら、すでに状況はかなり悪化しているかもしれません。

私たちが支援する組織開発の現場では、ワールドワークの考え方を安全な形で応用した対話をすることもあります。

パフォーマンスやエンゲージメントの低下といった問題症状が生じているとき、組織内の非主流派の人たちの声が十分に聞かれる場がないという可能性があります。その可能性を探るために、まず私たちはランクの低い人たちの声をヒアリングしていきます。

その結果、この組織では主流派・非主流派の間でランクがもたらす問題について話す必要があるという結論に至ったら、私たちは関係者を集めてワールドワークを応用した対話を実施することを提案します。

双方に事前に情報提供し、これはよりよいチームや組織づくりのためのワークであると理解してもらったうえで、準備が整ったら両者を集めて対話をしてもらう場を設けます。

多くの場合、ランクの高い主流派の人たちは、自分たちのパワーをうまく使えていない傾向にあります。主流派がランクの低い人たちの声に耳を傾けるのは、とても勇気がいることです。そのため、主流派への十分な理解や支援も必要になります。

そうしていくと主流派の人たちに、例えば部下の声に少しずつ耳を傾けるようになる、非主流派が意見や行動を出しやすい余白をつくったり支援したりする、といった態度の変化が起こっていきます。

あるいは、ある上司が自身の内面に深く向き合った結果、自分を守りたいという欲求を手放して、現状に対する無力感を表明するという瞬間に立ち会ったこともありました。そのとき、ランクの低かった部下のほうから「自分こそ上司をうまくサポートできていなかった」というアウェアネスを表明されたのです。このケースでは、逆に非主流派のほうこそ自覚が求められることもある、ということを示しています。一般的には主流派のほうが気づくチャンスが多いという偏りはあるにせよ、対立する状況に新しい解決策を見出すためには、相互に変化する必要があるのです。

このようなアウェアネスが、対話する参加者全員にもたらされるとき、組織やチーム全体が変容していきます。

イノベーションを目指すときの対立

イノベーションを目指すときも、対立をどう乗り越えるかが重要なテーマとなります。異なるものを掛け合わせたところにイノベーションは生まれる、とよく言われますが、対立を避けたり、逆に過剰な衝突に発展してしまったりすることで、プロジェクトが頓挫することもあります。

ワールドワークの知恵にならうなら、どのようなポイントで対立が起こっているのかを意識化して、先に進むためにはそれと向き合うことが重要であると皆で認識して、共に対立の炎にとどまることが必要です。これは製品・サービス開発の技術の問題ではなく、難易度の高いコミュニケーションの問題といえるでしょう。

例えば、企業内の若手から新しいことを始めたいというエネルギーあふれる思いが表明されても、いつもベテラン勢から抵抗にあうパターンを繰り返すという組織があるかもしれません。

そのときに、思いをぶつけた若手が諦めることなく、反対意見をふまえて提案内容を磨き、さらに革新的なアイデアを生み出せるようになったら、どんなにすばらしいでしょう。あるいは、組織のほうからサポートを提供して、思いある若手がさまざまな視点を取り入れたアイデアを磨けるような場や仕組みがあったら、イノベーションを起こす可能性は高まるでしょう。

「どこにどのような意見の相違があり、どの声が聞かれる必要があるのか？」「双方を悩ますゴーストロールは何か？」などを意識的に扱うことができると、新しいことを生み出すエネルギーはもっと活力を得て、実現に近づくはずです。さらには、抵抗者だった人が最大の支援者になることも珍しくありません。不思議なものですが、対立から学びを得た人たちはいつでも、関係性を深めているのです。それは誰もが望む希望ではないでしょうか。

プロセスワークの実践に役立つリソース

プロセスワークの研究機関は世界各地に拠点がありますが、アメリカのポートランドにあるプロセスワーク研究所はミンデル夫妻がアメリカに戻ってから設立したものです。さらに国際プロセス指向心理学会（ＩＡＰＯＰ）が中心となり、プロセスワークの専門職トレーニングを整えています。

日本での拠点は、日本で唯一のプロセスワーカー認定機関である一般社団法人日本プロセスワークセンターであり、日米で認定を受けた人たちがトレーニングを提供しています。同センターのホームページなどで、日本における公式のプロセスワーク情報や、世界のネットワークなどの情報を得られます（www.jpwc.or.jp）。

また、私たちバランストグロース・コンサルティングでは、ミンデルやその弟子がプロセスワークやワールドワークについて話す動画などを日本語字幕つきで公開しているので、学習にお役立てください（https://www.balancedgrowth.co.jp/category/processwork02）。

目の前の問題に向き合うことが、世界への貢献になる

ユングはかつて、心理学協会での会話で「核戦争が起こるかどうか？」と問われたとき、次のように答えたそうです。

「それは私たち一人ひとりが、自身の内面の葛藤にどれだけ耐えられるかにかかっています」

ミンデルも同様のことをいつも説いています。一人の人が緊張を耐える時、その人は世界の問題に向き合っているのに等しい、とミンデルは言います。

ここからどんな示唆が得られるでしょうか？　私たち一人ひとりの心のドラマは、それほど大切なものであり、同時に責任もともなうということです。社会的に大きな問題に取り組むだけで

なく、目の前の緊張に向き合い、あらゆる人間関係に、家庭や職場の平和に取り組むことが、世界にとって大きな意味があるということです。このような世界観や価値観を多くの人と共有しながら、よりよい世界、よりよいコミュニティを共に創りあげていくことが、私たちの願いです。

最後に、本書の出版を後押ししてくれた方々に御礼を申し上げます。

本書の旧版は二〇〇一年に講談社より抄訳として出版されました。その後長らく絶版になっていましたが、世界中で読み継がれる書籍でもあり、多くの人から再販を熱望されていました。

このタイミングで完訳という形で再び出版に至れたことも、奇跡のようなシンクロニシティが重なった結果だと感じています。私に翻訳の後押しをしてくれた共訳者の西田の行動力が、最初の端緒を作ってくれました。弊社の取り組みをティール組織のカンファレンスで発表したご縁から、英治出版さんに企画をご提案したところ、今の時代に必要な大事な本になると大きな後押しをいただきました。

旧版の版元である講談社、監訳者の永沢哲さん、翻訳者の青木聡さんはそれぞれ再版についてご快諾いただきました。特に恩師の青木聡さんからは、既訳を自由に使う許可までいただき、感謝しかありません。

さらに今回新たに訳出した箇所については、プロセスワークの同僚でもある田所真生子さんが協力してくださいました。それらを松村・西田が確認し、英治出版の下田理さん、上村悠也さん、石﨑優木さんに、本当に細かな部分まで、文章表現や引用の確認まで行っていただきました。英治出版の皆様の書籍に対する愛には敬服するばかりです。ミンデルの魂のこもった本書を再販するならば英治出版から、という今回の流れは必然だったのでしょう。

そして師匠であるアーノルド・ミンデルとエイミー・ミンデル夫妻は、当初より惜しみない協力を申し出てくれました。出版を記念したワールドワークに関するミンデル夫妻のセミナーを開催できたことも意義深い時間となりました。本書が世に出ることを支援くださった、その他多くの関係者およびスピリットに感謝を表します。

松村憲

と一緒に暮らすことは、苦労して飼いならされた白い人種の本能に示唆的な影響を及ぼし、それを引き下げる傾向がある」（フロイト、1938年にブリルによって報告された）。

ユングはアメリカへの旅行の際に精神病院で黒人の患者を調べたあと、このように言った。「私のように人種を研究するなら、あなたは非常に興味深い発見をすることができます……。心の異なる層は人種の歴史に対応しています……。黒人の歴史の全体像はおそらく白人のそれに満たないものでしょう」Op. 引用、p. 83.

4. Maslow, *Toward a Psychology of Being*, pp. 11-12.（アブラハム・H・マスロー『完全なる人間』誠信書房）
5. 社会に対するアウェアネスのために働いてきた著名なセラピストがいる。例えば、*Women and Madness*（『女性と狂気』ユック舎）を書いたフェミニストでありセラピストのフィリス・チェスラー、R・D・レイン、トーマス・サザス、内面化された抑圧によって反乱が妨害されないように労働者向けのセックスクリニックを開発した共産主義者ウィルヘルム・ライヒ。アルフレッド・アドラーはフロイトのペニス羨望理論に反対し、ペニス羨望が存在したとしても、抑圧された集団としての女性が社会的地位と権力のために男性を嫉妬したことを意味していると語った。正統派ユダヤ人のジェイコブ・モレノは、ウィーンの路上生活者やストリート・チルドレンや売春婦と協力して、政治的・社会的権利の剥奪を表現するのに役立つストリート・シアターを開発した。共同カウンセリングとしても知られる再評価カウンセリングは、セラピストとクライアントの違いをなくし、人々がクライアントとセラピストの両方になって、非虐待的で、上下関係のない形で互いに助け合うことを教えるアプローチだ。

第 11 章

1. 「Mediators Target Hot Spots: They Let Angry Voices Cry Out, Calm the Rage」（メディエーターはホットスポットをターゲットにしている——彼らは怒りの声を叫ばせて外に出し、怒りを静める）、ドン・ラテン、サンフランシスコ・クロニクル、1992年5月1日金曜日。同じトピックに関する1992年9月のニューエイジ・ジャーナルの彼の記事は「Bridging the Gap」（ギャップを埋める）である。
2. Williams, *No Hiding Place*, p. 8.

第 12 章

1. 歴史の詳細については、参考文献にあるマルクス、レーニン、トロツキー、ルクセンブルグ、毛沢東の著作を参照してほしい。
2. バーニス・ジョンソン・リーゴン、*Reimaging America: The Arts of Social Change*（アメリカ再考——社会変化の芸術）。マーク・オブライエンとクレイグ・リトル編の序文。
3. 同上。
4. “Marxism is a European Tradition” in *Akwesasne Notes*, Summer 1980, p. 17ff

第 13 章

1. Amy Mindell, *Metaskills: The Spiritual Art of Therapy.*（エイミー・ミンデル『メタスキル』コスモス・ライブラリー）
2. *The Wisdom of Laotse*, edited and with an introduction by Lin Yutang.
3. *Tao Te Ching, The Book of Meaning and Life by Lao Tzu.* Edited by Richard Wilhelm. Translated into English by H.G. Ostwald.
4. *The Tao Te Ching: A New Translation With Commentary*, by Ellen M. Chen.
5. エレン・チェンによれば「天地は非人間的であり、そこに設計図はない。人間的な行動とは、選択と拒否をすることだ……」
6. Chen, op. cit.

第 15 章

1. Wilhelm/Baynes, *The I Ching*, p.190.

第 16 章

1. 改革と革命については以下をおおいに参考にした。DeFronzo, *Revolutions and Revolutionary Movements*, pp.10-15.
2. Anne Strick, *Injustice for All.*
3. DeFronzo, op. cit.
4. Mindell, Amy. “The World Channel in Individual Work,” *The Journal of Process Oriented Psychology*, Vol. 5, No. 1.

原注

第 1 章

1. ゲイやレズビアンの権利団体と保守派の人々の対立を扱った市民フォーラムがオレゴン州ポートランドとクレスウェルで開かれた。詳しくは、ABC 系列局 KGW の 1993 年 10 月 4 日放送、オレゴニアン紙「Measure 9 Redux: Both Claim Religion Backing Their Cause」（ダン・N・メイヒュー、1993 年 11 月 2 日）を参照。
2. 旧ソ連の国々の国際会議での対立については、第 5 章などでも触れている。
3. Mindell, *The Leader as Martial Artist.*（アーノルド・ミンデル『対立を歓迎するリーダーシップ』日本能率協会マネジメントセンター）を参照。
4. 同上。エサレンとの共同研究を参照。
5. アーリーンとジャン・クロード・オーデルゴン、現在のオレゴン州エンタープライズで開催。
6. ヤン・ドウォーキンによる報告。
7. 本書では、人々が自称する名称を使って特定のグループを言い表すようにしている。日本人、中国人、韓国人、台湾人、インド人らは、アメリカの公の場で一般的に「アジア人」と自らを呼ぶことが多い。メキシコ、中南米、西インド諸島の人々は、「ラティーナ」または「ラティーノ」と呼ぶことが多い。また、スペイン語という彼らのルーツを強調したい場合は、「ヒスパニック系」という言葉を使うこともある。彼らが主に使うのは、ラテン系言語であるスペイン語、ポルトガル語、フランス語である。「チカーノ」はラテン系のアメリカ人を指すときに使われる。
   本書ではアフリカ系アメリカ人やカリブ系アメリカ人、黒人のほか、ヨーロッパ系アフリカ人と呼ばれるアフリカに住むヨーロッパ系の人々も登場する。「西洋中心的」という言葉は、ヨーロッパやアメリカの白人の考え方を中心として築かれた文化を指す。集団間の関係が変化するにつれて、集団のアイデンティティや集団が自分たちを自称する名称も変化する。本書は、ある集団を特定の名前で類型化したり、特徴づけることを意図していない。なぜなら、名前は時代とともに変化するからだ。そうではなく、本書は私たちが互いに関わり合うための方法を提案することを目的とする。政治的に正しくあること、あるいは適切なタイミングと言葉をはかるのではなく、目の前の人々や問題に対して政治的な意識を持ち、社会的に敏感になってほしい。

第 2 章

1. Einstein, *The Meaning of Relativity*, p. 2.（アインシュタイン『相対論の意味』岩波文庫）

第 3 章

1. Mindell, *The Dreambody in Relationships*, p. 4.（アーノルド・ミンデル『人間関係にあらわれる未知なるもの』日本教文社）
2. Wayne McWilliams and Harry Piotrowski, *The World Since 1945: A History of International Relations*, p. 2.

第 6 章

1. *The Journal of Humanistic Psychology*, Vol. 32, No. 4, Fall 1992, pp. 138-146.

第 7 章

1. Carl Mindell, "Shaming," lecture at Albany Medical School, New York, 1992.
2. *The American Medical Association Encyclopedia of Medicine*, p. 811.

第 9 章

1. ナバホ先住民族の最高裁判事ロバート・ヤジーの以下の記事を参照。Robert Yazzie, "Life Comes from It", in *Context*, Spring 1994, No. 38, p. 29.
2. トム・ウォーのアンソロジー、*Show Us Life: Toward a History and Aesthetics of the Committed Documentary* を参照。特に推奨するのは、アンソロジーのサラ・ハルプリンの記事 "Talking about our Lives and Experiences: Some Thoughts about Feminism, Documentary and Talking Heads"（私たちの生活と経験についての話——フェミニズム、ドキュメンタリー、トーキングヘッドに関するいくつかの考え）だ。この分野でのもう 1 つの優れた本は、ジョー・スペンスの *Putting Myself in the Picture: A Political, Personal and Photographic Autobiography*（『私、階級、家族』新水社）だ。
3. ユングは「黒人の幼稚さ」について、白人のアメリカ人に躍動感を与え、笑いに影響を及ぼしたとして、肯定的に述べている。 *Contributions to Analytical Psychology*（分析心理学への貢献）, p. 30.
   1910 年の第 2 回精神分析会議で、彼はアメリカ人が性的な抑圧をするのは以下のことからだと説明した。「アメリカ人特有のコンプレックス……つまり下の人種、特に黒人と一緒に住んでいるからだ。野蛮な人種

Johnson, John. "The Edge in Relationships." Common Boundary Conference Tape, 1992, CC12, The Common Boundary, MD.

Halprin, Sara. "Chronic Symptoms," 4-Part TV Series. Process Works, Lao Tse Press, OR.

——. "Process Work, Addictions, Conflict." 3-Part TV Series. Process Works. Lao Tse Press, OR.

Mindell, Arnold. "Worldwork with Michael Toms" and "Dreambody with Michael Toms." New Dimensions Radio, CA.

——. "Process Oriented Psychology." Thinking Allowed Productions.

——. "Coma, Working with the Dying." Thinking Allowed Productions.

Mao By Mao, Anneberg Cpb Collections, a BBC Film in the Pennsylvania State Film Library.

Marable, Manning, "Building Multicultural Democracy." 11/2/91 David Barsamian, Alternative Radio, CO.

Mbiti John S. "African Religions and Philosophy." Nairobi & London: Heinemann, 1992.

Parry, Danaan. "Warriors of the Heart." Bainbridge Island, WA. Pennsylvania State University Audio-Visual Services, Special Services Building, University Park, PA.

Parenti, Michael. "Marxism and the Crisis in Eastern Europe." 4/90 David Barsamian, CO, Alternative Radio/New Tapes.

Reagon, Bernice Johnson. Keynote Address for Common Boundary Conference Tape, 1992. The Common Boundary, MD.

Sagen, Carl. "Black Holes and the Future of the Universe." 120 minute Public Broadcasting System production.

——. "The Creation of the Universe." Public Broadcasting Company. Said, Edward. "Nationalism, Human Rights, and Interpretation." Washington, D. C., 4/29/92. David Barsamian, CO. Alternative Radio/New Tapes.

Ture, Kuame. "Black Nationalism." 2/28/90. David Barsamian, CO. Alternative Radio/New Tapes.

——. "Black History." 3/2/92 David Barsamian, CO. Alternative Radio/New Tapes. Williams, Chancellor. "The Destruction of Black Civilization." Chicago: Third World Press, 1987.

Zinn, Howard, "Democracy, Dissent and Disobedience." 12/88. David Barsamian, Audio Tapes from Alternative Radio, CO.

——. "A People's History of the U.S." David Barsamian, CO, Alternative Radio/New Tapes.

——. "Second Thoughts on the First Amendment." David Barsamian, CO, Alternative Radio/New Tapes.

◈ 雑誌

Common Boundary, Bethesda, MD.

Cooperation and Conflict, London.

In Context, WA. Issue 25, "Sustainability: the State of the Movement"; Issue 33, "We Can do It: Tools for Community Transformation"; and Issue 11, "Living Business: Turning Work into a Positive Experience."

Journal of Conflict Resolution, Sage Periodicals Press, CA.

Journal of Humanistic Psychology, Sage Publications, CA. Special Peace Issue, 32: 4, 1992.

Journal of Peace Research, Sage Publications, London.

Journal of Process Oriented Psychology, The Lao Tse Press, OR.

New Dimensions Radio Magazine, CA, edited by Michael and Justine Toms.

New Age Journal, MA.

The Nation, IA

The Progressive, IL.

Race Traitor, MA.

Reconstruction, MA.

Security Dialogue, Sage Publications, London.

Sun: A Magazine of Ideas, NC.

Tikkun: A Jewish Critique of Politics, NY.

Thinkpeace, CA.

Tricycle, The Buddhist Review, NJ.

Utne Reader, OH.

World Policy Journal, New School for Social Research, NY.

Z Magazine, MA.

Skocpol, Theda. *States and Social Revolutions: A Comparative Analysis of France, Russia and China*. NY: Cambridge University Press, 1990.

Small, Melvin and Singer, J. David. "The War-Proneness of Democratic Regimes, 1816-1965." *Jerusalem Journal of International Relationship*, 1976.

Spence, Jo. *Putting Myself in the Picture: A Political, Personal and Photographic Autobiography*. Seattle: The Real Comet Press, 1986.〔ジョー・スペンス『私、階級、家族――ジョー・スペンス自伝的写真』萩原弘子訳、新水社、2004 年〕

Strick, Anne. *Injustice for All*. NY: G. P. Putnam, 1977.

Suzuki, David and Knudtson, Peter. *The Wisdom of the Elders*. Toronto: Allen and Unwin, 1992.

Terkel, Studs. *How Blacks and Whites Think and Feel about Race: The American Obsession*. NY: The New Press, 1992.

Thomas, Alexander, and Sillen, Samuel. *Racism and Psychiatry*. NY: New Press, 1983.

Vassiliou, Alexandra, "Listen or Die: the Terrorist as a Role." Diss. Union Institute, 1995.

Walsh, R. and Vaughan, F., eds. *Paths Beyond Ego: The Transpersonal Vision*. Los Angeles: Jeremy P. Tarcher, 1993.

Walsh, R. and Vaughan, F., eds. *Beyond Ego: Transpersonal Dimensions in Psychology*. Los Angeles: Jeremy P. Tarcher, Inc., 1980.〔ロジャー・N・ウォルシュ、フランシス・ヴォーン編『トランスパーソナル宣言――自我を超えて』吉福伸逸訳・編、春秋社、1986 年〕

Watzlawick, P., Beavin, J., and Jackson, D. *Pragmatics of Human Communication: A Study of Interactional Patterns, Pathologies and Paradoxes*. NY: W.W. Norton, 1967.〔ポール・ワツラヴィック、ジャネット・ベヴン・バヴェラス、ドン・D・ジャクソン『人間コミュニケーションの語用論――相互作用パターン、病理とパラドックスの研究』山本和郎監訳、尾川丈一訳、二瓶社、2007 年〕

Weatherford, Jack. *Indian Givers: How the Indians of the Americas Transformed the World*. NY: Crown Publishers, 1988.〔ジャック・M・ウェザーフォード『アメリカ先住民の貢献』小池佑二訳、パピルス、1996 年〕

Weisbrot, Robert. *Freedom Bound: A History of America's Civil Rights Movement*. NY: Penguin, 1991.

Wellman, Carl. "Terrorism." *Violence, Terrorism and Justice*, R. G. Frey and Christopher W. Morris, eds. NY: Cambridge University Press, 1991.

West, Cornel. *Racematters*. Boston: Beacon Press, 1993.

Wilber, Ken. *The Atman Project*. Wheaton, IL: Theos Publishing House, 1980.〔ケン・ウィルバー『アートマン・プロジェクト――精神発達のトランスパーソナル理論』吉福伸逸、プラブッダ、菅靖彦訳、春秋社、1997 年〕

――. *No Boundary*. Boston: Shambhala, 1981.〔ケン・ウィルバー『無境界――自己成長のセラピー論』吉福伸逸訳、平河出版社、1986 年〕

Wilhelm, Richard, trans. *The Lao Tzu Tao Te Ching*. London: Penguin-Arkana, 1985.

――. trans. into German. *The I Ching, or Book of Changes*. (English translation by Cary F. Baynes.) NJ: Princeton University Press, 1990.

Williams, Cecil. *No Hiding Place. San Francisco: HarperCollins*,1992.

Wolman, B. B. *Contemporary Theories and Systems in Psychology*. NY and London: Plenum Press, 1981.

Yalom, I. D. *Existential Psychotherapy*. NY: Basic Books, 1980.

Yutang, Lin, ed. *The Wisdom of Lao Tse*. New York: Modern Library, 1948.

Zinn, Howard. *People's History of the United States*. NY: Harper & Row, 1980.〔ハワード・ジン『民衆のアメリカ史(上・下)』富田虎男、平野孝、油井大三郎訳、猿谷要監修、明石書店、2005 年〕

――. *Declarations of Independence*. NY: Harper & Row, 1990.〔ハワード・ジン『甦れ独立宣言――アメリカ理想主義の検証』飯野正子、高村宏子訳、人文書院、1993 年〕

◆ オーディオ・動画

Barsamian, David, CO, Alternative Radio/New Tapes.

Boston University, Krasker Memorial Film Library, MA.

Chomsky, Noam. "International Terrorism: Problem and Remedy." 2/8/87 David Barsamian, CO, Alternative Radio/New Tapes.

Davis, Agnes, "Liberty and Justice for All?" CO, 2/15/91.

Engel, Barbara. "Reform and Revolution the Soviet Union." 9/27/91. David Barsamian, CO, Alternative Radio/New Tapes.

Graham, Mary interviewed by Caroline Jones. "Aboriginal Perspectives, ABC." Search For Meaning, Radio Tapes From Radio Programs, Sydney 2001, Australia.

——. *The Shaman's Body*. San Francisco: HarperCollins, 1993.〔アーノルド・ミンデル『シャーマンズボディ――心身の健康・人間関係・コミュニティを変容させる新しいシャーマニズム』青木聡訳、藤見幸雄監訳・解説、コスモス・ライブラリー、2001 年〕

Mindell, Carl. "Shaming." Lecture at Albany Medical School. NY: 1992.

Mura, David. "Whites: How To Face The Angry Racial Tribes." *Utne Reader*, July/Aug, 1992.

Muwakkil, Salim. "In These Times." *Utne Reader*, July/Aug, 1992.

Naison, Mark. An editorial in *Reconstruction*, I: 4, 1992.

Neihardt, John G. *Black Elk Speaks: Being the Life Story of a Holy Man of the Oglala Sioux*. NY: Simon and Schuster, 1972.〔ジョン・G・ナイハルト『ブラック・エルクは語る』阿部珠理監修、宮下嶺夫訳、めるくまーる、2001 年〕

New English Bible with the Apocrypha. NY: Penguin Books, 1970.

O'Brien, Mark and Little, Craig, eds. *The Arts of Social Change*. Santa Cruz, CA: New Society Publishers, 1990.

Owen, Harrison. *Open Space Technology: A User's Guide*. Potomac, MD: Abbott, 1992.

Parry, Danaan. *Warriors of the Heart*. Cooperstown, NY: Sunstone Publications, 1991.

Pasternak, Boris. *Dr. Zhivago*. NY: Knopf, 1991.

Pate, Alex. *Losing Absalom*. Minneapolis, MN: Coffee House Press, 1993.

Peck, M. Scott. *A Different Drum: Community Making and Peace*. NY: Simon and Schuster, 1987.

Pepper, Stephen C. *World Hypotheses*. Berkeley: University of California Press, 1961.

Prigogine, Ilya. *From Being to Becoming*. San Francisco: Freeman, 1980.〔イリヤ・プリゴジン『存在から発展へ――物理科学における時間と多様性』小出昭一郎、安孫子誠也訳、みすず書房、2019 年〕

——. *Order Out of Chaos*. NY: Bantam, 1984.〔I. プリゴジン、I. スタンジェール『混沌からの秩序』伏見康治、伏見譲、松枝秀明訳、みすず書房、1987 年〕

Ravitch, Diance and Thernstrom, Abigail, eds. *The Democracy Reader: Classic and Modern Speeches, Essays, Poems, Declarations, and Documents on Freedom and Human Rights Worldwide*. NY: Harper Perennial, 1992.

Reagon, Bernice Johnson. The foreword to *Reimaging America: The Arts of Social Change*. Craig Little and Mark O'Brian, eds. Philadelphia: New Society Publications, 1990.

Rinpoche, Sogyal. *The Tibetan Book of Living and Dying*. San Francisco: HarperCollins, 1992.〔ソギャル・リンポチェ『チベットの生と死の書』大迫正弘、三浦順子訳〕

Rourke, J. T., Hiskes, R. P., and Zirakzadeh, C. E. *Direct Democracy and International Politics: Deciding International Issues Through Referendums*. Boulder, CO, and London: Lynne Rienner Publishers, 1992.

Rozak, Theodore. *The Voice of the Earth*. NY: Simon and Schuster, 1992.

——. "The Greening of Psychology." *Ecopsychology Newsletter*. Spring, 1994.

Rogers, C.R. *A Way of Being*. Boston: Houghton Mifflin Co., 1980.

——. *Carl Rogers on Personal Power: Inner Strength and its Revolutionary Impact*. NY: Dell Publishing Company. Inc., 1977.〔カール・R・ロジャーズ『人間の潜在力――個人尊重のアプローチ』畠瀬稔、畠瀬直子訳、創元社、1980 年〕

Rummel, R. J. "The Politics Of Cold Blood." *Society*, Nov/Dec, 1989.

Rush, Florence. *The Best Kept Secret: Sexual Abuse of Children*. NY: McGraw-Hill, 1981.

Sakharov, Andre. *Memoirs*. NY: Knopf, 1992.

Samuels, A. *The Political Psyche*. London and NY: Routledge, 1993.

Szasz, T. *Law, Liberty, and Psychiatry*. NY: Macmillan, 1963.

Schur, E. *The Awareness Trap: Self-Absorption Instead of Social Change*. NY: Quandrangle/The New York Times Book Co., 1976.

Schumpeter, Joseph. *Capitalism, Socialism, and Democracy*. London: Allen and Unwin, 1943.〔シュムペーター『資本主義・社会主義・民主主義』中山伊知郎、東畑精一訳、東洋経済新報社、1995 年〕

Seed, John. "An Interview With John Seed And Ram Dass." *The Sun*, Jan., 1993.

Shevardnadze, Eduard. "1992 Address to the Georgian Parliament." Brochure by the Georgian Parliament, Jan., 1993.

Sipe, Robert. "Dialectic and Method: Reconstructing Radical Therapy." *The Journal of Humanistic Psychology*, 26: 2 Spring, 1986.

Singer, June. "Culture and the Collective Unconscious." Diss. Northwestern University, 1968.

Skerry, Peter. *Mexican Americans: The Ambivalent Minority*. NY and Toronto: Free Press, 1993.

——. *World as Lover, World as Self*. Berkeley, CA: Parallax Press, 1991.〔ジョアンナ・メイシー『世界は恋人世界はわたし』星川淳訳、筑摩書房、1993 年〕

Mahesh, V. S. *The Corporation as Nursery for Human Growth*. NY: McGraw-Hill, 1993.

Maltz, Wendy. *The Sexual Healing Journey: A Guide for Survivors of Sexual Abuse*. NY: Harper & Row, 1992.

Mao, Tse-Tung. *Selected Military Writing*. Peking: Foreign Languages Press, 1963.

Malcolm X Speaks. NY: Pathfinder, 1989.〔ジョージ・ブレイトマン編『マルコム X・スピークス』長田衛訳、第三書館、1993 年〕

——. *Selected Speeches and Statements of Malcolm X*. NY: Grove Press, 1990.

——. *Malcolm X: Speeches*. NY: Pathfinder, 1992.

——. *The Autobiography of Malcolm X*. NY: Ballantine Books, 1965.

Marx, Karl. *Grundrisse Der Kritik der Politischen Oekonomie*, 1857-1858. Berlin/Frankfurt: Europaiesche Verlag, 1967.〔カール・マルクス『経済学批判要綱——(草案) 1857-1858 年』高木幸二郎監訳、大月書店、1961 年〕

——. "Communist Manifesto." *Karl Marx and Frederick Engels: Selected Works*. NY: International Publishers, 1968.

——. "Critiques of the Goethe Programme." *Karl Marx: Selected Writings in Sociology and Social Philosophy*. T. B. Bottomore, ed. and trans. NY: McGraw-Hill, 1956.

——. *Portable Karl Marx*. Eugene Kamenka, ed. NY: Penguin, 1983.

Masey, Douglas and Denton, Nancy. *American Apartheid: Segregation and the Making of the Underclass*. Cambridge, MA: Harvard University Press, 1993.

Maslow, Abraham. *Toward a Psychology of Being*. NY: Van Nostrand, 1968.〔アブラハム・H・マスロー『完全なる人間——魂のめざすもの［第 2 版］』上田吉一訳、誠信書房、1998 年〕

——. *The Farther Reaches of Human Nature*. NY: Viking, 1971.〔A・H・マスロー『人間性の最高価値』上田吉一訳、誠信書房、1973 年〕

McDonald, Eileen. *Shoot the Women First*. NY: Random House, 1991.〔アイリーン・マクドナルド『テロリストと呼ばれた女たち——金賢姫、ライラ・カリド、革命戦士たち』竹林卓訳、新潮社、1994 年〕

McWilliams, Wayne, and Piotrowski, Harry. *The World Since 1945: A History of International Relations*. Boulder, CO, and London: Lynne Rienner Publishers, 1993.

Medecins Sans Frontiers, *Populations in Danger*. Francois Jean, ed. London: John Libbey & Co., 1992.

Mindell, Amy. "The World Channel in Individual Work." *Journal of Process-Oriented Psychology*, Vol. 5, No.1, 1993.

——. "Discovering the World in the Individual: The Worldchannel in Psychotherapy." *Journal of Humanistic Psychology*, 1995.

——. *Metaskills: The Spiritual Art of Therapy*. Santa Monica, CA: New Falcon Press, 1995.〔エイミー・ミンデル『メタスキル——心理療法の鍵を握るセラピストの姿勢』佐藤和子訳、諸富祥彦監訳・解説〕

——. *Riding the Horse Backwards: Process Work in Theory and Practice* with Arny Mindell. NY: Penguin Books, 1992.〔アーノルド・ミンデル、エイミー・ミンデル『うしろ向きに馬に乗る——「プロセスワーク」の理論と実践』藤見幸雄、青木聡訳、春秋社、1999 年〕

Mindell, Arnold. *Working with the Dreaming Body*. NY and London: Penguin-Arkana, 1984.〔アーノルド・ミンデル『ドリームボディ・ワーク』高岡よし子、伊藤雄二郎訳、春秋社、1994 年〕

——. *River's Way: The Process Science of the Dreambody*. NY and London: Viking-Penguin-Arkana, 1986.〔アーノルド・ミンデル『プロセス指向心理学』高岡よし子、伊藤雄二郎訳、春秋社、1996 年〕

——. *The Dreambody in Relationships*. NY and London: Viking-Penguin-Arkana, 1987.〔アーノルド・ミンデル『人間関係にあらわれる未知なるもの——身体・夢・地球をつなぐ心理療法』富士見幸雄監訳、藤崎亜矢子訳、日本教文社、2008 年〕

——. *City Shadows: Psychological Interventions Psychiatry*. NY and London: Viking-Penguin-Arkana, 1988.

——. *Inner Dreambodywork: Working on Yourself Alone*. NY and London: Viking-Penguin-Arkana, 1990.〔アーノルド・ミンデル『自分さがしの瞑想——ひとりで始めるプロセスワーク』手塚郁恵、高尾受良訳、地湧社、1997 年〕

——. *The Year 1: Global Process Work with Planetary Tensions*. NY and London: Viking-Penguin-Arkana, 1990.〔アーノルド・ミンデル『ワールドワーク—— プロセス指向の葛藤解決、チーム・組織・コミュニティ療法』青木聡訳、富士見ユキオ監訳、誠信書房、2013 年〕

——. *The Leader as Martial Artist: An Introduction to Deep Democracy, Techniques and Strategies for Resolving Conflict and Creating Community*. San Francisco: HarperCollins, 1992.〔アーノルド・ミンデル『対立を歓迎するリーダーシップ——組織のあらゆる困難・葛藤を力に変える』松村憲、西田徹訳、バランスト・グロース・コンサルティング株式会社監訳、日本能率協会マネジメントセンター、2021 年〕

Harner, Michael. *The Way of the Shaman*. NY: Bantam Books, 1986.〔マイケル・ハーナー『シャーマンへの道――「力（パワー）」と「癒し（ヒーリング）」の入門書』吉福伸逸監修、高岡よし子訳、平河出版社、1989 年〕

Held, David. *Models of Democracy: From Athenian Democracy to Marx*. CA: Stanford University Press, 1987.

Herman, Judith. *Trauma and Recovery*. NY: Basic Books, 1992.〔ジュディス・L. ハーマン『心的外傷と回復』中井久夫訳、みすず書房、1996 年〕

Hillman, James and Ventura, Michael. *We've Had A Hundred Years of Psychotherapy and the World's Getting Worse*. San Francisco: HarperSanFrancisco, 1993.

Hollander, E.P. & Hunt, R.G., eds. *Classic Contributions of Social Psychology*. London and Toronto: Oxford University Press, 1972.

Hooks, Bell. *Sisters of the Yam: Black Women and Self-Recovery*. Boston: South End Press, 1993.

Horsman, Reginald. *Race and Manifest Destiny*. Boston: Harvard University Press, 1981.

Hugo, Victor. *Les Miserables*. NY: Fawcett Books, 1987.〔ヴィクトル・ユゴー『レ・ミゼラブル（上・下）』永山篤一訳、角川書店、2012 年〕

Ingram. Catherine. *In the Footsteps of Gandhi: Conversations with Spiritual Social Activists*. Berkeley, CA: Parallax Press, 1990.

Jordan, June. *Technical Difficulties*. NY: Pantheon Books, 1992.

Jorns, A. *The Quakers as Pioneers in Social Work*. Port Washington, WA: Kennikat Press, Inc., 1931.

Jung, C.G. *Contributions to Analytical Psychology*. NY: Harcourt, Brace, 1928.

――. "Your Negroid And Indian Behavior." *Forum*, 83, 1930.

――. "Psychological Types," *The Complete Works*, Vol. 6. Princeton, NJ: Princeton University Press, 1966.

――. *The Undiscovered Self*. Boston: Little, Brown, 1958.

Kaplan, Lawrence and Carol. *Revolutions: A Comparative Study from Cromwell to Castro*. NY: Vintage Books, 1973.

Kelly, Kevin. "Chilling Scenarios for the Post Cold War World." *Utne Reader*, Sept/Oct, 1993.

Kim, Nam H., Song-Won Sohn, Jay S., and Wall, James A. "Community and Industrial Mediation in South Korea." *Journal of Conflict Resolution*, 37: 2, June, 1993.

King, Jr., Martin Luther. *I Have a Dream: Writings and Speeches that Changed the World*. San Francisco: Harper SanFrancisco, 1992.

Kochman, Thomas. *Black and White Styles in Conflict*. IL: University of Chicago Press, 1983.〔トマス・カーチマン『即興の文化――アメリカ黒人の鼓動が聞こえる』石川准訳、新評論、1994 年〕

Kohut, Heinz. *Self-Psychology and the Humanistic: Reflections on a Psychoanalytic Approach*. NY: W.W. Norton, 1985.

Knudtson, Peter and Suzuki, David. *The Wisdom of the Elders*. Toronto: Allen and Unwin, 1992.

Korzenny, Felipe and Ting-Toomey, Stella. *Communicating for Peace, Diplomacy and Negotiation: A Multicultural Exploration of How Culture Affects Peace Negotiations*. Newbury Park, CA: Sage Publications, Inc., 1990.

Kozol, Jonathon. *Savage Inequalities: Children in America's Schools*. NY: Harper & Row, 1992.

Laing, R.D. *The Divided Self: An Existential Study in Sanity and Madness*. NY: Penguin Books, 1965.〔R.D. レイン『引き裂かれた自己――狂気の現象学』天野衛訳、筑摩書房、2017 年〕

Lafferty, J. "Political Responsibility and the Human Potential Movement." *Journal of Humanistic Psychology*, 21: 1, 1981.

Lao-Tzu. *Tao Te Ching*. Trans. Gia-fu Feng and Jane English. New York: Vintage Books, 1972.〔老子『老子』蜂屋邦夫訳注、岩波書店、2008 年〕

Lao-Tzu. *Tao Te Ching, The Book of Meaning and Life*. Trans. from Chinese into German, Richard Wilhelm. Trans. into English by H. G. Ostwald. London/New York: Viking-Penguin-Arkana, 1985.

Lawlor, Robert. *Voices of the First Day: Awakening in the Aboriginal Dreamtime*. Rochester, VT: Inner Traditions International, 1991.〔ロバート・ローラー『アボリジニの世界――ドリームタイムと始まりの日の声』長尾力訳、青土社、2003 年〕

Lewin, K. "Need, Force and Valence in Psychological Fields" in *Classic Contributions to Social Psychology*. E.P. Hollander and R.G. Hunt, eds. London: Oxford University Press, 1972.

Lovelock, J. E. *Gaia: A New Look at LIfe on Earth*. London and NY: Oxford University Press, 1979.Mack, J. E. and Redmont, J., "On Being a Psychoanalyst in the Nuclear Age." *Journal of Humanistic Psychology*, 29: 3, 1989.〔ジム・ラヴロック『地球生命圏――ガイアの科学』スワミ・プレム・プラブッダ訳、工作舎、1985 年〕

Macy, Joanna. *Despair and Personal Power in the Nuclear Age*. Philadelphia: New Society Publishers, 1983.〔ジョアンナ・R・メイシー『絶望こそが希望である』仙田典子訳・解説、カタツムリ社、1992 年〕

Eisler, Riane. *The Chalice and the Blade: Our History, Our Future*. NY: Harper & Row, 1987.〔リーアン・アイスラー『聖杯と剣――われらの歴史，われらの未来』野島秀勝訳、法政大学出版局、1991 年〕

Elgin, D. "The Tao of Personal and Social Transformation." *Beyond Ego: Transpersonal Dimensions In Psychology*. R.N. Walsh & F. Vaughan. eds. Los Angeles: Tarcher, 1980.

Elliot, Dorinda and LeVine, Steve. "An Ethnic Nightmare in the Caucasus." *Newsweek*, Dec. 7, 1992.

Emetchi, J.M. "Between the Sheets of Power: Feminist Bisexuality Revisited." Portland, OR: Special Study at Portland State University and the Process Work Center, Portland, Oregon, 1995.

Ettinger, Elzbieta, ed. *Comrade and Lover: Rosa Luxemburg's Letters to Leo Jogishes*. Cambridge, MA: MIT Press, 1979.

Etzioni, Amitai. *The Spirit of Community: Rights, Responsibilities, and the Communitarian Agenda*. NY: Crown Publishers, 1993.

Ewing, Blaire. "Letters to the Editor." *Yoga Journal*, Jan., 1993.

Fanon, Frantz. *The Wretched of the Earth*. NY: Grove Press, 1965.

Fox, W. "Transpersonal Ecology." *Paths Beyond Ego: The Transpersonal Vision*. R.N. Walsh and F. Vaughan, eds. Los Angeles: Tarcher, 1993.

Franklin, A.J. "The Invisibility Syndrome." *The Family Therapy Networker*, July/August, 1993.

Friedman, M. *Revealing and Obscuring the Human*. Pittsburg: Duquesne University Press, 1984.

Freire, P. *Pedagogy in Process*. NY: Seabury, 1978.

――. *Pedagogy of the Oppressed*. NY: Continuum, 1992.〔パウロ・フレイレ『被抑圧者の教育学――50 周年記念版』三砂ちづる訳、亜紀書房、2018 年（ポルトガル語版からの翻訳）〕

Freud, Sigmund. *The Basic Writings of Sigmund Freud*. A. A. Brill, trans. NY: Modern Library, 1938.

Frey, R. G., and Morris, Christopher W., eds. *Violence, Terrorism and Justice*. NY: Cambridge University Press, 1991.

Fromkim, David. "The Coming Millennium, World Politics in the Twenty-First Century." *World Policy Journal*, Spring, 1993, X: 1.

Fukuyama, Francis. "Liberal Democracy as a Global Phenomena." *PS: Political Science and Politics* 34:4, Dec., 1991.

――. "The Future in Their Past." *The Economist*, Nov., 1992.

Galtung, Johan. *Peace and Social Structure: Essays in Peace Research*, Volume Three. Copenhagen: Christian Ejliers, 1978.

Gay, Peter. *Freud for Historians*. NY: Oxford University Press, 1985.〔ピーター・ゲイ『歴史学と精神分析――フロイトの方法的有効性』成田篤彦、森泉弘次訳、岩波書店、2005 年〕

Glauser, Benno. *In The Streets: Working Street Children in Asuncion*. Susana Cahill, trans. NY: UNICEF, Methodological Series, Regional Programme, "Children in Especially Difficult Circumstances," No. 4, 198

Gomes, Mary E. "The Rewards and Stresses of Social Change: A Qualitative Study of Peace Activists." *The Journal of Humanistic Psychology*, 32:4, Fall, 1992.

Goodway, David. *For Anarchism, History, Theory and Practice*. London and NY: Routledge, 1989.

Gould, B.B. & DeMuth, D.H., eds. *The Global Family Therapist: Integrating the Personal, Professional, and Political*. Boston: Allyn and Bacon, 1994.

Greening, T., ed. *American Politics and Humanistic Psychology*. Dallas: Saybrook Institute Press, 1984.

Gurtov, M. *Making Changes: The Politics of Self-Liberation*. Oakland, CA: Harvest Moon Books, 1979.

Gutierrez, Gustavo. *A Theology of Liberation: History, Politics and Salvation*. NY: Orbis Books, 1988.

Hacker, Andrew. *Two Nations: Black and White, Separate, Hostile, Unequal*. NY: Scribner's, 1992.〔アンドリュー・ハッカー『アメリカの二つの国民――断絶する黒人と白人』上坂昇訳、明石書店、1994 年〕

Halprin, Sara. *"Look at my Ugly Face!": Myths and Muslins on Beauty and Other Perilous Obsessions With Women's Appearance*. New York/London: Viking Penguin, 1995.

――. "Talking About Our Lives and Experiences: Some Thoughts About Feminism, Documentary, and 'Talking Heads.'" *Show Us Life: Towards a History and Aesthetics of the Committed Documentary*. Tomas Waugh, ed. Metuchen, NJ: Scarecrow Press, 1984.

Nhat-Hanh, Thich. *Touching Peace: The Art of Mindful Living*. Berkeley, CA: Parallax Press, 1991.

――. *Peace is Every Step: The Path of Mindfulness in Everyday Life*. Berkeley, CA: Parallax Press, 1992.〔ティク・ナット・ハン『微笑みを生きる――〈気づき〉の瞑想と実践』池田久代訳、春秋社、2011 年〕

Hardy, K. "War of the Worlds." *The Family Therapy Networker*, July/August, 1993.

参考文献

◈ 書籍

Acuña, Rodolfo. *Occupied America: A History of Chicanos*. NY: Harper-Collins, 3rd ed., 1988.

Adler, Nancy. *International Dimensions of Organizational Behavior*. Boston: PWS-Kent Publishing, 2nd ed., 1991.〔N.J. アドラー『異文化組織のマネジメント』江夏健一、桑名義晴監訳、IBI国際ビジネス研究センター訳、マグロウヒル出版、1992年〕

Administrative Conference of the United States Sourcebook. Federal Agency Use of Alternative Means of Dispute Resolution, June, 1987.

Almanac. *The 1992 Information Please Almanac*. Boston: Houghton Mifflin Co., 1992.

American Medical Association Encyclopedia of Medicine. NY: Random House, 1989.

Anderson, W. "Politics and the new humanism." *Journal of Humanistic Psychology*, 1974, 14(4), pp. 5-27.

Ani, Marimba. *Yurugu: An African-Centered Critique of European Cultural Thought and Behavior*. NY and Trenton: The African World Press, 1994.

Bayer, C. "Politics and Pilgrimages." *Pilgrimage: Journal of Psychotherapy and Personal Exploration*. Jan/Feb, 1990. 16, 1.

de Beauvoir, Simone. *The Second Sex*. NY: Vintage Books, 1974.

Berry, Wendell. *What Are People For: Essays*. San Francisco: North Point Press, 1990.

Bloch, D. (1994) Afterword. In *The Global Family Therapist: Integrating the Personal, Professional and Political*. B.B. Gould and D.H. DeMuth, eds. Boston: Allyn and Bacon, pp. 281-284.

Boyd-Franklin, N. "Pulling Out The Arrows." *The Family Therapy Networker*, July/August, 1993, pp. 55-56.

Buber, M. *I and Thou*. NY: Charles Scribner, 1970.〔マルティン・ブーバー『我と汝』野口啓祐訳、講談社、2021年（ドイツ語版からの翻訳）〕

Bugental, J. "The Humanistic Ethic: The Individual in Psychotherapy as a Societal Change Agent." *Journal of Humanistic Psychology*. Spring, 1971, 11(7), pp. 11-25.

Burton, John. *Conflict: Resolution and Provention*. NY: St. Martin's Press, 1990.

Capra, F. "Modern Physics and Eastern Mysticism." *Beyond Ego: Transpersonal Dimensions in Psychology*, R.N. Walsh and F. Vaughn, eds. Los Angeles: Tarcher, 1980.

Collinson, D. *Fifty Major Philosophers: A Reference Guide*. London and NY: Croom Helm, 1987.〔ディアーネ・コリンソン『哲学思想の50人』山口泰司、阿部文彦、北村晋訳、青土社、2002年〕

Chen, Ellen. *Tao Te Ching*. NY: Paragon House, 1989.

Chessler, Phyllis. *Women and Madness: A History of Women and the Psychiatric Profession*. NY: Doubleday, 1972.〔フィリス・チェスラー『女性と狂気』河野貴代美訳、ユック舎、1984年〕

Chomsky, Noam. *Year 501: The Conquest Continues*. Boston, South End Press, 1993.

Cohen, Carl. *Democracy*. NY: The Free Press, 1971.

Crumb, Thomas. *The Magic of Conflict: Turning a Life of Work into a Work of Art*. NY: Touchstone/Simon and Schuster, 1987.

Defronzo, James. *Revolutions and Revolutionary Movements*. Boulder, CO: Westview Press, 1991.

Demause, Lloyd. *Foundations of Psychohistory*. NY: Creative Roots, 1982.

Devall, B. and Sessions, G. "Deep Ecology: Living As If Nature Mattered." *Paths Beyond Ego: The Transpersonal Vision*, R.N. Walsh and Frances Vaughan, eds. Los Angeles: Tarcher, 1993.

Dreifus, C. *Women's Fate*. NY: Bantam Books, 1993.

Diamond, Julie. "A Process-Oriented Study on Sexuality and Homosexuality." Portland, OR: Work in progress at the Process Work Center of Portland.

di Leonardo, Maeaela. "Racial Fairy Tales." *The Nation*, Dec. 9, 1991.

Donnelly, Jack. "Human Rights in the New World Order." *World Policy Journal*, Spring, 1992.

Dworkin, J. "Group Process Work: A Stage for Personal and Global Development." Diss. Union Institute, 1989.

Ehrenreich, Barbara and English, Deirdre. *For Her Own Good: 150 Years of the Experts' Advice to Women*. NY: Anchor Books, 1978.

Einstein, Albert. *The Meaning of Relativity*. Princeton, NJ: Princeton University Press, 1922.〔アインシュタイン『相対論の意味』矢野健太郎訳、岩波文庫、2015年〕

② プロセス

自分を表す際に使っている
自己表現、手段、文化
個人や集団の慣れ親しんだアイデンティティ

一次プロセス

エッジ

現れ出ようとしている何かを怖れの感情ゆえに抑圧するときに起こる、個人や集団におけるコミュニケーションの行き詰まりや対立の回避行動
集団のエッジにはゴーストの存在（暴君的存在など）、価値観や文化、組織構造や制度なども含まれる
対立のファシリテーションが行われると集団はエッジを扱い新たなアイデンティティを獲得できる

いまだ同一化していないアイデンティティ
すでに現れ出ており、エッジ周辺の自覚を高めることで明らかになってくる未来の可能性

二次プロセス

一次シグナル

アイデンティティに一致して意図して発せられるメッセージ

ダブルシグナル

意図せずに発せられるメッセージ
自覚はないがエッジやゴースト、二次プロセスに一致するシグナルとして現れる（例えば、一次シグナルとしては友好を示しつつ、攻撃的な視線を送って相手を批判するダブルシグナルを発しているなど）

③ エルダーシップ

エルダー

場に開かれた心を持ち、対立する意見の双方に心を開き、集団を一つにする人

アウェアネス

通常は意識されない部分も含めて、個人の内面・行動・人間関係・集団の場で起きている事象に対する気づき

インナーワーク

瞑想のように一人で行う、プロセスワークの内省手法
対立にも心を開くエルダーのような態度を身につけるには、個人が自分の中の痛みや対立に反応する側面に向き合う必要がある
インナーワークは、対立を未然に防ぎファシリテーションを円滑に進められるようになるための自己成長の機会となる

メタスキル

理論・情報・手法が適用されるときにともなう感情
例えばファシリテーションやコーチングがスキルだとすると、スキルをどのような態度で使うかで他者に与えるインパクトは異なる
好奇心、慈愛心、コンパッションなどもメタスキルと言える

日本語版付録
ワールドワークの基本的な用語・考え方

① 場（フィールド）

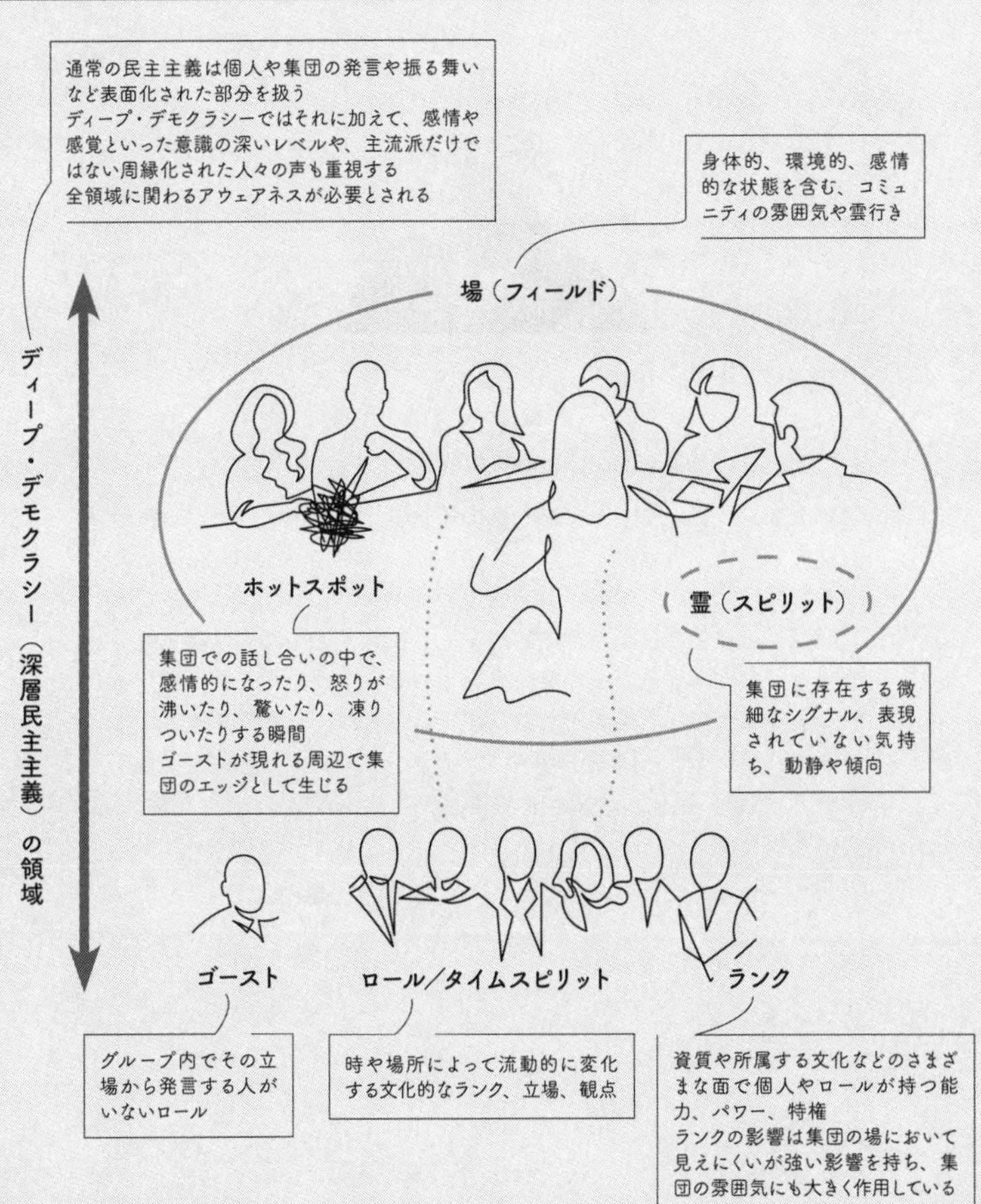

［著者］

Photo by Kira Held

アーノルド・ミンデル
Arnold Mindell

プロセスワーク、ワールドワークの創始者。マサチューセッツ工科大学大学院修士課程終了（論理物理学）、ユニオン大学院 Ph.D.（臨床心理学）。ユング心理学、老荘思想、量子力学、コミュニケーション理論、市民社会運動などの知恵をもとに個人と集団の葛藤・対立を扱うプロセスワークを開発。世界中の社会・政治リーダーやファシリテーターの自己変容を支援している。著作に『対立を歓迎するリーダーシップ』（日本能率協会マネジメントセンター）、『ワールドワーク』（誠信書房）、『プロセス指向のドリームワーク』（春秋社）など多数。

［訳者］

松村 憲

Ken Matsumura

バランスト・グロース・コンサルティング株式会社取締役、国際コーチング連盟認定 PCC、臨床心理士。大阪大学大学院人間科学研究科博士前期課程修了。米国プロセスワーク研究所にてプロセスワーク修士課程修了（認定プロセスワーカー）。プロセスワーク理論を活用した組織開発コンサルティングやエグゼクティブコーチングを行う。

西田 徹

Toru Nishida

バランスト・グロース・コンサルティング株式会社取締役、国際コーチング連盟認定 PCC。京都大学農学部農芸化学科修士課程修了、ニューヨーク大学経営学修了。リクルート、ボストン コンサルティング グループなどを経て現職。コーチングの基本を順守しながらも、経営戦略と心理学（プロセスワーク）を統合したエグゼクティブコーチングを行う。

［監訳］

バランスト・グロース・コンサルティング株式会社

Balanced Growth Consulting Co., Ltd.

「Connect Different for emerging future――単に葛藤がない世界を作るのではなく、夢があるから葛藤がある・譲れないものがあるから対立が起きる､その本物の葛藤を創造の喜びに繋げたい」をパーパスに、プロセスワークなどの知恵を活かした組織開発を行っている。

[英治出版からのお知らせ]

本書に関するご意見・ご感想をE-mail (editor@eijipress.co.jp) で受け付けています。
また、英治出版ではメールマガジン、Webメディア、SNSで新刊情報や書籍に関する記事、イベント情報などを配信しております。ぜひ一度、アクセスしてみてください。

メールマガジン：会員登録はホームページにて
Webメディア「英治出版オンライン」：eijionline.com
ツイッター：@eijipress
フェイスブック：www.facebook.com/eijipress

対立の炎にとどまる

自他のあらゆる側面と向き合い、未来を共に変えるエルダーシップ

発行日	2022年12月14日　第1版　第1刷
著者	アーノルド・ミンデル
訳者	松村憲（まつむら・けん）　西田徹（にしだ・とおる）
監訳者	バランスト・グロース・コンサルティング株式会社
発行人	原田英治
発行	英治出版株式会社 〒150-0022 東京都渋谷区恵比寿南1-9-12 ピトレスクビル4F 電話　03-5773-0193　　FAX　03-5773-0194 http://www.eijipress.co.jp/
プロデューサー	下田理
スタッフ	高野達成　藤竹賢一郎　山下智也　鈴木美穂　田中三枝　安村侑希子 平野貴裕　上村悠也　桑江リリー　石﨑優木　渡邉吏佐子 中西さおり　関紀子　齋藤さくら　下村美来
印刷・製本	中央精版印刷株式会社
翻訳協力	青木聡　田所真生子
校正	株式会社ヴェリタ
装丁	北岡誠吾

ISBN978-4-86276-306-8　C0030　Printed in Japan